国家社会科学基金重大项目成果

中国粮食价格波动、形成机制及调控政策研究

宋洪远　翟雪玲　等/著

科学出版社
北　京

内 容 简 介

　　本书从粮食流通体制、支持政策、生产成本、经营主体、国际市场、宏观调控等方面认真分析了我国粮食价格波动的周期及特点，深入研究了粮食价格波动的原因及形成机理，探讨了粮食价格波动与宏观经济波动的关系，提出了粮食市场价格调控的政策框架和主要措施。

　　本书适合了解和关注我国农产品价格波动机制、我国农产品市场调控政策的高校和科研机构的学者、研究人员以及从事农产品市场流通、农产品市场调控的国家决策部门的人员阅读及参考。

图书在版编目（CIP）数据

中国粮食价格波动、形成机制及调控政策研究 / 宋洪远等著. —北京：科学出版社，2019.2
ISBN 978-7-03-060489-7

Ⅰ. ①中… Ⅱ. ①宋… Ⅲ. ①粮食–物价波动–研究–中国 Ⅳ. ①F323.7

中国版本图书馆 CIP 数据核字（2019）第 018353 号

责任编辑：魏如萍 / 责任校对：李　影
责任印制：霍　兵 / 封面设计：无极书装

科学出版社出版
北京东黄城根北街 16 号
邮政编码：100717
http://www.sciencep.com

三河市春园印刷有限公司 印刷
科学出版社发行　各地新华书店经销

*

2019 年 2 月第 一 版　开本：720×1000　1/16
2019 年 2 月第一次印刷　印张：17 1/4
字数：350 000

定价：156.00 元
（如有印装质量问题，我社负责调换）

国家社会科学基金重大项目

我国农产品价格波动、形成机制与调控政策研究

项目首席专家：

宋洪远　　研究员　　　农业农村部农村经济研究中心主任

子课题负责人：

翟雪玲　　研究员　　　农业农村部农村经济研究中心市场与贸
　　　　　　　　　　　易研究室主任

曹　慧　　副研究员　　农业农村部农村经济研究中心产业与技
　　　　　　　　　　　术研究室主任

姜　楠　　研究员　　　农业农村部农村经济研究中心宏观经济
　　　　　　　　　　　研究室副主任

彭　超　　副研究员　　农业农村部农村经济研究中心农村固定
　　　　　　　　　　　观察点副处长

项目组成员：

徐　雪　　研究员　　　农业农村部农村经济研究中心科研处
　　　　　　　　　　　处长

仇焕广	教　授	中国人民大学农业与农村发展学院
张雯丽	副研究员	农业农村部农村经济研究中心市场与贸易研究室副主任
徐雪高	研究员	江苏省农业科学院农业经济与信息研究所副所长
谭智心	副研究员	农业农村部农村经济研究中心产业与技术研究室
李　婕	副研究员	农业农村部农村经济研究中心农村固定观察点
杭　静	助理研究员	农业农村部农村经济研究中心宏观经济研究室
原瑞玲	副研究员	农业农村部农村经济研究中心市场与贸易研究室
李舒妍	博士研究生	中国人民大学农业与农村发展学院

前　言

本书是国家社会科学基金重大项目"我国农产品价格波动、形成机制与调控政策研究"的最终成果。为了便于读者了解本书的情况，前言主要交代和说明本书的研究背景和问题、研究过程和方法、研究角度与内容、数据和资料来源及已有成果的社会影响等。

一、研究背景

21 世纪以来，随着工业化、城镇化、市场化、信息化和国际化进程的加快，我国农产品市场与国内外经济发展的联系日益紧密，农产品价格受"五化"的影响程度日益加深，农产品价格的影响因素也更加复杂。2010年以来，尽管我国粮食生产连年丰收，大宗农产品供需也基本保持平衡，但部分农产品价格却脱离了基本的供求面，大幅的波动导致市场上出现恐慌情绪，给国民经济健康安全运行造成了相当大的压力。党中央、国务院高度重视我国农产品价格的稳定工作，在 21 世纪以来发布的"一号文件"中数次将稳定农产品价格提到非常突出的位置。在上述背景下，选择设立国家社会科学基金重大项目，认真分析我国农产品价格波动的周期及特点，深入研究农产品价格波动的原因及其形成机理，研究分析农产品价格波动与宏观经济波动的关系，提出市场价格调控的政策框架和主要措施，既十分必要也非常及时。

课题立项后，课题组及时召开课题论证报告会，明确课题组成员的任务分工，积极开展课题研究工作。在第一次课题论证报告会上，根据全国哲学社会科学规划办公室的安排，专家建议将原申请的题目"我国农产品价格波动、形成机制与调控政策研究"，结合承担单位的优势修改为"我国粮食价格波动、形成机制与调控政策研究"，主要研究品种包括稻谷、小麦、玉米和大豆，重点分析研究 21 世纪以来的情况和问题。2012 年 11 月，课题组开始进行课题的正式研究工作。2014 年底，课题组完成大部分研究报告的初稿。本书主要采用文献分析、数据定量分析等方法，多角度研究我国粮食价格波动的特点、形成机制以及市场价格调控的政策建议。

二、框架内容

本书主要分析了粮食流通体制、支持政策、生产成本、经营主体、国际市场宏观调控等方面对粮食市场和价格的影响。首先定量描述了 21 世纪以来我国粮食价格波动周期和波动特点，随后分别分析了我国粮食流通体制的演进历程及绩效、粮食生产经营政策调整对粮食市场和价格变化的影响、粮食生产成本变动对粮食价格波动的影响、国内粮食市场经营主体变化对国内粮食市场供求和价格变化的影响以及国际市场粮食供求和价格变化对我国粮食市场及价格变化的影响。此外，本书还对发达经济体和新兴经济体粮食市场价格调控的做法和经验进行了分析，定量刻画了我国粮食价格、食品价格与居民消费价格指数（consumer price index，CPI）变动的关系，预测了未来我国粮食生产、供给、需求、成本、货币、汇率等主要指标变动的趋势。

（一）21 世纪以来我国粮食价格波动周期分析

本书主要采用 X-11 季节调整法和 H-P（hodrick-prescott）滤波法，对稻谷、小麦、玉米、大豆四大粮食作物 2001 年以来的价格变化进行了周期刻画，描述了我国粮食价格波动的周期性特点。研究表明，第一，我国不同品种的粮食价格波动特点不一样。其中，大豆价格波动属于短周期；玉米、小麦、稻谷价格周期要长于大豆。第二，所有品种价格累计涨幅大于跌幅，说明我国粮食价格总体呈上升趋势。第三，价格波动周期易受天气、石油、宏观经济等因素影响。

（二）我国粮食流通体制演进历程及其绩效分析

粮食流通体制对粮食价格的形成具有重要作用。本书主要分析我国粮食流通体制的演进历程，并分析不同的粮食流通体制对粮食价格形成的影响。本书将改革开放以来我国粮食市场流通体制的演进大体分为四个阶段：1978~1984年，高度集中的粮食统购统销阶段；1985~1997年，粮食流通和价格计划与市场并存的阶段；1998~2003年，粮食流通市场化改革攻坚阶段；2004~2014年，市场在粮食流通中起基础性作用阶段。尽管不同阶段的粮食市场流通政策有所不同，但总的趋势是从计划经济向市场经济迈进。2004年以后，我国基本进入了供求决定粮价、市场配置粮源的新时期。粮食保护价收购制度逐步过渡到最低收购价制度，粮食临时收储计划也逐步常态化，政策性粮食竞价交易成为调节粮食市场供给的重要手段，农业支持补贴由流通环节转至生产环节。同时，本书还对新一轮粮食流通体制未来的改革路径进行了探索。

（三）粮食生产经营政策调整对粮食市场价格变化的影响

党的十六大召开以后，按照"多予少取放活"的指导方针，国家和农民之间的关系有了重大调整。"多予"主要体现在建立健全对农业实施补贴的政策；"少取"主要体现在推进农村税费改革，并最终取消农业税；"放活"主要体现在坚持市场化改革和改善宏观调控并重的原则，进一步推进粮食流通体制改革，实施以粮食最低收购价、临时存储粮食收购计划（以下简称临时收储）为主要内容的粮食托市收购政策。这些政策都对粮食市场和价格变化产生了一定影响。本书将粮食生产经营政策概括为税费改革政策、农业补贴政策、价格支持政策、收储政策和目标价格政策，并对政策的实行情况进行详细分析。在此基础上采用带有约束条件向量自回归模型（vector autoregression model，VAM）的方法分析不同的粮食生产经营政策对粮食价格和市场的影响。研究表明，我国粮食生产经营政策对粮食市场和价格的形成产生了较大影响，特别是近年来的粮食市场基本呈现出政策市的鲜明特征，市场价格受政策影响较大。从回归模型来看，补贴政策和税费政策对粮食价格的正向影响均大于补贴政策对粮食价格的正向影响。税费政策在一定程度上降低了成本，补贴政策则在一定程度上弥补了成本的上升，这两项政策本身与生产环节紧密相关。

（四）粮食生产成本变动对粮食价格波动的影响

粮食生产成本是粮食价格构成的主要方面。本书对 21 世纪以来我国粮食生产成本的变动特点、主要结构和发展趋势进行了详细的分析。研究表明，2001 年以来，我国粮食生产成本呈波动上涨趋势。除个别年份外，粮食生产成本都在增长，且近几年粮食生产成本增长速度加快。在生产成本构成中，人工成本、土地成本、化肥费和机械作业费是粮食生产成本中的主要部分。其中，人工成本是粮食生产成本构成中的首要因素。为分析粮食生产成本对粮食价格的影响，本书采用 VAM 的方法分析粮食生产成本和粮食价格之间的关系。研究表明，四种粮食成本和价格之间均存在长期均衡的关系，粮食成本变动能够明显地引起粮食价格的变动。而且从影响方向看，四种粮食成本对价格的影响都是正向的，即成本增长价格提高。

（五）国内市场经营主体变化对国内粮食市场价格的影响

本书主要对我国粮食市场经营主体的变迁进行了描述，分析了我国粮食储备制度现状及存在问题，并总结了不同时期粮食市场经营主体的特点。21 世纪以来我国粮食市场经营主体的特点主要表现在以下几个方面：一是国有及国有控股粮食企业数量大幅减少；二是国有企业粮食收购量占比逐渐下降；三是各类型非国有粮食企业不断壮大；四是粮食经纪人发展迅速并逐渐得到认可。为了定量分析粮食市场经营主体的变化对国内粮食价格的影响，本书以小麦为例，采用风险价值（value at risk，VAR）模型的方法，分析小麦收购量对小麦价格波动的影响，从而反映出不同的市场经营主体对小麦价格的影响。研究结果显示，小麦市场国有企业托市行为已经成为实际上影响市场价格形成的主导力量，而非国有购销企业则处于十分被动的地位。中国储备粮食管理总公司（以下简称中储粮总公司）系统在小麦收购环节对小麦价格的形成具有一定程度的垄断作用。

（六）国际粮食市场变化对国内粮食市场价格的影响

随着中国加入世界贸易组织（World Trade Organization，WTO），国内粮食市场相对封闭的历史结束，国内外粮食市场相互影响的程度逐渐加深。世界粮食供求状况、价格波动状况通过贸易、汇率、期货等多途径影响国内粮食市场。本书选择分布滞后模型和向量误差修正模型对上述因素向粮食国内价格传递的具体效应进行估计。结果显示，总的来说，进口数量、国际价格、汇率变动、CPI 对四类粮食作物的国内价格都有一定程度的影响，但这种影响存在一定的时滞效应。如果进口价格低于国内价格，发生价格倒挂，国内产品的销售将受到进口冲击。所以，分析上述因素对国内粮食价格的影响，将有利于科学判断国际市场变化对国内价格的相关影响。国际期货市场对我国粮食产品价格的影响，由于不同品种的对外开放度而有所不同。其中，国内大豆市场较为开放，国际大豆期货市场对国内市场的影响作用较强，国内期货市场对国内现货市场影响作用也较强；而小麦、稻谷、玉米等产品国内外市场连接度不高，国际期货市场对国内相关产品价格的影响有限。

（七）我国粮食价格、食品价格与 CPI 变动关系研究

农产品价格波动与通货膨胀之间的关系，从 20 世纪 90 年代中期以来就是我国农业经济和宏观经济学术界和决策层关注的一个重点。二者之中，究竟哪个是"因"，哪个是"果"，一直是人们争论的焦点，本书也致力于研究粮食价格、食品价格和 CPI 变动的关系。本书进一步修正了前人的研究方法。研究发现，从粮食价格和 CPI 的关系看，我国粮食价格随着 CPI 的波动而波动，CPI 却不会随粮食价格的波动而波动。长期内通货膨胀率的上涨会引发粮食价格的上涨，而粮食价格的上涨长期内不会引发通货膨胀率的上涨。随着我国经济市场化、国际化程度的日益加深，经济增长、货币政策和资本市场等宏观经济因素对农业和农产品市场的影响更加直接和明显。农产品价格的周期性波动，不仅反映自身供求关系的变化，也越来越多地反映宏观经济环境，特别是资本市场的变化。通过分析我国农民收入和农产品价格的关系，可以发现农产品价格适度上涨对农业增产和农民增收具有显著作用。

除了以上内容，本书还详细梳理了美国、日本等发达国家以及印度、巴西等发展中国家的粮食价格支持政策及实施机制，探索总结了有益的经验及启示。本书还利用中国科学院农业政策研究中心（Center for Chinese

Agricultural Policy，CCAP）的中国农业政策分析和预测模型（CAPSiM）分析预测了 2015~2030 年我国农产品的供需变化趋势，为未来我国农产品供需状况及政府调控农产品市场提供了理论基础，在此基础上，提出了一些促进粮食生产发展，增加粮食供给能力的政策建议。

三、社会影响

本书相关研究成果已产生了较大的社会影响，一些政策建议已被相关决策部门吸收采纳。课题组成员共发表了 11 篇学术论文，部分研究成果累计 4 次得到省部级以上领导同志的重要批示。宋洪远在《中国农村经济》（2016 年第 10 期）发表了《关于农业供给侧结构性改革若干问题的思考和建议》。高鸣、宋洪远、Michael Carter 在《中国农村经济》（2016 年第 8 期）上发表了《粮食直接补贴对不同经营规模农户小麦生产率的影响——基于全国农村固定观察点农户数据》。宋洪远在《南京农业大学学报（社会科学版）》（2016 年第 4 期）上发表的《实现粮食供求平衡　保障国家粮食安全》，被中国人民大学复印报刊资料《农业经济研究》（2016 年第 7 期）全文转载。宋洪远、张恒春、李婕、武志刚在《华中农业大学学报（社会科学版）》（2015 年第 4 期）上发表的《中国粮食产后受损问题研究——以河南省小麦为例》，同时获得了农业部（现为农业农村部）陈晓华和张桃林副部长的批示。高鸣和宋洪远等在《中国人口科学》（2015 年 1 月）发表《生产率视角下的中国粮食经济增长要素分析》。高鸣和宋洪远在《管理世界》（2014 年第 7 期）上发表的《粮食生产技术效率的空间收敛及功能区差异——兼论技术扩散的空间涟漪效应》获得第七届中国农村发展研究奖论文奖。宋洪远和张雯丽在《经济要参》（2015 年第 46 期）上发表的《我国粮食储备制度的现状、问题与改革思路》获得了中央农村工作领导小组办公室（以下简称中农办）陈锡文主任的批示。宋洪远等在《成果要报》（2012 年第 37 期）上发表的《完善我国农产品市场价格调控体系的建议》获得时任国务院副总理回良玉和中农办主任陈锡文的批示。仇焕广、李登旺、宋洪远在《经济社会体制比较》（2015 年第 7 期）上发表了《新形势下我国农业发展战略的转变——重新审视我国传统的"粮食安全观"》。宋洪远在《经济日报》（2015 年 1 月 6 日）发表了《如何保障我国粮食安全》。宋洪远在《中国县域经济报》（2015 年 1 月 12 日）发表了《引导耕地向种粮大户等经营主体集中》。宋洪远等发表的《种植业推进供给侧结构性改革现状、问题和思路》获得原农业部韩长赋部长、余欣荣副部长和陈晓华副部长的批示。段应碧和宋洪远的《着力培育新型农业经营主体，促进粮食生产稳定发展》获得国务院副总理汪洋的批示。宋洪远的《我国农业补贴制度：框架内容与政策建议》获得国务院副总理汪洋的批示。

四、任务分工

本书是团队合作与分工研究相结合的成果。本书研究的主题内容和总体框架由宋洪远提出，经课题组成员充分讨论后确定。课题计划和研究工作由宋洪远组织实施。各子课题负责人带领课题组成员开展具体研究，并形成子课题研究报告。研究报告初稿完成后，课题组进行了多次交流讨论，多方征求意见，对相关研究报告进行修改完善。

本书除前言外共有九章。具体分工如下：前言由宋洪远执笔，第一章由曹慧执笔，第二章由彭超执笔，第三章由张雯丽、徐雪高执笔，第四章由翟雪玲、李婕、原瑞玲执笔，第五章由曹慧、张雯丽执笔，第六章由姜楠、谭智心、杭静执笔，第七章由徐雪、姜楠、彭超执笔，第八章由彭超、翟雪玲、宋洪远执笔，第九章由仇焕广、李舒妍执笔。翟雪玲担任课题组秘书，负责日常联系、编写研究简报，还负责研究报告的汇总、编辑、修改等工作。宋洪远对各章书稿逐一进行了修改和审定。

宋洪远

2018 年 12 月

目　　录

第 一 章

21 世纪以来我国粮食价格波动周期分析

粮价是百价之基。21 世纪以来，随着我国一系列粮食价格支持政策的出台，国内粮食市场价格波动的整体水平有所下降，尤其是在 2008 年粮食危机前后，在国际市场大涨大跌的背景下，国内粮食市场仍整体保持稳定，这对保护国内粮食生产者、消费者利益及促进整个国民经济的健康发展具有重要意义。

第一节 粮食价格整体波动情况

一、与农产品生产价格指数的比较

粮食生产价格指数是反映一定时期内农产品生产者出售粮食价格水平变动趋势及幅度的相对数，其前身是粮食收购价格指数（2000 年以前），它可以反映粮食收购价格总水平的变化情况及其对农民货币收入的影响，是制定和检查粮食价格政策的依据。从图 1-1 可以看到，2002~2004 年第一季度，二者的走势基本重合；2004 年第二季度以后，粮食生产价格的走势更为平稳，且上涨的趋势更为明显，在某些农产品生产价格指数下跌的时期，粮食生产价格指数的走势甚至完全相反。

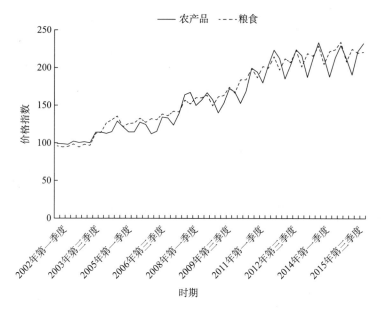

图 1-1   农产品生产价格指数与粮食生产价格指数对比（2001 年各季度=100）

二、各品种生产价格指数波动情况

2002 年以来各品种生产价格指数整体走势趋同，呈波动上涨态势（图 1-2）。从波动幅度看，小麦生产价格指数走势明显偏缓，波动幅度低于其他三类粮食品种；大豆生产价格指数波动幅度最大。从波动频率来看，生产价格指数波动频率由小向大依次是小麦、大豆、玉米和稻谷。

三、粮食批发市场价格波动情况

粮食生产价格指数可以帮助人们了解农户出售环节粮食价格变动的相对水平。要了解粮食价格的绝对水平变化及对城镇居民生活的影响，就要考察粮食批发市场价格的变化情况。由图 1-3 可以看出，21 世纪以来我国主要粮食品种批发市场价格走势可以分为四个阶段。

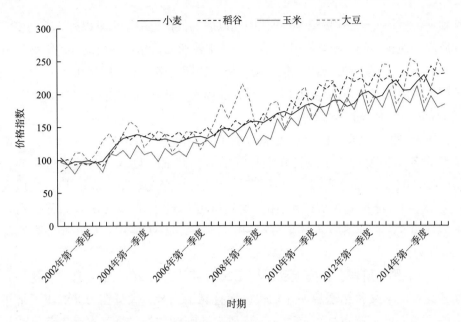

图 1-2　主要粮食品种生产价格指数对比（2001年各季度=100）

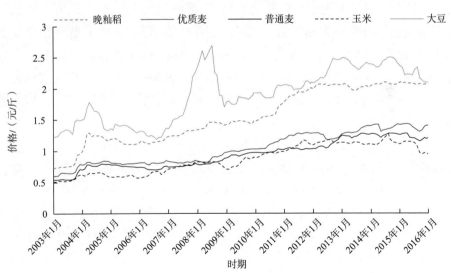

图 1-3　2003~2016年主要粮食品种批发市场名义价格走势

资料来源：2004~2017年《中国农产品价格调查年鉴》

1斤=0.5千克

（1）第一阶段：低价徘徊时期（2003年1月~2003年8月）。该阶段各品种粮食价格均处于 20 世纪 90 年代中期以后的低位，除了大豆以外，普通麦、优质麦和晚籼稻的价格均在低位徘徊，其中普通麦价格由初期的 0.53 元/斤升至 0.55 元/斤，涨幅为 3.8%；优质麦价格与初期价格持平，均为 0.65 元/斤；晚籼稻价格由 0.53 元/斤升至 0.54 元/斤，涨幅为 1.9%；大豆价格由 1.08 元/斤涨至 1.3 元/斤，涨幅高达 20.4%。

（2）第二阶段：恢复性上涨时期（2003 年 9 月~2006 年 11 月）。突出特点为各品种粮食价格经过几个月的迅速上涨后，进入一个较高价位的平稳时期。其中，普通麦由上一期末的 0.55 元/斤涨至 0.75~0.8 元/斤，优质麦由 0.65 元/斤涨至 0.8~0.85 元/斤，晚籼稻由 0.54 元/斤涨至 1.2 元/斤左右，玉米由 0.53 元/斤进一步涨至 0.65~0.7 元/斤，大豆则由 1.3 元/斤最高涨至 1.84 元/斤。

（3）第三阶段：加速上涨时期（2006 年 12 月~2015 年 4 月）。这一时期各品种的名义价格涨幅明显加快，而且除了玉米、大豆在 2008 年下半年有较为明显的下降以外，普通麦、优质麦和晚籼稻的价格基本呈震荡上涨趋势。从涨幅上看，普通麦由期初的 0.75 元/斤涨至期末的 1.28 元/斤，涨幅为 70.7%；优质麦由 0.82 元/斤涨至 1.43 元/斤，涨幅为 74.4%；晚籼稻由 1.21 元/斤涨至 2.1 元/斤，涨幅为 73.6%；玉米由 0.65 元/斤涨至 1.14 元/斤，涨幅为 75.4%；大豆由 1.36 元/斤涨至 2.21 元/斤，涨幅为 62.5%。但从实际价格来看，这一时期主要粮食品种的上涨幅度并不如名义价格那么明显，但总的上涨趋势没有变。

（4）第四阶段：迅速下跌时期（2015 年 5 月至 2016 年 1 月）。这一阶段除晚籼稻外，各品种粮食名义价格均有明显的下跌。从跌幅来看，优质麦由期初的 1.43 元/斤下跌至期末的 1.28 元/斤，跌幅为 10.5%；普通麦由期初的 1.28 元/斤下跌至期末的 1.14 元/斤，跌幅为 10.9%；玉米由期初的 1.15 元/斤下跌至期末的 0.9 元/斤，跌幅 21.7%；大豆由期初的 2.33 元/斤下跌至期末的 2.22 元/斤，跌幅 4.7%。从实际价格来看，晚籼稻价格也有所下跌，跌幅为 1.7%，其他品种粮食的实际价格跌幅和名义价格相差不多（图 1-4）。

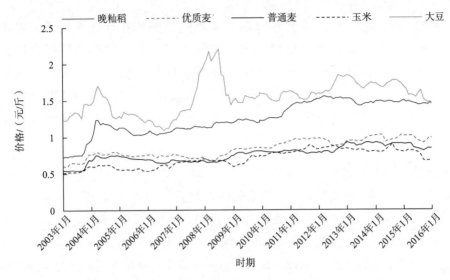

图 1-4　2003~2016 年主要粮食品种批发市场实际价格走势

资料来源：2004~2017 年《中国农产品价格调查年鉴》

第二节　粮食价格波动的周期划分及其特点

一、价格周期划分方法

粮食价格波动周期是指粮食价格围绕其长期趋势扩张和收缩而体现出的周期性波动。经济时间序列的变化通常受到其自身的趋势、周期、季节及不规则成分的影响。时间序列分解旨在将经济时间序列中的趋势、季节和不规则成分分离出来，然后分析剩余的周期成分的统计特征。本文首先用全国 CPI 去除粮食名义价格中的通货膨胀因素，其次通过 X-11 季节调整方法对分品种粮食价格数据进行季节调整，在此基础上使用 H-P 滤波法获得周期成分，最后分析周期成分的统计特征，从而对粮食价格周期做出判断和分析。

1. X-11 季节调整法

X-11 是基于移动平均法的季节调整方法。它的特征在于除了能适应各种经济指标的性质，根据各种季节调整的目的选择计算方式外，在不做选择的情况下，也能根据事先编入的统计基准，按数据的特征自动选择计算方式。在计算过程中可根据数据中的随机因素大小，采用不同长度的移动平均，随机因素越大，移动平均长度越大。X-11 季节调整法是通过几次迭代来进行分解的，每一次迭代对于组成因子的估算而言都是进一步的精化。

2. H-P 滤波法

由于趋势成分和周期成分在季节调整中被视为一体，所以下一步需要将趋势成分和周期成分分开，一般使用 H-P 滤波法去除时间序列数据中的趋势成分。H-P 滤波法本质上是一种线性滤波方式，采用线性滤波方式的优点在于分解过程中不会引入伪非对称性。设 $\{Y_t\}$ 是包含趋势成分和周期成分的经济时间序列，$\{Y_t^T\}$ 是其中含有的趋势成分，$\{Y_t^C\}$ 是其中含有的周期成分，则

$$Y_t = Y_t^T + Y_t^C \quad (t=1,2,\cdots,T) \tag{1.1}$$

计算 H-P 滤波就是从 $\{Y_t\}$ 中将 $\{Y_t^T\}$ 分离出来。一般地，经济时间序列 $\{Y_t\}$ 中的不可观测部分趋势成分 $\{Y_t^T\}$ 常被定义为最小化问题的解，即

$$\min \sum\nolimits_{t=1}^{T} \left\{ \left(Y_t - Y_t^T\right)^2 + \lambda \left[c(L) Y_t^T \right]^2 \right\} \tag{1.2}$$

其中，$c(L)$ 是延迟算子多项式：

$$c(L) = \left(L^{-1} - 1\right) - (1 - L) \tag{1.3}$$

将式（1.3）代入式（1.2），则 H-P 滤波的问题就是使下面的损失函数最小，即

$$\min \left\{ \sum\nolimits_{t=1}^{T} \left(Y_t - Y_t^T\right)^2 + \lambda \sum\nolimits_{t=1}^{T} \left[\left(Y_{t+1}^T - Y_t^T\right) - \left(Y_t^T - Y_{t-1}^T\right) \right]^2 \right\} \tag{1.4}$$

式（1.4）中，参数 λ 需要事先给定，根据一般经验，λ 的取值如下：

$$\lambda = \begin{cases} 100, & \text{年度数据} \\ 1\,600, & \text{季度数据} \\ 14\,400, & \text{月度数据} \end{cases}$$

二、分品种粮食价格周期划分

1. 小麦

本章使用郑州粮食批发市场普通小麦和优质小麦的月度批发价格数据，时间跨度为 2003 年 1 月至 2016 年 11 月。H-P 滤波法的结果如图 1-5 和图 1-6 所示。

根据图1-5、图1-6 中用 H-P 滤波法分解出来的小麦价格序列中的周期成分，按照"波峰—波峰"的周期划分标准[①]，2003 年以来的普通小麦和优质小麦的价格周期划分如表 1-1 和表 1-2 所示。

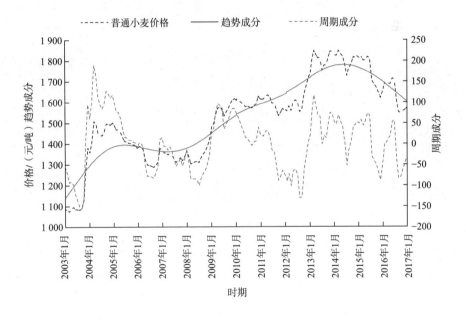

图 1-5　普通小麦价格序列分解

① 划分经济周期的原则一般包括三点：第一，形态标准。一个周期波动要求基本图形完整，从波峰点到波谷再到波峰点，或者是从波谷点到波峰再到波谷点，定义为一个波动周期。同时，图形具有明显的下凹或上凸的形态。第二，幅差标准。在增长率波动图形上，从波峰点到波谷点的落差要超过 5%，以区别其他非周期变动与统计误差。第三，时间标准。一个周期波动要有一定长的年限跨度。一般要包含 2 个或 2 个以上的生产周期。

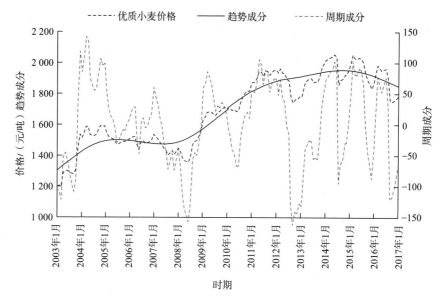

图 1-6　优质小麦价格序列分解

表 1-1　普通小麦价格波动周期划分

周期	周期一	周期二	周期三	平均值
起止时间	2004 年 3 月~2009 年 10 月	2009 年 11 月~2013 年 2 月	2013 年 3 月~2016 年 5 月	—
周期长度/月	68	46	39	51
波谷位置	2008 年 2 月	2012 年 3 月	2015 年 10 月	—
下跌区间/月	48	35	32	38.3
累计跌幅	13.3%	4.6%	9.8%	9.2%
上涨区间/月	20	11	7	12.7
累计涨幅	25.6%	18.6%	4.5%	16.2%

注：累计涨（跌）幅均由经过季节调整后的实际价格计算，下同

表 1-2　优质小麦价格波动周期划分

周期	周期一	周期二	周期三	周期四	平均值
起止时间	2004 年 3 月~2009 年 5 月	2009 年 6 月~2011 年 6 月	2011 年 7 月~2013 年 11 月	2013 年 12 月~2015 年 1 月	—
周期长度/月	63	25	29	14	32.8

续表

周期	周期一	周期二	周期三	周期四	平均值
波谷位置	2008年4月	2010年3月	2012年12月	2014年6月	—
下跌区间/月	50	10	18	6	21
累计跌幅	12.8%	0.4%	9.6%	7.2%	7.5%
上涨区间/月	13	15	11	8	11.8
累计涨幅	23.9%	17.4%	13.1%	9.0%	15.9%

普通小麦和优质小麦价格的周期划分主要呈现以下两个特征。

（1）周期长度逐渐缩短，波动频率总体呈上升趋势。

2003年以来我国普通小麦价格经历了三个周期，周期平均长度为51个月，属于短周期，具有逐渐缩短的波动特征。其中最长的第一周期是从2004年3月到2009年10月，波长为68个月。从图1-5中可以看出，普通小麦自2016年5月开始进入第四周期。优质小麦价格经历了四个周期，周期平均长度为32.8个月，较普通小麦周期缩短18.2个月，也呈现逐渐缩短的趋势，最长的第一周期与普通小麦的波峰波谷基本重合，历时63个月。从波动幅度看，普通小麦三个周期的累计涨跌幅度由38.9%降至14.3%，优质小麦由36.7%降至16.2%，均呈现不断下降的态势。

（2）小麦平均下跌区间长于上涨区间，两者累计跌幅均小于累计涨幅。

2003年以来，普通小麦价格呈现"慢跌快涨"的特点，价格下跌区间的长度一般为上涨区间的三倍左右，平均下跌区间为38.3个月，平均累计跌幅为9.2%，而平均上涨区间为12.7个月，平均累计涨幅为16.2%，整体属于收缩型周期波动。第一、三个周期的优质小麦呈现出与普通小麦相同的特点，第二、四个周期的优质小麦价格呈现由收缩型周期波动到扩张型周期波动交替的状态。

2. 稻谷

本章使用郑州粮食批发市场晚籼稻的月度批发价格数据，时间跨度为2003年1月~2016年11月。H-P滤波法的结果如图1-7所示。

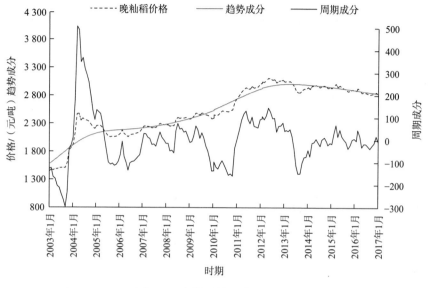

图 1-7　晚籼稻价格序列分解

根据图 1-7 中用 H-P 滤波法分解出来的晚籼稻价格序列中的周期成分，按照"波峰—波峰"的周期划分标准，2003 年以来的晚籼稻价格的周期划分如表 1-3 所示。

表 1-3　晚籼稻价格波动周期划分

周期	周期一	周期二	周期三	平均值
起止时间	2004 年 3 月~2008 年 6 月	2008 年 7 月~2012 年 6 月	2012 年 7 月~2014 年 8 月	—
周期长度/月	52	39	26	39
波谷位置	2006 年 5 月	2010 年 3 月	2013 年 7 月	—
下跌区间/月	27	19	13	19.7
累计跌幅	13.8%	1.8%	5.8%	7.1%
上涨区间/月	15	20	13	16
累计涨幅	16.2%	31.0%	9.2%	18.8%

注：累计涨（跌）幅均由经过季节调整后的实际价格计算

晚籼稻价格的周期划分主要有以下两个特征：一是周期长度逐渐缩

短。2003 年以来我国晚籼稻价格经历了三个周期，周期平均长度为 39 个月，属于短周期，并且呈现出逐渐缩短的波动特征，最长的第一个周期，波长为 52 个月。二是累计涨幅大于累计跌幅，但整体波动幅度呈下降趋势。2003 年以来，晚籼稻三个周期累计涨幅均大于累计跌幅，其中平均累计涨幅为 18.8%，平均累计跌幅为 7.1%，晚籼稻三个周期的累计涨跌幅度由 30%下降到 15.0%，呈现不断下降的态势，平均累计涨跌幅度为 25.9%。

3. 玉米

本章使用郑州粮食批发市场玉米的月度批发价格数据，时间跨度为 2003 年 1 月~2016 年 11 月。H-P 滤波法的结果如图 1-8 所示。

根据图 1-8 中用 H-P 滤波法分解出来的玉米价格序列中的周期成分，按照"波峰—波峰"的周期划分标准，2003 年以来的玉米价格的周期划分如表 1-4 所示。

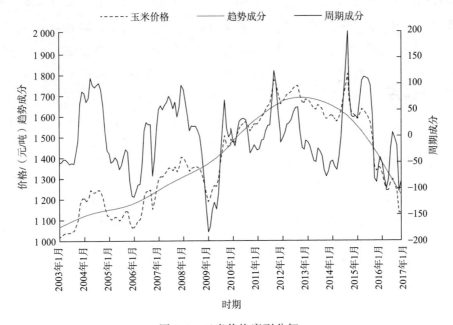

图 1-8　玉米价格序列分解

表 1-4 玉米价格波动周期划分

周期	周期一	周期二	周期三	平均值
起止时间	2004 年 4 月~ 2007 年 12 月	2008 年 1 月~ 2011 年 10 月	2011 年 11 月~ 2014 年 9 月	—
周期长度/月	45	46	35	42
波谷位置	2006 年 1 月	2009 年 1 月	2013 年 9 月	—
下跌区间/月	22	13	30	21.7
累计跌幅	13.8%	15.1%	7.7%	12.2%
上涨区间/月	23	33	5	20.3
累计涨幅	32.3%	46.3%	10.5%	29.7%

注：累计涨（跌）幅均由经过季节调整后的实际价格计算

2003 年以来，国内玉米价格总体呈波动上升的态势，从波动周期划分看，主要有以下三个特征：一是波动周期开始缩短。从统计分析来看，三次波动周期的长度由 45 个月降至 35 个月，缩短了 10 个月；波动周期长度平均为 42 个月，属于短周期。二是下跌幅度逐渐缩小。三个周期的平均累计跌幅由 13.8%降至 7.7%，但累计涨幅出现了波动，第二个周期由 32.3%突增到46.3%，第三个周期又大幅下降到 10.5%。三是价格累计涨幅大于跌幅，但下跌区间长于上涨区间。2003 年以来，玉米价格平均累计涨幅为 29.7%，大于平均累计跌幅（12.2%）。但从涨跌区间上看，前两个周期属于扩张型周期波动，最后一个周期变为收缩型周期波动，说明 2011 年 11 月之后玉米价格在大部分时间中是处于下跌状态的。

4. 大豆

本章使用农业农村部信息中心大豆的月度批发价格数据，时间跨度为2003 年 1 月~2016 年 11 月。H-P 滤波法的结果如图 1-9 所示。

用 H-P 滤波法分解出来的大豆价格定基指数序列中的周期成分，按照"波峰—波峰"的周期划分标准，大豆价格划分如表 1-5 所示。

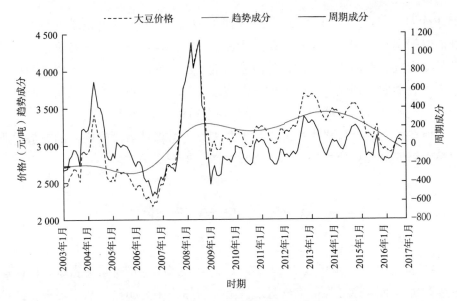

图 1-9 大豆价格定基指数序列分解

表 1-5 大豆价格波动周期划分

周期	周期一	周期二	周期三	平均值
起止时间	2004年4月~2008年7月	2008年8月~2012年10月	2012年11月~2016年8月	—
周期长度/月	52	51	46	49.7
波谷位置	2006年8月	2008年12月	2015年12月	—
下跌区间/月	29	5	38	24
累计跌幅	32.4%	25.0%	19.4%	25.6%
上涨区间/月	23	46	7	25.3
累计涨幅	97.6%	27.5%	6.6%	43.9%

注：累计涨（跌）幅均由经过季节调整后的实际价格计算

2003 年以来，我国大豆批发价格虽然有波动，但总体呈现上涨趋势。从周期划分来看，大豆价格波动大致可以划分为三个周期。大豆价格的周期波动特征主要有以下几点：一是波动周期属于短周期。如表 1-5 所示，大豆价格波动周期平均为 49.7 个月，属于短周期。二是价格波动总体属于涨跌均衡。2003 年以来大豆价格的三个周期中的扩张期（即价格上涨期）平均为

25.3 个月，收缩期（即价格下跌期）平均为 24 个月，价格下跌的时间与上涨的时间基本相同，即大豆价格处于涨跌比较均衡的状态。三是价格波动周期易受天气、石油、宏观经济等因素影响。三个周期中，第二个周期的扩张期大于收缩期，即属于扩张型的周期波动，第一个和第三个周期属于收缩型周期波动。由于 2008 年末受国际金融危机的影响较大，大豆价格迅速下跌，但在国内托市价格支撑的影响下，大豆价格保持着缓慢回升的态势，所以第二周期的大豆价格波动表现为收缩期远小于扩张期。

第三节　主要结论

21 世纪以来，尤其是 2004 年以后，与农产品生产价格总指数相比，粮食生产价格的走势更为平稳一些，且上涨的趋势更为明显。从主要粮食品种生产价格指数的波动幅度看，小麦的波动幅度明显偏缓，且低于其他三类粮食品种；大豆波动幅度最大。本章使用 H-P 滤波法对小麦、稻谷、玉米、大豆四种粮食价格数据进行周期划分，结果显示四个品种的价格周期都属于短周期，且周期长度均呈现逐渐缩短的趋势，其中，小麦波动频率总体呈上升趋势，价格呈现"慢跌快涨"的特点；晚籼稻价格累计涨幅大于累计跌幅，但整体波动幅度呈下降趋势；玉米价格下跌幅度逐渐缩小，但整体下跌区间长于上涨区间；大豆价格波动总体属于涨跌均衡，其波动周期易受天气、石油、宏观经济等因素影响。

参　考　文　献

董玲. 2010. 我国猪肉价格波动研究[D]. 内蒙古农业大学博士学位论文.

顾国达，方晨靓. 2011. 农产品价格波动的国内传导路径及其非对称性研究[J]. 农业技术经济，（3）：12-20.

刘金全，范剑青. 2001. 中国经济周期的非对称性和相关性研究[J]. 经济研究，（5）：28-37.

罗锋，牛宝俊. 2010. 我国粮食价格波动的主要影响因素与影响程度[J]. 华南农业大学学报（社会科学版），9（2）：51-58.

罗万纯，刘锐. 2010. 中国粮食价格波动分析：基于 ARCH 类模型[J]. 中国农村经济，（4）：30-37.

毛学峰，曾寅初. 2008. 基于时间序列分解的生猪价格周期识别[J]. 中国农村经济，（12）：4-13.

第 二 章

中国粮食流通体制演进历程及绩效

自 20 世纪 70 年代末开始，家庭联产承包责任制经营开始在全国范围内推行，同时国家提高了农产品收购价格。这带动了劳动者的积极性，使粮食生产率得到了提高，农户的生产有了剩余。此时，微观经营机制开始与粮食统购统销的模式产生了矛盾，这内生化地要求农产品流通制度需得到相应的改革。在这一背景下，传统的统购统销政策开始分步骤地得到放宽。1985年，国家取消了粮食的统派购任务，实施合同定购和市场收购。几年后，"统销"制度也被取消。之后，市场化改革与"双轨制"反复拉锯。20 世纪的最后几年中，粮食供给由长期紧张变为总量基本平衡，丰年有余。2004年中国放开粮食市场，进入供求决定价格新阶段。此后，中共中央相继发出了 15 个中央一号文件。最低收购价、粮食临时收储计划以及政策性粮食竞价交易构成了中国粮食市场调控的三大政策，同时对流通环节的补贴开始全面转向对农业生产者——农民的直接补贴。

本章将改革开放以来中国的粮食市场流通政策大体分为以下四个阶段：①1978~1984 年，粮食统购制度的松动阶段；②1985~1997 年，"双轨制"与市场化反复阶段；③1998~2003 年，市场化政策攻坚阶段；④2004~2014年，市场起基础性作用阶段。实际上，2014 年之后，即最新的阶段也开始进入了一个新的时期。本章将分阶段对中国粮食流通政策进行整理，对重要阶段的政策变迁将分产品进行描述。

第一节　1978~1984 年：粮食统购制度的松动阶段

1949 年以后，为了快速实现工业化，建立比较完整的工业体系，国家维持了包括粮食在内的农产品低价格。为了维持这种农产品的低价格，国家垄断农产品流通，并实施高度集中的统购统销制度，这种情况一直延续到了 1978 年。因此，可以说，农产品流通制度改革是在农业和农村微观经营主体得到确立之后才全面展开的。农业生产开始由国家计划生产向商品生产转变，而农产品流通则是实现商品到货币的"惊险一跃"。根据现代制度经济学理论，某个制度安排的变迁，可能引起对其他制度安排的服务需求。农业生产经营制度的变迁内生出了对农产品流通制度变迁的需求。于是，在这一阶段，农产品流通制度在传统计划经济背景下逐步市场化。粮食流通也正是在农村土地承包经营权制度确立、粮食商品化生产的背景下逐步搞活，实现了对统购统销制度的松动。

一、统购统销政策松动

1. 提高主要粮食价格

1979 年，国家制定的粮食统购价格平均提高了 20%，超购部分在这个基础上再加价 50%。中央掌握的六种粮食（小麦、稻谷、谷子、玉米、高粱、大豆）加权平均统购价格提高 20.86%。国家规定，对其他粮食品种的统购价格可参照主要粮食品种的提价幅度进行调整。短缺粮食品种的统购价可以适当多提些，但同时，粮食销售价格维持不变。然而，农村周转粮、借销粮、除优质品种外的种用粮、奖售粮、兑换粮、代队储备粮和过头粮退库等都实行购销同价。提高粮食统购价格之后，在数量方面，国家决定从 1979 年起减少统购 250 万吨，实际调减了 275 万吨。

2. 增加粮食进口数量

为了减少统购可能带来的粮食短缺，在国营外贸体制下，国家增加了粮食进口，1979 年粮食进口量达到 1 235.5 万吨，1979~1984 年，粮食进口总量一直维持在 1 000 万吨以上（表 2-1）。

表 2-1　1978~1985 年粮食进口情况（单位：万吨）

年份	进口总量	小麦	大米	玉米	大豆
1978	883.2	766.7	17.1	80.4	19.0
1979	1 235.5	871.0	12.4	294.2	57.9
1980	1 286.2	1 097.2	14.8	120.8	53.4
1981	1 440.3	1 307.0	8.9	67.6	56.8
1982	1 568.5	1 353.5	21.9	156.9	36.2
1983	1 329.2	1 110.6	7.9	210.7	0.0
1984	1 005.1	987.1	12.5	5.5	0.0
1985	571.2	540.9	21.1	9.1	0.1

资料来源：UN Comtrade 数据库

3. 减少粮食统购

进口粮食增加使国家有条件减少粮食统购数量。于是，从 1979 年开始，国家对口粮在 400 斤以下的水稻产区和口粮在 300 斤以下的杂粮产区一律免除征购任务，同时在全国范围内禁止购买过头粮。在一个生产队内，过头粮退库，先按议价退议价粮，再按超购价退超购价粮，最后按统购价退统购粮。以粮食退粮票，农村人口转移时迁出卖粮、迁入买粮，均按统购价作价。1979 年 4 月，国家放宽了对集市贸易的限制，规定社队集体的农副产品，属于国家统购的粮食在完成征购（包括加价收购）任务后，可以在农村集市出售。1980 年 4 月，国家工商行政管理总局发文，允许转手贩卖农产品。为了防止议购议销规定可能出现的乱象，1980 年 12 月，国务院发文对议购议销进行了整顿，明确规定在完成国家收购任务以前不允许粮食议价成交、集市出售，也不许把集体产品分给个人出售，并且由省、市、自治区人民政府规定议价收购粮食的最高限价。1980 年，国家小麦统购价格降低了4.6%。1981 年，大豆价格提高了 50%，政府并取消了对大豆的超购加价（表 2-2）。与此同时，分田到户极大地解放了生产力，提高了粮食产量。在减少统购任务后，农民手中余粮增加，这内生地需要进一步放开粮食市场。1981 年 3 月，国务院采纳了国家农村工作委员会意见，决定在粮食征购任务方面逐步推广经济合同制，为取消粮食统购做了经济基础方面的准备。1981 年，国家在西藏地区取消了统购统销任务，是取消粮食统购统销制度的一次尝试。

表 2-2 1979~1984 年粮食流通制度改革

年份	价格	数量
1979	统购价加权平均提高 20.86%，超购部分在此基础上加价 50%	减少统购 250 万吨，实际调减了 275 万吨
1980	小麦统购价格降低 4.6%，其他品种未变	统购量再减少 67 万吨
1981	大豆统购价格提高 50%，取消大豆超购加价	统购量 395 万吨
1984	大豆统购价格降低 13.3%	—

资料来源：Sicular（1988）

二、粮食流通体制改革的反复

1. 再度强化粮食统购政策

然而，随着部分农产品被允许议购，市场上随意提价、变相涨价、哄抬议价的情况开始严重。1982 年，中华人民共和国成立以来第一个针对农业农村的"一号文件"强调，"粮、棉、油等产品仍须坚持统购统销的政策"。1982 年，国务院提出从 1982 年粮食年度起，除了新疆、西藏外，中央同各省、自治区、直辖市协商确定粮食征购、销售、调拨、包干数字后，1982~1984 年度数字不变。包干以后，粮食流通实行中央和省、市、自治区两级管理办法：第一级为国家储备，由中央统一管理，包括中央直接掌握的周转库存、省际调拨、军粮、棉糖奖售粮、进口和出口，归中央支配的议价转平价粮；第二级由省统一管理，包括粮食征购、销售、定额周转库存、议价粮库存、代队储备。这实际上收紧了中央和省级政府在粮食征购方面的权力，减慢了粮食集市贸易发展的步伐。1983 年，国家征购的粮食占全部粮食流通量的 94.4%，比 1981 年提高了 2.0 个百分点。尽管如此，国家还是肯定了农户自行处理多余粮食的权利。

2. 扩大粮食议购议销和自由购销的范围

由于农业生产连年丰收，而农产品市场流通的范围缩小，许多农村出现了农产品"卖难"的问题。直到 1983 年 1 月，对农民完成征收、超购任务以后的余粮，国家允许国家、集体、个人多家经营，议购议销和有限度自由购销的农副产品均可到集市上自由购销，允许农民个人或合伙长途贩运。这样一来，粮食议购议销和自由购销的范围再度扩大。为了进一步搞活流通，国家又提出发育市场机制、疏通流通渠道，坚持国家、集体、个人一起上的方针，继续进行农村商业体制的改革，以计划经济为主，市场调节为辅，进一步搞活农村经济。疏通流通渠道，成为粮食和其他农产品市场改革的重要环节。1984 年，深圳特区甚至率先取消了粮食凭票证供应的制度。

三、1978~1984 年粮食流通体制改革评价

1. 粮食流通市场化的重要探索

1984 年之前的粮食流通制度基本上是统购统销制度的延续，但也是国家不断探索市场流通的重要阶段。这一阶段的成果有：①粮食流通政策改革在反复中前进，统派购的比例开始缩小。1978 年全国粮食收购量为 1 014.5 亿斤，全部都是由国营和供销合作社收购的。到了 1984 年，全国粮食收购量达到 2 344.9 亿斤，但其中国营和供销合作社收购比例降低到 91.7%。与此同时，国有粮食部门进行了一系列改革，开始硬化预算约束，具备了现代企业特征。②粮食的多渠道经营开始放松，打破了粮食由主管部门及所属企业独家经营的格局，农村集市贸易作为"资本主义尾巴"的时代一去不复返。1983 年，包括粮食在内的农产品商品化率提高到 59.9%，产值达到了 2 753 亿元，比 1978 年增加了 1 299 亿元，增幅近 90%。农产品批发市场迅速发展，1983 年全国农产品批发市场数量为200 个，1984 年就跃升为 1 000 个。1984 年，全国粮油类批发市场交易额为 45.6 亿元，比 1978 年增长了 127.1%。③农产品价格提高，极大地鼓舞了农民的生产积极性，促进了农业生产发展。图 2-1 表明，收购价提高对农业产值增长的贡献为 15%，是仅次于家庭承包制度改革的第二农业增长源泉。

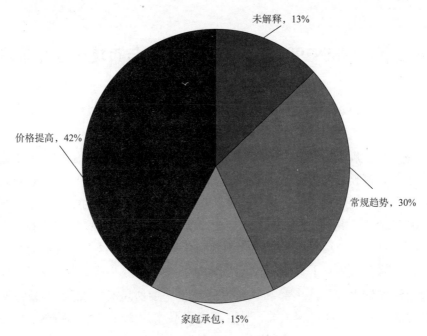

图 2-1　1979~1984 年农业产值增长的源泉

资料来源：林毅夫（1994）

2. 仍未触动粮食统购统销制度

尽管统购统销政策有所松动，粮食集市贸易零星放开，但是该阶段仍强调以计划经济为主、市场调节为辅的方针，总体上相关改革仍未触动统购统销制度。1984 年粮食价格走低，坚持统购统销所引发的一系列矛盾集中爆发。首先，农民自留和存储粮基本饱和，各地"卖粮难"现象进一步严重。其次，农村统购、超购价格上升，城市统销价格固定，引起购销价差扩大，流通环节需要高额财政补贴，这给国家财政带来了很大的负担。最后，在粮食丰收的背景下，地方政府甚至出现购粮"打白条"和拒购的方式，农民负担加重。农业生产效率的提高和农产品的增产，产生了国家及农业发展对农产品流通制度的需求，进一步深化改革的动力由此产生。

第二节 1985~1997 年："双轨制"与市场化反复阶段

从 20 世纪 80 年代中期开始，中国市场经济改革"摸着石头过河"，经济改革在各个领域都经历了"一放就活、一活就乱、一乱就收、一收就死"的"治—乱"循环。很长一段时间内，价格"双轨制"在资源配置中占主体地位，但是经济体制改革的市场化方向没有改变。1992 年邓小平同志的"南方谈话"，打破了社会主义经济制度与市场经济体制的绝对对立。1994年，国家提出了中国经济改革的目标，即建立社会主义市场经济体制。在农业方面，家庭联产承包责任制在中国农村广泛推行，再加上粮食流通政策的调整，中国农民拥有了直接从粮食生产中获益的权利，极大地激发了农民的生产积极性，粮食生产形势和购销形势发生了前所未有的变化。1984 年中国粮食产量突破了 4 亿吨大关，社会粮食商品率达 30%以上，超过了历史上的任何一年。作为中国经济制度的组成部分，粮食流通制度变迁虽经历了曲折，但一直在沿着市场化的方向前进。幸运的是，粮食流通的市场导向、循序渐进的改革方向都没有发生改变。

一、1985 年粮改：粮食统派购制度和合同定购的反复

1. 取消粮食统派购制度

1985 年 1 月 1 日，国家宣布："从今年起，除个别品种外，国家不再向农民下达农产品统购派购任务，按照不同情况，分别实行合同定购和市场收购。"以合同定购制度代替统购制度，意味着长达 30 余年的粮食统购派购制度在名义上被取消了。但是粮食统销制度得以保留，其中，农村统销的粮食实行购销同价，城镇居民口粮按原统销价不变。为了让农民享受种粮收益，国家放开了部分流通渠道，允许定购统销以外的粮食自由上市。这一系列对粮食流通体制的放松措施，可以被视为粮食流通由计划经济体制向市场经济体制转型的开端。

2. 农民没有获得市场地位

然而，农民并没有获得应有的市场地位，其他市场主体也没有获得充分的发育。在名义上取消统派购制度之后，粮食流通制度的顶层设计强调合同定购任务从中央自上而下分配到农户。其过程是，由国家确定粮食定购总量，根据各地近年的产量、人均占有量、收购量、平价销售量和调拨量等因素逐级分配到村或村民小组后，一般则会根据承包土地的数量平均分配给每个农户。在基层，一般是商业部门或粮食部门与农户作为合同双方，农户按照合同价交售粮食。但是，价格并不是双方按照市场规则商定的，而是按"倒三七"比例计算的，即三成按统购价，七成按原超购价。

3. 减产导致粮食流通"双轨制"

由于粮食统派购制度被取消，农民普遍认为不必再承担国家粮食征收的任务，加之种粮比较效益本就偏低，各地农业生产结构迅速调整。1985 年全国果园面积增加 785.8 万亩[①]，增速为 23.6%。各地方政府还提倡陡坡耕地退耕，1985 年退耕还林面积达到 1 403 万亩。国家建设、乡镇企业、农民建房三项合计占用耕地 485.4 万亩。1985 年粮食大幅减产，降幅达 6.9%，粮价开始回升，由于粮食统销制度得以保留，所以不能通过提高成品粮销售价格的方式来弥补原粮收购成本，这导致国家财政无力根据市场形势提高定购价。于是，多数农民不愿意与商业部门签订收购合同。许多地方政府使用强制性的行政手段来落实粮食定购合同，甚至用封锁市场等办法来保证合同实现，直接导致了在合同执行过程中政府与农民权利义务的不对等。这样，名义上的商业合同定购几乎演变为行政命令，国家不得不重新赋予合同定购以"国家任务"的性质，实际上就是对粮食流通过程中的国家定购部分恢复指令性计划的性质。尽管如此，在部分政策制定者的努力下，国家还是在 1986 年中央一号文件中提出了"适当减少合同定购数量，扩大市场议价收购比重"。1987 年，国家以中央文件的形式正式确认了粮食市场流通的"双轨制"。此后，粮食流通分为两个截然不同的类型：一是通过指令性计划由国家在形式上以合同价格收购，二是合同定购以外的粮食流通按市场价

---

① 1 亩 ≈ 666.667 平方米。

格自由购销。为了促使农民自愿签订定购合同，国家实行了粮食定购合同与供应平价化肥、柴油、发放预购定金挂钩。"三挂钩"中，预购定金发放相对容易，而与实物的挂钩需要相应的体制来保障实施。为了化肥和柴油与粮食定购的挂钩，国家根据生产计划制定指标，优先安排运输，最终由供销部门及时兑现给农民。由于这一阶段中化肥、柴油等农业生产资料的流通完全由国有部门控制，粮食合同定购的计划经济属性进一步强化。

4. 进一步收紧粮食流通

尽管国家于 1988 年明确中央分配给各省、自治区、直辖市的粮食合同定购任务不变，但是部分地区却开始探索减少合同定购数量、压缩统销的平价粮销售数量、提高合同定购价和统销价、放开购销价的粮食购销体制改革。这些地方的尝试，是改变"双轨制"中计划经济地位的一种尝试。1988年，粮食主产区灾害频繁，粮食出现减产。为了稳定粮食市场，国家再度收紧了粮食流通，直接把稻米流通的权利收归粮食部门，禁止其他主体经营，不允许改变粮食合同定购价格，禁止擅自提价和增加价外补贴。同时，国家继续强化粮食的票证供应。尽管粮食流通收紧，但是国家开始筹建粮食批发市场，粮食市场化流通的基础设施开始逐步完善。国家允许在完成粮食合同定购任务后，议价大米和东三省及内蒙古的大豆在地区之间放开搞活。但是，对合同定购的部分制度继续收紧，1990 年，在中央的文件中，国家直接把"合同定购"更名为"国家定购"，规定必须保证完成国家定购任务，又进一步强化了粮食流通的"双轨制"。对超过国家定购的议购部分，国家实施保护价敞开收购。不久之后，出于财政负担的考虑，"敞开收购"被改为"定额收购"。

二、1993 年粮改：粮食定价权和政府定购的反复

1. 放松粮食定价权

尽管粮食价格基本上仍然受到国家的干预，但在收购数量方面国家实施了放权，一度把本地区议购粮食的最低保护价和最高限价制定权力下放给地方，规定省、市、自治区参照中央议购指导价格制定最低保护价和最高限价。国家定购导致过高的财政负担，随着粮食恢复性增产，财政负担进一步

加剧，这又促使部分地区、部分部门在"减购、压销、提价、放开"方面开始积极探索。针对粮食统销政策，中央和地方都在积极探索压缩平价粮销售数量，中央把"压销"的决策权下放给了省一级政府。1991 年 4 月，国家提高粮食统销价格。1991 年中共中央第十三届八中全会提出，"八五"期间粮食流通要稳妥地实现购销同价。实际上，改革进度快于中央部署。1991年 5 月，广东、海南率先实行粮食购销同价改革。仅一年之后，国家再度提高粮食统销价格，并决定从 1992 年 4 月 1 日起，在全国范围内基本实现购销同价。

2. 探索放开粮食购销价格

购销同价为全面放开粮食价格创造了前提，1993 年 2 月，国家为粮食价格形成机制改革定下了基调，按"统一政策、分散决策、分类指导、逐步推进"的原则，争取在两三年内全部放开粮食价格，对国家定购仅保留数量。实际上，不到一年粮食购销价格就几乎全面放开，1993 年底放开粮食购销价格的县（市）就占 98%。相应地，城镇居民口粮定量办法也被取消，城市居民凭"粮票"购粮的生活结束。1993 年全国范围内取消"粮票"，标志着粮食统销制度基本终结。在 1985 年取消包括粮食在内的农产品统派购制度后，政府在制度方面有所反复，甚至曾把部分口粮收归国有粮食部门经营，但是 1991 年国家取消了稻米的粮食部门专营制度，1993 年又实际放开了粮食购销价格，正式宣告"粮食统购统销体制已经结束，适应市场经济要求的购销体制正在形成"。因此，从 1994 年起，国家定购的粮食全部实行"保量放价"，建立国家对粮食的保护价制度，并相应建立粮食风险基金和储备体系。从政策表达上看，中国粮食流通市场化迈出了实质性步伐。

3. 粮价上涨导致粮食购销再度收紧

放开购销价格后，粮食市场的实际情况导致改革进度未能实现国家的预期。国家刚刚宣布实施"保量放价"，粮食价格就开始上涨。1993 年 11月~1995 年 7 月，中国陷入了长达 20 个月之久的粮价上涨局面（图 2-2）。

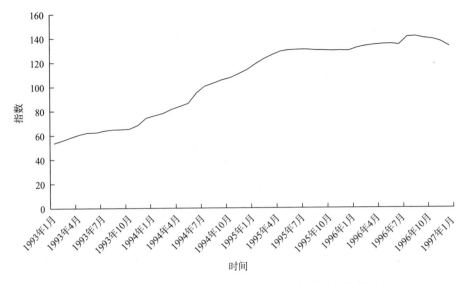

图 2-2　1993 年 1 月~1996 年 12 月的粮食收购价格指数
资料来源：1994~1997 年《中国农业统计年鉴》

在这种压力之下，国家只得收紧粮食购销，继续坚持政府定购，适当增加收购数量。更为严格的规定是，销区粮食批发企业必须到产区县以上的粮食批发市场采购，不得直接到产区农村向农民收购粮食。这意味着粮食从收购到批发恢复到由国有粮食部门统一经营。在粮食行政管理部门的统一领导下，粮食经营实行政策性业务与商业性经营两条线运行机制，业务、机构、人员彻底分开，这实际上又恢复了粮食市场“双轨制”的运行机制。20 世纪 90 年代初的“开发区热”也显现出了恶果，部分地区耕地被占。也正是在 20 世纪 90 年代开始，中国出现了农民工在城乡间大规模流动的现象，从事粮食生产的机会成本大幅度增加，加剧了粮食播种面积减少的趋势。1994 年全国旱涝灾害频发，终于没能脱离“两丰一歉”的历史循环（图 2-3）。

实际上，粮食价格上涨有其内生动力。1949 年以来，为了支持工业化建设，国家低估了包括粮食在内的农产品价格，导致工农业产品剪刀差；而粮食价格放开后，必然要向市场均衡点回归。政策层面，国家取消汇率双轨制，直接导致化肥、柴油等农业生产资料价格上涨，加上国家取消了“三挂钩”政策，农民种粮成本进一步上涨。此时，一方面，粮食经纪人等主体还没有取得合法的商业主体地位，仍被冠以“私商粮贩”的帽子成为受打击的

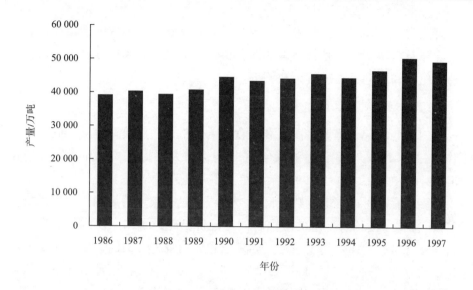

图 2-3　1986~1997 年粮食产量
资料来源：历年中国统计年鉴

对象，这导致其从事的市场活动在名义上非法，也就是说，粮食经纪人所贩卖的粮食，其产权不受法律保护，只能采取短期行为，囤积居奇，哄抬物价，"捞一把走人"；另一方面，国有粮食购销系统不仅没有起到平抑粮价的作用，反而因部门利益选择"惜售"，对粮食价格上涨起到了推波助澜的作用。粮食价格形成机制市场化改革方向本身不是问题，真正的问题在于，取消统购统销之后，粮食市场调控体系缺位。更重要的是，粮食市场上缺乏成熟的交易主体，统购统销取消后，在需求端口没有"接盘"者。

4. 建立"米袋子"省长负责制

为鼓励粮食增产、保证粮食产量地区间的平衡，在重回双轨制的同时，国家实行了粮食地区平衡和"米袋子"省长负责制。经过几个文件，"米袋子"省长负责制基本成型。具体而言，"米袋子"省长负责制的主要内容是：①抓好粮食生产，保证稳定粮田播种面积；②抓好收购工作，掌握商品粮源；③抓好粮食市场，确保地区供应和粮价稳定；④抓好储备制度，建立和管理地方储备粮；⑤抓好风险管理，建立和管理粮食风险基金；⑥抓好局部调控，适时进行吞吐调节；⑦抓好粮食贸易，负责完成地方进口粮任务；

⑧抓好跨省调运，组织省际粮食调剂。而中央政府事权则聚焦于粮食宏观调控、保障总量平衡：一是管好国家储备粮；二是控制和管理粮食进出口；三是协调组织和帮助各省进行余缺调剂。

5. 保护价收购农民余粮

自 1994 年起，国家多次提高粮食收购价格，并对粮食价格开展了检查工作。1985~1997 年，国家粮食合同收购价格大幅提高，提高幅度普遍在230%~370%（表 2-3）。1996 年秋粮上市时，不少地区（特别是粮食主产区）很多粮食品种的国家定购价已经接近或超过了粮食的议购价和市场价，1997 年籼稻、粳稻及玉米的全国合同定购价已超过了国家议购价和集贸市场价（图 2-4）。在一些主产区，如东三省、内蒙古、山西等地，玉米的国家定购价甚至超过了市场价的 120%（郭玮，1997）。在这种情况下，粮食企业高进低出，亏损严重，国家合同定购已经难以为继。

表 2-3　国家统购价格或合同收购价（单位：元/百斤）

种类	1977 年	1985 年	1996 年
籼稻	9.81	15.60	72.10
粳稻	—	20.05	80.50
小麦	13.43	21.22	72.00
玉米	9.09	14.47	56.00
大豆	16.30	30.00	105.00

资料来源：Sicular（1988）；《关于提高国家定购粮食收购价格和粮食政策性销售价格后有关财政财务处理问题的通知》（财商字〔1996〕245 号）

1996 年起，国家开始实施保护价收购，对议购粮按市场价收购，当市场粮价低于定购粮价时，由地方政府同有关部门制定保护价格收购，购销差价由中央和地方财政共同建立的粮食风险基金补贴。1997 年，国家进一步采取了按保护价敞开收购农民余粮的措施，同时要求不拒收不限收，不压级不压价。

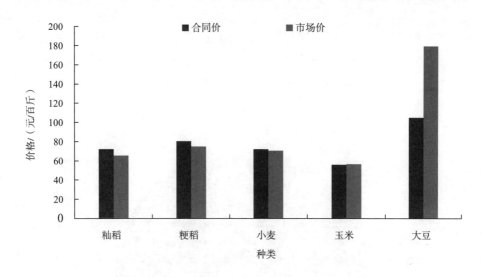

图 2-4 1997 年主要粮食合同价与市场价

资料来源：《1998 年农业统计年鉴》

三、粮食期货市场经历"治—乱"循环

1. 粮食期货市场大发展

1990 年 10 月，郑州粮食批发市场建立，成为中华人民共和国第一家以期货交易为目标的批发市场。初期该市场就按照期货市场模式制定会员制、保证金等交易规则，为期货交易做准备。1993 年 5 月，郑州粮食批发市场在前期建设的基础上建立了郑州商品交易所（Zhengzhou Commodity Exchange，CZCE）（以下简称郑商所），正式推出包括小麦（白麦）、大豆、绿豆、玉米、芝麻在内的五个期货交易品种。1993 年 6 月，上海粮油商品交易所也开始进行小麦（混合麦）、粳米、大豆、大米、豆油、菜籽和菜籽油等农产品的期货交易。此外，海南中商期货交易所、华南商品期货交易所推出了天然橡胶、原糖期货交易，苏州大宗商品交易所推出了生丝、胚绸等期货交易，北京大宗商品交易所、大连商品交易所（以下简称大商所）推出了谷物期货交易，成都肉类商品交易所推出了肉类期货交易。其他一些交易所，如天津联合商品交易所等，也陆续推出了其他农产品期货交易。各地还相继成立了一批引入期货机制的农产品批发市场，如芜湖大米批发市场、吉林玉米批发

市场等。粮食期货市场在建立初期发展得十分迅速，到 1995 年共有九家专做或兼做粮食期货交易，共有玉米、白小麦、红小麦、籼米、大豆、豆粕、高粱七个主要品种。1996 年，主要粮食品种期货成交额达到 1.01 万亿元，其中，仅大豆的成交额就达到 7 419.87 亿元（图 2-5）。

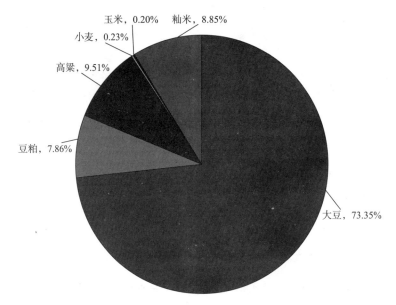

图 2-5　1996 年主要农产品期货成交额
资料来源：根据历年期货交易统计资料整理

2. 粮食期货市场出现多次交易乱局

然而，期货市场也具有一定的盲目性，1993 年开始的"股票热""房地产热"等，也扩展到期货市场，导致投机出现失控局面。1994 年粳米期货上市，市场预期该年度南涝北旱的形势会导致水稻减产，上海粮油商品交易所粳米期货价格大幅上涨，7 月初，粳米期货交易出现多空对峙局面，加剧了价格上涨，9 月初粳米期货主力合约成交价从 1 400 元/吨涨到 2 300 元/吨，涨幅高达 64.3%。粳米期货存在着极高的风险，而且期货市场价格对现货市场产生了一定的传导作用，当时上海粳米现货价已达 2 000 元/吨，已经对居民日常生活产生了一定影响。1994 年 5 月，国务院授权中国证券监督管理委员会（以下简称证监会）清理整顿期货市场，同年 10 月，粳米期货交易被叫停。1994年底到1995年初，大商所玉米主力合约价格逐步上升。1995年5月大商所玉米期货价格掀起一波暴涨，5月15日创下了玉米期货交易史上的天价——2 114元/吨，与当时的现货价相差600元/吨。在1994年玉米减产的背景下，国家从东北调运玉米，并进口大量玉米，平抑玉米价格波动。与此同时，国家开始整顿期货市场，玉米期货价格暴涨趋势得到了遏制。然而，进入8月，市场预期1995年东北玉米将再度减产，大商所玉米多头再次出现，8月2日，玉米主力合约单日成交58万余手，创下玉米期货交易史上的天量。大商所的期货市场波动很快传导至周边现货市场，在玉米期货交易中多次发生严重交割违约事件。最终，证监会出面打压期货市场，大连玉米期货价格出现暴跌，交易量急剧萎缩，1996年以后的相当长一段时间内，玉米期货交投基本处于停顿状态。玉米期货沉寂后，籼米又"接棒"成为期货市场焦点。1995年10月中旬，以广东金创期货经纪有限公司（以下简称金创期货）为主的多头联合部分期货大户进驻广东联合期货交易所（以下简称广联所）籼米期货市场，利用利多消息，强行拉抬籼米气候价格，大户垄断、操纵市场、联手交易等手段无所不用其极，导致籼米期货价格暴涨暴跌。11月3日，证监会因扰乱期货市场秩序吊销了金创期货的经纪业务许可证，广联所的籼米交易也基本归于沉寂。1995年8月推出的豆粕期货又成为投机者关注的焦点，至1997年8月，三次上演多空拉锯，导致豆粕期货暴涨暴跌，严重扰乱了粮食市场和金融市场秩序。面对交易风险，广联所采取强制措施，将豆粕主力合约强行平仓90%。包括广联所在内的多家期货交易所陷于被证监会改组的局面。

四、1985~1997年粮食流通体制改革评价

1. 粮食流通方式得到部分转变

1985~1997年是中国粮食流通制度市场化艰难的成长期，尽管出现了"双轨制"与市场化反复拉锯的局面，但是粮食流通体制开始向市场化迈进。粮食作为一种商品，其流通方式在部分环节上得到根本转变。从资源配置方式上看，粮食从农户到中间商的流通，价格形成机制基本是供求双方决定价格，但是国营粮食企业在参与流通的同时，还承担着保障粮食供给的任

务。这增加了企业和国家及地方财政负担，国有粮食部门改革亟待破题。从粮食经营主体的发育上看，粮食流通主体呈现出多元化的趋势，农民及个体商业组织得到发展，贸工农一体化组织后来居上，国合商业市场占有率下降。从流通渠道的拓展上看，由单一的国营流通渠道转变为多渠道流通，除了国营商业外，出现了个体商贩、专业运输户及其联合体、同行业的专业合作社、专业协会和农民研究会、乡镇兴办的农工商公司等新的流通渠道，粮食批发市场也迅速发展。

2. 粮食宏观调控机制逐步建立

1985 年，包括粮食在内的统派购制度被全面取消，成为市场化的里程碑事件。但是，粮食市场宏观调控又经历了"双轨制""统销体制的解体""保量放价""保护价敞开收购"等阶段，最后通过实行"米袋子"省长负责制和提高粮食定购价格等政策，国家初步建立起了粮食宏观调控体系，极大地保护了种粮农民的积极性，避免了粮食生产的大起大落。在粮食流通的监管方面，国务院及相关部委反复发文强调，禁止收购工作中的"打白条"以及代扣各种费用的行为，切实保障农民权益。粮食一度连年丰收，1996年粮食产量超过 5 亿吨。

3. 粮食流通体制改革陷入了"活—乱"循环

同其他改革一样，中国粮食流通体制改革也陷入了"活—乱"循环："一放就活"——放开粮食流通管制时，资源配置效率提高，经济主体资源配置自主权增大；"一活就乱"——粮食生产的不稳定性和生产者的无序生产相互呼应，导致粮食价格上升，市场秩序混乱，产品质量下降，市场严重失序；"一乱就收"——当粮食价格飞涨、质量下降，各种供应主体鱼龙混杂时，人民群众生活受到影响，坑农害农事件出现，政府只能收紧政策，加强管制、严控价格、整顿市场秩序；"一收就死"——严控价格又会造成粮食供应偏紧，资源配置效率下降，政府财政负担增加；"一死就放"——当低下的资源配置效率造成粮食短缺，政府无力承担财政负担时，不得不放开市场流通管制。这一过程循环往复，成为这一阶段的特征。这一阶段中，作为打通资本市场和农产品市场的重要桥梁，粮食期货市场从无到有，但是也没能够跳出"活—乱"循环，在这一阶段后期，粮食期货市场陷于混乱，并且与金融市场的混乱相呼应，亟待全面整治整顿。

第三节　1998~2003 年：市场化政策攻坚阶段

20 世纪末，中国经济实现了"软着陆"，但是随即出现的长时间的"通货紧缩"局面，极大地损害了农民利益。1995 年起，中国变"复关"为"入世"，融入世界的步伐加快，不断完善市场配置资源的方式。2002年加入WTO之后，对WTO的承诺"倒逼"了很多领域的市场化改革。国有企业改革进入攻坚阶段，国家试图完善国有企业法人治理结构，建立现代企业制度。在农业经营制度方面，土地制度改革经历反复，农村税费改革、农村剩余劳动力流动等问题纠结繁复。具体到粮食方面，1990~1998 年，粮食总产量增加 23.1%，年均增幅 2.6%。1996 年和 1998 年粮食总产量均超过 5亿吨，1998 年达到当时的历史最高水平。粮食供给基本平衡，开始出现丰年有余的局面。与之伴随的是粮价下跌、"谷贱伤农"、国有粮食企业亏损经营和国家财政不堪重负等问题。1998 年开始的新一轮农产品流通体制改革，是在社会主义市场经济体制下对粮食流通体制的市场化改革。

一、粮食流通体制改革略显理想化

1. 粮食流通体制效率低下

粮食系统销售量下降，省际调销不畅，有的粮食企业停止议价粮收购，粮食流通不畅。1996年，全国产粮大县共调销粮食 4 583.39 万吨，比 1995年减少18.3%，1997 年，全国产粮大县粮食调销量略有恢复，但也仅仅增加了88.13 万吨。国营粮食部门经营性亏损猛增，粮食财务挂账日趋增多，给各级财政、银行造成很大负担。由于粮食购销体制问题和国有粮食部门存在效率低下、资金运营混乱的情况，1992~1999 年中国农业发展银行（以下简称农发行）为粮食系统新增的财务挂账贷款高达 1 867.19 亿元，给财政造成了沉重的负担。粮食收购资金被挤占挪用的现象相当严重，调销资金回笼缓慢，影响收购资金周转。至 1998 年，财政为粮棉油收购支付的价格补贴已达 565.04 亿元，比 1996

年增加 81.5%（图 2-6）。

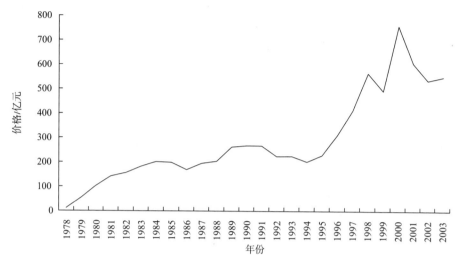

图 2-6　1978~2003 年财政为粮棉油收购支付的价格补贴

资料来源：历年中国财政年鉴

2. 1998 年粮改："四分开、一完善"

1998 年国务院提出"四分开、一完善"的原则，即粮食企业经营机制政企分开、中央与地方粮食责权分开、粮食储备与经营分开、粮食企业新老账务挂账分开，完善粮食价格的形成机制。实施以"三项政策、一项改革"为主要内容的政策措施，即坚决贯彻按保护价敞开收购农民余粮、国有粮食收储企业实行顺价销售、农发行收购资金实行封闭运行三项政策，加快国有粮食企业自身改革。为此，1998 年国家密集出台了一系列政策，包括：①把200 亿斤左右仓容的原已储备中央专储粮的粮油仓库和粮食转运站通过资产整体无偿划转方式上收，作为中央直属粮食储备库（站），花大力气建设中央直属粮食储备库仓容；②完善粮食风险金管理，用于支付省级储备粮油和不能顺价销售粮食的利息、费用补贴；③把粮食企业附营业务与收储业务从资产、人员、机构上彻底分离，附营业务和城镇粮店贷款、存款等资金从农发行划转到有关商业银行；④国家和地方配合实施粮食收购保护价，促使粮食在宏观调控下进行市场化流通；⑤国有粮食企业要大力落实员工下岗分流、减员增效，妥善安置下岗职工，促进其再就业；⑥清理消化国有粮食企业新增财务挂账和其他不合理占用贷款，按粮食企业隶属关系分别由中央财政和省级人民政府统一筹措资金归还银行贷款本金和利息。与此同时，有关部门对粮食部门和农发行系统开展了审计清查。在此基础上，国家颁布了粮食收购条例，以法规的形式加强粮食收购管理，维护粮食市场秩序，并且公布了粮食购销违法行为的处罚办法，以惩处粮食购销活动中的违法行为。粮食定购事权转移给了省级政府，执行的主体委托地方粮食企业与农民签订定购合同并组织收购，定购价格参照市场粮价确定，并且不低于保护价。至此，国家合同已经开始在实质上逐步退出粮食流通市场。1998 年中共十五届三中全会通过《中共中央关于农业和农村工作若干重大问题的决定》，指出"确立农户自主经营的市场主体地位"，同时"改革农产品流通体制，主要由市场形成价格，在国家宏观调控下发挥市场对资源配置的基础性作用"，这实际上重申了粮食流通的市场化方向。

3. 市场主体受到诸多限制

然而，国家仍然强制规定，粮食加工企业加工的小麦、玉米和稻谷只能从国有粮食收储企业购进，不得直接向农民收购或到集贸市场购买。同时，国家在政策表达上，对粮食经纪人仍然冠以"私商粮贩"的名头，限制其进行粮食收购。在这种情况下，国家粮食流通的合法主体仍然是国有粮食企业，多元化的市场主体仍然没有形成。随着粮食增产和库存增加，依靠收储制度调控粮食市场的一个内在缺陷浮现出来：粮食收储之后，必须销售出去。如果市场价格保持上涨，企业能够实现所谓的顺价销售，就不存在企业亏损和财政负担加重问题；然而，如果市场价格下跌，或上涨幅度带来的利润无法弥补企业经营成本，那么企业无法做到顺价销售，或者顺价销售无法弥补亏损，这就只能依靠财政兜底。在保护价敞开收购政策作用下，粮食库存高企，库容压力和财政负担加大；由于保护价格的存在，优质粮食和普通粮食价差无法拉开，影响了粮食生产结构的调整和效益的提高。根据美国农业部的估计，1999/2000 市场年度，中国稻谷、玉米、小麦以及大豆等主要粮食的库存到达历史最高点（图 2-7）。优质粮食和普通粮食的价格差也出现了缩小的趋势。以籼稻为例，2002 年 9 月，优质籼稻和普通籼稻价差缩小至 0.55 元，比 2000 年 6 月的价差缩小了 50%（图 2-8）。在国有粮食企业改革的过程中，下岗职工、财务挂账、陈化粮形成了以"老人、老账、老粮"为特征的"三老"问题，给国有粮食企业体制改革造成了相当大的障碍。

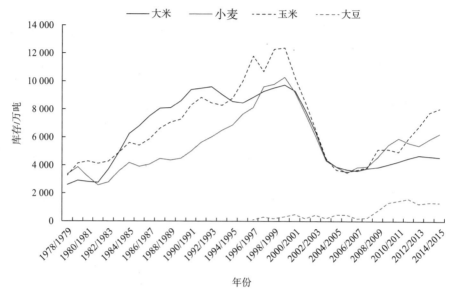

图 2-7　估计粮食库存数量

资料来源：美国农业部

二、国有粮食企业改革遭遇"瓶颈"

1. 市场主体挑战国有粮食企业垄断地位

国有粮食企业的垄断地位受到市场主体的极大挑战。国有粮食购销企业没有直接到村户的收购分支，粮食经纪人作为市场的主要组成部分，成为连接粮食收购与粮食企业的重要环节，其连接的粮食企业有可能是国有粮食购销企业，也有可能是粮食加工企业。尽管国家通过行政命令赋予国有粮食企业垄断地位，但是在市场活动日益频繁的情况下，这种行政命令已经难以起到强制作用。国有粮食企业仍然无法扭亏为盈，国家在政策文件中，将其归咎于私商粮贩屡禁不止。1999 年 5 月，国家再度重申，严禁私商粮贩收购粮食。与此同时，国家明确了中央和地方对陈化粮的责权。比较大的一个进步是对粮食保护价收购品种进行了调整，使中国三分之一的稻谷退出了保护收

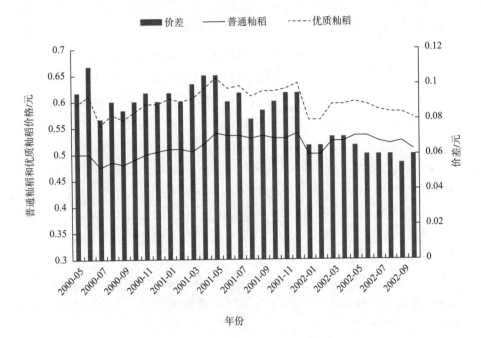

图 2-8 优质籼稻和普通籼稻价差

资料来源：2001~2003 年《中国农产品价格调查年鉴》

购价范围，其中，南方早籼稻退出保护价收购，但是，文件中却没有交代这部分粮食的流通渠道。不到半年，面对迟迟不见成效的粮食企业改革，国家要求采取多种有效措施促进粮食顺价销售，针对"三老问题"，提出"抓好粮食企业减员增效工作，对于原附营业务占用贷款中仍由国有粮食购销企业承担的部分继续停息挂账，妥善处理陈化粮"的思路。

2. 法定垄断逐步让位于市场主体竞争

国有粮食部门政企不分、权责不明导致三重后果：①各地方粮食部门没有激励敞开收购，对农民交售的粮食压级压价，种粮农民收入没有保障；②粮食部门内部的恶性竞争，阻碍了粮食顺价销售，粮食市场调控目标难以实现；③地方粮食部门监督困难，部分国有粮企低价亏本售粮，粮食部门亏损继续扩大。为此，国家于 2000 年成立了中储粮总公司，其职能是：受国务院委托，负责中央储备粮的调运、轮换、仓储管理，同时执行粮油购销调存等调控任务。

2000年2月，国家终于开始鼓励粮食生产者通过批发市场和集贸市场出售，拓宽粮食收购渠道。但是，国家仍然限制粮食经纪人进入部分品种粮食市场，尤其是明确声明不允许私商粮贩进入晚籼稻市场。仅四个月之后，国家就允许经县级以上工商行政管理部门批准的粮食经营企业和粮商到农村集贸市场和粮食批发市场购买和销售粮食，实际上就已经给了粮食经纪人以合法地位，此时，在政策文本表达中，已经不再使用"私商粮贩"，而是"私营、个体粮食经营者"。同时，晋冀鲁豫等地区的玉米、稻谷退出保护价实施的范围，至此，保护价敞开收购的粮食品种只剩下南方的中晚稻、东北地区的玉米和稻谷、黄淮海地区和西北地区的小麦。为了应对粮食相对过剩的情况，国家甚至提出了退耕还林、还草、还湖、还湿地的政策，随之而来的是又一轮农业结构调整。

2000年，国家把调控的思路由单纯依赖控制供给转向供给和需求兼顾，在国务院出台的《国务院关于进一步完善粮食生产和流通有关政策措施的通知》文件中提出了"发展订单农业，促进粮食转化"。2001年，国家的粮食流通体制改革原则开始松动，确定了"放开销区、保护产区、省长负责、加强调控"的粮改思路，把"三项政策，一项改革"的实施范围缩小到主产区。文件中已经不再强调粮食国家合同定购的性质，将定购任务交给各种类型的粮食购销企业，这意味着国家已经承认粮食购销是一种市场行为，并且对多元化的市场收购主体加大了培育力度。也正是在2001年的文件中，国家提出试点将流通环节的补贴转变为直接将补贴发放给农民，但是真正的试点是在2002年开始的。在这种背景下，粮食主销区纷纷放开粮食流通，取消粮食国家合同定购。2001年，浙江等八个经济比较发达的粮食主销区彻底放开了粮食购销。2002年，广西等四个产销平衡省区也完全放开了粮食收购市场。很快，部分粮食主产区也开始了取消粮食定购的指令性计划。例如，从2002年度起，湖南省政府部门只对粮食定购进行宏观调控，不下达指令任务。再如，黑龙江把粮食定购转化成一种农业产业化行为。实际上，2003年已经有很多粮食主产省区的县市放开了粮食购销。

3. 粮食企业制度改革继续遭遇"三老"问题

然而，在粮食企业改革方面，政府并没有提出很多有效的措施。针对

"老人"问题，与当时其他行业类似，减员增效的粮食系统下岗职工只能自谋再就业门路。到 2017 年为止，尚没有研究对全国范围内粮食系统下岗职工数量进行过测算。据黑龙江省政府统计，仅 1998~2000 年，该省粮食系统下岗职工就需分流 15.75 万人。另外，根据部分新闻报道，截至 2003 年底，安徽省粮食系统裁员 9 万人。由此估算，全国粮食系统下岗职工可能超过 200 万人。但是，由于粮食行业的特殊性，老员工再就业困难，一直没有找到较好的解决办法。在针对"老账"和持续亏损问题时，国家仍然坚持用顺价销售来解决。实际上，在粮食价格上涨的情况下，顺价销售比较容易实现，但是粮食价格一旦下跌，或上涨速度不够快，粮食购销企业就难以实现顺价销售。由于顺价销售困难，国家采取了一定的积极措施，促进产销衔接，降低粮食流通费用，2002 年 4 月 1 日起对铁路运输的稻谷、小米、大米、小麦粉、玉米、大豆等实行铁路建设基金全额免征。同时，为了履行加入 WTO 的承诺，批准对大米、小麦和玉米实行零增值税税率政策，并且出口免征销项税。为了避免"老账未平，又添新账"，农发行同时出台了保护价和非保护价粮食收购贷款管理办法。针对"老粮"问题，国家出台了一系列政策解决陈化粮问题。2002 年，国家又出台了类似条例的规范，对陈化粮销售、加工实行封闭锁定运行的机制。但是，真正解决陈化粮问题的不是封闭运行，而是粮食的深加工发展，玉米乙醇项目就很好地解决了陈化粮的销路。这给了政府一种粮食市场调控的思路，扩大粮食需求比控制粮食供给更为有力。

4. 对流通环节的补贴开始转向对种粮农民的直接补贴

自 2002 年起，国家在吉林和安徽试行对粮食主产区种粮农民的直接补贴政策，资金来源是粮食风险基金，这标志着国家开始探索将粮食流通环节的补贴转向生产环节。此后的 12 年里，国家直接补贴农民的农业补贴制度从无到有，逐步建立。补贴种类已经由单一的种粮直接补贴，扩展为以粮食直接补贴、农资综合直补、农机购置补贴、良种补贴为基础的"四补贴"，同时又纳入了农业保险保费补贴、农业重点生产环节补贴、防灾减灾稳产增产重大关键技术补助等新的农业补贴，符合中国现阶段国情的农业补贴制度框架已基本成型。

三、大力整顿粮食企业期货市场

1. 期货市场萎缩

1998 年，国家对期货市场进行了集中清理整顿，仅保留上海期货交易所、郑商所、大商所三家交易所，其他期货交易所均改组为公司制的地方交易厅或地方报价厅，与上述三家期货交易所进行联网交易。在延续数年的规范整顿过程中，期货市场规模逐年缩小，2000 年达到最低，为 1.63 万亿元，商品期货交易规模比 1995 年下降 83.1%（图 2-9）。粮食期货仅保留大豆、豆粕、硬麦、强麦四个品种；交易保证金除大豆维持在 5% 不变外，其他品种的最低保证金比例提高到 10%；对期货经纪公司注册资本的要求提高，期货公司数量由最初地上、地下合计 1 000 多家先减少到 1994 年的 330家，再减少到后来的 200 家左右。

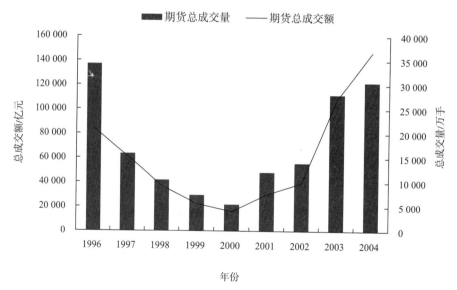

图 2-9　1996~2004 年期货市场情况

资料来源：1997~2005 年《中国统计年鉴》

2. 期货市场清理整顿后恢复性增长

2000 年中国期货业协会成立，建立了"三级监管模式"。1999 年 6 月2 日国务院发布《期货交易管理暂行条例》。2001 年起，期货市场在规范运作的条件下，实现了恢复性增长，至2003年，四个品种共成交19 976.48万手（表2-4）。

表2-4 2003年粮食期货交易数量

交易所	实际上市品种	交易量/万手
大商所	大豆	12 000.16
	豆粕	2 994.54
郑商所	硬麦	3 050.89
	强麦	1 930.89

资料来源：根据大商所、郑商所历年期货交易统计整理

四、1998~2003年粮食流通体制改革评价

1. 粮食价格机制仍未理顺

为了保护农民利益，国家在这一阶段按保护价敞开收购农民余粮，同时要求粮食顺价销售。在中国这样一个粮食消费量巨大、粮食消费习惯多样化的国家，依靠单一的国有粮食流通体系来运作，其调控的精准度将是一个很大问题。实际上，中央权力机构难以替代商品市场对各种物品进行合理定价（哈耶克，2003）。在粮食市场流通的过程中，保护价敞开收购和顺价销售，都涉及中央权力机构制定价格的问题，其结果是，要么保护价高于市场价格，在国有企业垄断粮源的情况下，顺价销售时推高粮食价格，给粮食加工企业和消费者造成了负担；要么是保护价低于市场价格，在国有企业垄断收购的情况下，反而拉低了市场价格，损害了农民利益。

2. 国有粮食系统难以构建现代企业制度

国有部门企业治理本身固有的一个缺陷，就是企业经营者没有激励员工去增加企业生产能力或营利能力（Noughton，2007）。而且，在市场社会主义条件下，国有企业面临着四种预算软约束——补贴、税收、信贷以及管理价格（科尔奈，2008）。如上所述，粮食风险金的一个很大的用途就是用于国有粮食企业价格补贴，国家对承担粮食收储任务的国有粮食购销企业销售的粮食免征增值税和补贴收入营业税，农发行必须及时、足额供应粮食收购的信贷资金，在国有粮食企业垄断粮源的情况下，国家规定，国有粮食购销

企业在考虑当期合理费用和最低利润确定销售价格，坚持顺价销售。于是，价格补贴、税收优惠、农发行信贷以及国有粮食企业垄断价格构成了国有粮食系统的四大软约束。

3. 国有粮食企业被赋予法定垄断地位

国家一度硬性规定，粮食加工企业加工的小麦、玉米和稻谷只能从国有粮食收储企业购进，不得从农民和集贸市场购买。在赋予企业法定垄断地位的同时，国家还试图通过粮食敞开收购和顺价销售，促使粮食收储企业止损盈利，消化历史亏损挂账。为了维护国有粮食企业的垄断地位，国家一直限制市场多元化发展。直到 2000 年初，国家仍然限制粮食经纪人参与粮食市场，甚至称呼上都是带有歧视性的"私商粮贩"。然而，在农民获得粮食生产经营权的前提下，其粮食的交易权不是政府能够控制的。粮食经纪人、民营粮食加工企业等市场主体还是在国有粮食企业的垄断下成长起来了。市场主体追求利润最大化，经营者和所有者利益基本一致，而且在乡村熟人社会拥有社会资本（Peng，2004），在粮食收购市场上，能够与国有粮食企业进行竞争且处于优势地位。

第四节　2004~2014 年：市场起基础性作用阶段

党的十六大以来，我国"三农"政策框架结构和主要内容发生了重大变化。自 2004 年开始，我国粮食连年增产，至 2014 年已经实现"十一连增"。粮食仍然是农民增收的主要来源，农民卖粮收入占农民总收入的比重超过 11%，是农民家庭收入中比较稳定的一种来源。总体而言，这一阶段中国进入供求决定粮价、市场配置粮源的新时期。粮食保护价收购制度逐步过渡到最低收购价制度，粮食临时收储计划也逐步常态化，政策性粮食竞价交易成为调节粮食市场供给的重要手段，农业支持补贴制度由流通环节转至生产环节。

一、粮食流通市场化

1. 国家放开粮食购销

2004年"一号文件"提出，从2004年开始，国家将全面放开粮食收购和销售市场，实行购销多渠道经营。随即，各地开始修改阻碍粮食自由流通的政策法规。同年5月，国务院又颁布了《粮食流通管理条例》。在销售方面，各级政府纷纷制定应急预案。实际上早在2003年，针对"非典"造成的局部地区粮食供应紧张现象，部分大城市出台了粮食应急预案。国家宏观调控部门也强调了"6个月销量"的要求，加强粮食宏观调控、稳定粮食市场。针对2003年的粮食生产大滑坡（图2-10），国务院发布紧急通知，在扶持粮食生产的同时，充分发挥价格的导向作用。也正是在2004年，国家开始对重点粮食品种实行最低收购价格制度。早稻最早被纳入最低收购价的范围。各地也都纷纷试点直接补贴种粮农民，把粮食流通环节的间接补贴改为对种粮农民的直接补贴。

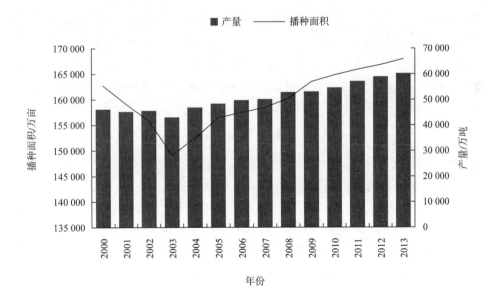

图 2-10 2000~2013 年粮食产量及其增长率

2. 国有粮食企业改革步伐加快

国家加快国有粮食购销企业改革步伐，转变企业经营机制，加快国有粮食购销企业产权制度改革，调整企业内部人事、劳动以及分配办法。针对"老人"，将国有粮食企业职工和分流人员统一纳入当地社会保障和再就业规划，由省级人民政府统筹考虑，采取多渠道解决分流安置和所需资金。截至 2005 年底，全国国有粮食企业职工总数已经减少到 113.45 万人，累计安排国有企业下岗职工再就业 27.48 万人。将"老粮"用于充实地方粮食储备和政策性供应，其余部分用三年分批销售，其间的利息、保管费用以及购销差价亏损原则上用粮食风险金弥补，不得已时实行挂账。2005 年末全国老粮库存 2 135 万吨（其中陈化粮 1 135 万吨），主要集中在河南、吉林、黑龙江等省，其他省份已基本按计划销售完毕。针对"老账"，有三类清理办法：1992 年 3 月 31 日之前的按有关规定继续消化；1992 年 4 月 1 日~1998年 5 月 31 日所发生的、经清理认定的粮食财务挂账，财力较好的地区由地方消化本金，中央财政负担利息；1998 年 6 月 1 日到放开收购价格和市场期间的财务挂账，由各省级人民政府组织清理、审计，利息由粮食风险金列支，本金由地方统筹资金限期消化。企业经营性亏损，由企业自行偿还。截至2006 年 2 月底，除上海市明确不清理财务挂账外，全国其他省（区、市）都已完成了财务挂账清理审计。江苏、四川等 22 个省（区、市）对政策性挂账进行了认定，其中吉林、安徽等 13 个省（区、市）已将政策性挂账从企业剥离划到县以上（含县级）粮食行政管理部门集中管理；其他几个省份也正在抓紧认定工作。

二、粮食市场调控体系不断健全

1. 最低收购价逐步建立

2004 年 3 月下旬，国务院召开全国农业和粮食工作会议，确定了早籼稻的最低收购价格，并对相关工作做了部署。2004 年 5 月，《国务院关于进一步深化粮食流通体制改革的意见》（国发〔2004〕17 号）明确提出，"必要时可由国务院决定对短缺的重点粮食品种，在粮食主产区实行最低收购价格"。同年 7 月下旬，国家发展和改革委员会（以下简称国家发改委）、财政部、农业部、国家粮食局、农发行联合发布了《2004 年早籼稻最低收购价执行预案》，明确最低收购价政策执行主体为中储粮总公司和地方储备粮公司。9 月中旬，上述五部门又联合发布了《2004 年中晚籼稻最低收购价执行预案》，确定了中晚籼稻的最低收购价。由于 2004 年市场粮价在最低收购价以上运行，最低收购价执行预案没有执行的基础。2005 年"一号文件"提出，"继续对短缺的重点粮食品种在主产区实行最低收购价政策"。2005 年 3 月初、4 月中旬和 7 月初，国家发改委、财政部、国家粮食局、农发行分别联合发出通知，制定了 2005 年早籼稻、中籼稻和粳稻、晚籼稻的最低收购价。同年 7 月中旬和 9 月初，上述四部门和农业部又联合发布了 2005 年早籼稻和中晚稻最低收购价执行预案。2005 年国内粮食连续第二年丰收，粮食价格面临较大的下行压力。在这一市场背景下，2005 年 7 月，国家在江西、湖南、安徽、湖北四个粮食主产省启动了早籼稻最低收购价，揭开了最低收购价政策执行的序幕。同年 9 月，中晚稻最低收购价启动。2004 年和 2005 年国家层面的粮食最低收购价预案都没有明确最低收购价执行的时间。2006 年"一号文件"明确要"坚持和完善重点粮食品种最低收购价政策"。2006 年 2 月底，国家发改委、财政部、国家粮食局、农发行联合发出通知，制定了 2006 年的稻谷最低收购价，将小麦也纳入最低收购价政策执行范围。同年 5 月，上述四部门和农业部、中储粮总公司联合发布小麦最低收购价执行预案。在这一执行预案中，执行时间成为最低收购价执行预案的要素之一。同年 7 月和 9 月，上述六部门联合发布早籼稻和中晚稻的最低收购价执行预案。2007 年"一号文件"明确指出要继续对重点地区、重点粮食品种实行最低收购价政策。同年 5 月底、7 月中旬、9 月中旬，六部门分别印发小麦、早籼稻以及中晚稻的最低收购价执行预案。

　　2008 年粮食价格出现了暴涨暴跌，最低收购价连续调整。2008 年 2 月 8 日，国家发改委、财政部、农业部、国家粮食局、农发行五部门发布了 2008 年度最低收购价，各品种价格均有所提高。3 月底，考虑到 2008 年粮食生产成本上升较多，上述五部门再度联合发文，再次提高 2008 年生产的稻谷和小麦最低收购价水平。5 月中旬、7 月上旬、9 月上旬，上述五部门和中储粮总公司联合印发了小麦、早籼稻、中晚稻的最低收购价执行预案。2008 年 10 月中央十七届三中全会决议中，国家提出"稳步提高粮食最低收购价"。2008 年 10 月中下旬，五部门联合发文提高 2009 年的小麦最低收购价。自此，每年的小麦最低收购价公布时间提前至上一年度，也就是冬小麦播种之前。2008 年，国家对粮食最低收购价政策进行了大幅度调整。

2009 年"一号文件"明确指出"2009 年继续提高粮食最低收购价"。小麦最低收购价已于 2008 年 10 月 19 日提前公布，五部门于 2009 年 1 月24 日联合发布并提高了当年度稻谷的最低收购价。5 月上中旬、7 月上旬、9 月下中旬，六部门分别印发了小麦、早籼稻、中晚稻的最低收购价政策执行预案。此后，国家每年都在上一年度 9 月底至 10 月中公布小麦最低收购价，每年"一号文件"都会要求继续提高粮食最低收购价格，在 1 月底到 2 月中公布稻谷最低收购价，在 5 月中印发小麦最低收购价执行预案，7月初印发早籼稻最低收购价执行预案，8 月底到 9 月中印发中晚稻最低收购价执行预案。而且，最低收购价基本保持了逐年上涨的态势。经过 2008 年粮食市场大起大落的考验，2009 年之后，最低收购价政策基本成型。此后，每年国家都在春播之前公布小麦和稻谷的最低收购价，粮食集中上市前公布执行预案。

2. 临时收储持续发挥作用

国家各级粮食储备由来已久，以往的农业税也曾经形成国家粮食储备的一部分。20 世纪的粮食流通改革中，为了应对重大自然灾害和平抑全国性的市场粮价波动，国家建立了粮食储备。但是，在粮食流通尚未实现市场化的条件下，以往的国家储备粮食收购无法发挥其市场调控作用。粮食流通市场化之后，中央和地方各级储备粮食轮换开始对市场调控产生了一定的影响。

2007 年，国家曾经下达过部分临时存储玉米的收购计划，调控玉米市场价格。2008 年临时收储全面上升为一种市场调控手段，这一年，受国际粮食价格暴涨暴跌的影响，粮食市场价格出现了"过山车"式的走势。下半年，黑龙江等粮食主产区的玉米、大豆等粮食价格持续下跌，局部出现了农民"卖粮难"问题。为了稳定粮食市场、保护种粮农民利益，从 2008 年 10月到 2009 年 4 月，国家在部分粮食主产区先后启动了六批国家临时存储，品种涵盖玉米、大豆以及稻谷，执行范围主要包括东北地区和南方水稻主产区。2009 年 11 月下旬，国家发改委、国家粮食局、财政部、农发行联合发布关于做好 2009 年东北地区秋粮收购工作的通知，继续在东北地区实行玉米、大豆临时收储政策，规定了玉米和大豆的临时收储价格和收购期限。2010 年 10 月底，四部门发文，继续实施大豆临时收储政策，规定敞开收购。然而，玉米临时收储计划一直没有出台。国家几经推迟相关政策，于2011 年 1 月才下达了中央储备玉米轮换收购工作，主要由于东北的影响，粮食市场价格出现了"过山车"式的走势。下半年，黑龙江等粮食主产区的玉米、大豆等粮食价格持续下跌，局部出现了农民"卖粮难"问题。2011 年11 月中下旬，国家再度下达大豆临时收储计划和玉米临时收储计划，规定敞开收购。2012 年和 2013 年国家都是在 11 月中下旬下达的大豆、玉米临时收储计划。临时收储政策主要针对玉米和大豆，独立于中央储备粮食轮换收购工作。

3. 政策性粮食竞价交易上升为调控手段

省级粮食储备早就开展了公开竞价销售，当时的主要目的是解决"陈化粮"的问题。最低收购价、临时收储以及国有粮食部门参与收购了大量粮食，必须通过市场投放，防止粮食陈化。更为重要的是，政策性收购粮食的竞价交易（简称国储拍卖）通过向市场投放粮食，满足市场需求，又可以成为调控粮食市场的一种公开市场操作手段。

2006 年 11 月 25 日，国家有关部门组织了首次最低收购价早籼稻竞价销售交易会，将国家储备粮食拍卖上升为一种粮食市场调控的手段。2006年 12 月底，国家确定安徽粮食批发交易市场（合肥国家粮食交易中心）为国家临时存储粮食销售中心市场，并要求其利用国家粮油信息中心交易软件，在河北、山东、江西、江苏、湖南、湖北等地开设分会场，并统一按照国家有关要求，积极组织销售，保证市场供应和社会稳定。之后，临时存储进口小麦、最低收购价收购的小麦、国家临时收储的玉米和大豆、跨省移库的储备粮等，相继成为政策性粮食竞价销售的标的，相关交易细则不断得到修订和完善，国家粮食储备部门几乎每周都会组织一次政策性储备粮竞价交易。

三、期货市场继续发挥作用

1. 期货市场发展迅速

粮食流通市场化改革之后，粮食期货市场呈现出稳定健康发展的良好势头。期货品种不断拓展。2004 年，大商所恢复了玉米期货交易，同年转基因大豆（黄大豆 2）上市交易。2008 年，郑商所开发了普通小麦期货。2009年郑商所又开发了早籼稻期货。2006~2013 年主要粮食期货品种交易量增长17.7%，其中，2008 年创下 5.65 亿手的历史纪录。主要期货品种年成交量和2004 年后粮食期货上市交易时间见表 2-5 和表 2-6。

表 2-5　主要期货品种年成交量（单位：万手）

年份	黄大豆 1	黄大豆 2	玉米	豆粕	早籼稻	强麦
2006	1 779.41	385.05	13 529.01	6 309.93	—	2 935.25
2007	9 486.54	4.01	11 887.35	12 943.89	—	7 796.56
2008	22 736.31	8.56	11 983.69	16 253.09	—	5 501.86
2009	8 501.42	6.41	3 348.82	31 080.81	390.02	1 366.94
2010	7 478.72	2.94	7 199.91	25 116.38	5 370.82	1 160.93
2011	2 523.95	1.07	2 684.97	5 017.03	592.74	791.17
2012	4 547.54	1.04	3 782.44	32 587.67	383.99	2 580.67
2013	1 099.35	0.72	1 331.36	26 535.76	87.37	290.77
2014 年截至 7 月	1 117.66	0.32	473.70	11 350.70	29.83	83.39

资料来源：期货市场

表 2-6　2004 年后粮食期货上市交易时间

品种	上市时间	上市地点
玉米	2004 年 9 月 22 日	大商所
转基因大豆	2004 年 12 月 22 日	大商所
普通小麦	2008 年 3 月 24 日	郑商所
早籼稻	2009 年 4 月 20 日	郑商所
粳稻	2013 年 11 月 18 日	郑商所
晚籼稻	2014 年 7 月 8 日	郑商所

2. 主要期货品种已经齐全

2013 年 11 月 18 日，粳稻期货在郑商所挂牌上市。2014 年 7 月 8 日晚籼稻期货也在郑商所挂牌上市。与 2009 年上市的早籼稻期货以及此前上市的强筋小麦、普通小麦、玉米、大豆等，共同组成了主要的期货品种体系，为农户和粮食加工企业提供了更为便利的避险工具，也为国家粮食宏观调控提供了参考。

四、2004 年以来粮食流通体制改革评价

1. 粮食价格保持稳中有涨态势

粮食市场调控政策以粮食最低收购价、临时收储以及国储拍卖为主体，实现了对粮食价格最低限度的干预。从全国原粮收购价格数据来看，2010 年以来，粮食入库价格基本保持了稳中有涨的态势（图 2-11）。

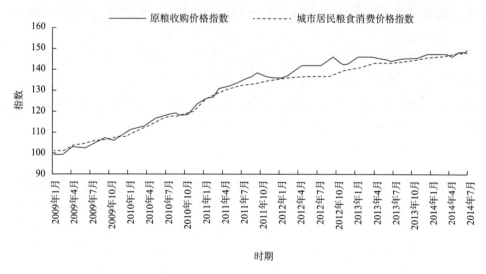

图 2-11　全国原粮收购价格指数和城市居民粮食消费价格指数

2. 调动了农民种粮积极性

2004 年以来，国家实施粮食直接补贴、最低收购价政策，之后又相继出台了农资综合直补、临时收储等政策。2004 年开始，粮食播种面积不断

扩大。在调研过程中，基层农业部门、合作社、农民等一致反映，粮食价格是选择种粮的首要因素。

3. 保障了居民粮食消费

近年来，中国城市居民粮食消费价格指数同比增长率基本维持稳定，基本保障了粮食的有效供给。2010 年，受国内流通性过剩、通货膨胀预期抬头、国际粮食价格波动、国内市场竞争失序等因素影响，粮食消费价格指数同比增长率曾经一度高于 10%。从图 2-11 也可以发现，2010 年，中国城市居民粮食消费价格指数上涨速度较快。但是，由于国有粮食部门掌握了大量粮源，有条件实施政策性粮食储备市场投放，粮食价格较快上涨的局面得到有效控制，市场预期趋于稳定。

4. 确保了紧急状态下的区域粮食安全

国家粮食部门形成粮食储备，抵御了自然灾害的影响。在历次大灾害中，粮食储备系统保障了积极状态下的区域粮食安全。例如，在"汶川大地震"中，国家粮食应急体系保障了 800 多万灾区困难群众和救援人员的粮食供应。目前，泛珠三角区域已经建立了粮食应急跨省协作和援助机制，泛长三角地区的粮食应急跨省协作也已经提上议程，东北地区与华东、华南地区也建立了粮食购销合作平台，紧急状态下的区域粮食安全保障能力进一步提升。

5. 抑制了市场配置资源作用的发挥

自 2008 年起，国家连续 6 年 7 次提高粮食最低收购价。中储粮总公司系统在粮食价格较低时收购，价格较高时顺价销售。在 6 年的经营中，中储粮总公司作为一个经营主体，没有发生大额亏损，最终实现了体系的顺利运行，造成的财政负担也比较小。然而，如果粮食价格停止上涨，或者中储粮总公司的地方分公司决策失误，就会造成某一年或者某个省的分公司发生亏损。作为一家国有企业，亏损最终会由国家财政"买单"。21 世纪以来，粮食流通市场化改革的重要成果之一就是，通过将粮食部门政企分开来减轻国家财政负担。然而，这一成果的取得却高度依赖粮食价格上涨。进一步考察其他粮食流通主体可以发现，粮食价格上涨已经使各主体调整了粮食买卖策略。粮食加工企业在价高时囤积粮食、局部价低时压级压价收购，部分地区甚至出现了粮食抢购与有价无市交替出现的局面。农民也调整了多年的售粮习惯，部分地区也出现了"惜售"与"卖难"并存的现象。

最低收购价格不断上调，整个粮食市场运行体系严重依赖于粮价上涨，使国内粮食价格高于国际市场。这也成为近年来粮食进口增加的驱动因素之一。粮食价格上涨对通货膨胀预期也造成了影响。基于面板向量自回归模型，对 2003 年以来的粮食价格和 CPI 之间的关系进行定量分析，可以发现，粮食价格上涨 1%，引发 CPI 上涨 0.078%。

五、进一步改革的动力

1. 托市价格给粮食加工企业造成了负担

最低收购价和临时收储为粮食价格提供了托市支持，使粮食价格不断上涨，从而导致粮食加工企业原粮收购成本不断增加。统计数据显示，近年来粮食加工企业成本不断攀升。2013 年全国谷物磨制企业主营业务成本同比上涨 17.7%，饲料加工企业主营业务成本同比上涨 16.5%。根据实地调研的结果可以看出，粮食加工企业成本压力主要来自原粮价格上涨。

2. 新陈价差过大给国有粮食企业带来经营风险

在粮食价格上涨的背景下，陈粮与新粮之间的价差也迅速拉开。以中晚稻为例，在收购和存储过程中可以获得 0.04 元/斤的存储补贴，在出库时又可以获得 0.02 元/斤的出库补贴，然而目前各地的新季稻谷与陈稻价差为 0.2 元/斤。这一情况导致部分地区直属库几乎每一个年度账面上都是亏损的。一方面，中储粮总公司是国务院国有资产监督管理委员会（以下简称国资委）管理的国有企业，这种亏损最终由财政"兜底"，引发财政负担加重的隐忧；另一方面，国资委以盈利考核国有企业经理人，这种账面亏损无法体现中储粮总公司的经理人劳动价值和经营能力，从而导致企业激励机制信息不对称。

3. 粮食调控体系给财政造成极大负担

一方面，粮食增产预期较强；另一方面，企业入市收购积极性不足，双重因素导致支撑粮食价格上涨的市场动力较为缺乏。为了保持农民种粮积极性，国家不得不连年提高最低收购价或启动临时收储政策，对粮食价格进行适度干预。在粮食市场价格不断上涨的条件下，国有粮食部门可以通过顺价销售政策性储备粮食，维持调控体系正常运转。然而，在粮食市场价格上涨乏力的情况下，国家只能继续敞开收购，由此造成的亏损，将给国家财政带来巨大压力。根据国家粮食收储部门发布的收储量可知，为了实现 2013 年早籼稻收购托市，国家支出的财政资金和农发行贷款超过 200 亿元。

4. 粮食库存压力巨大

长期托市收购给国家粮食仓储和国有粮食收购企业顺价销售带来了困难，从而导致粮食库存压力增大。根据2013年8月农业部调研组赴江西、湖南两省调研的情况看，当年度早稻收购量较大，库容已基本收满。例如，江西省地方国有粮食企业稻谷总仓容约为 150 亿斤，截至 9 月初，已经收购早稻 71 亿斤，而前期地方国有粮食企业已有库存粮食 74 亿斤。如果不采取有力措施，粮食托市收购将面临"有政策，没库容"的困境。从国际上看，实施托市政策的国家普遍遭遇了库容不足问题，如印度政府因大米库存、价格、销售等方面的问题反复犹豫、朝令夕改；泰国政府有关部门甚至针对稻米收储政策涉及的巨大财政损失，启动了对腐败和管理不善的调查。

5. 探索建立目标价格政策

一系列问题表明，粮食托市政策已经不适应于新的形势发展。十八届三中全会决定明确提出，让市场在资源配置中起决定性作用。2014 年"一号文件"又提出："逐步建立农产品目标价格制度，在市场价格过高时补贴低收入消费者，在市场价格低于目标价格时按差价补贴生产者，切实保证农民收益。"由于大豆在收储环节积累的矛盾较为突出，而且中国大豆产地集中在东北地区，试点风险比较容易控制。因此，国家决定把大豆作为粮食目标价格制度的试点。2014 年 5 月，国家发改委、财政部、农业部联合发布 2014 年大豆目标价格为 4 800 元/吨。但是，目标价格和市场价格的水平确定、补贴标准、操作方式等方面，仍然有待探索。然而，新一轮的粮食流通体制改革的大幕已经拉开。

第五节　新一轮粮食流通体制改革的探索

随着国内外粮食供求形势的变化，大豆临时收储于 2014 年被取消。2016 年伊始，国家调低了早稻最低收购价，第一季度末又取消了玉米临时收储政策。虽然临时收储政策已取消，但我们仍应该对粮食托市政策的成效做出客观的评价。在粮食供求形势相对紧张的阶段，粮食托市政策对维持粮食市场稳定、带动农民增收、促进粮食增产具有重要的意义。

一、对粮食托市政策应有客观评价

政策调整的动力来自国内外粮食市场形势变化。近年来粮食政策发生了较大幅度的调整，其主要原因在于国内外粮食供求形势发生了变化。第一，国内外粮食价格倒挂严重。主要粮食品种国内外价格倒挂已经持续 4 年多。其中，2014 年玉米的国内外价差达 670 元/吨以上，2015 年 1 月至 9 月，在玉米临储价格下调前，国内外价差已经超过 880 元/吨。目前，国内外玉米价差仍然维持在 600 元/吨的水平。第二，部分粮食品种出现阶段性供求相对失衡。国内部分粮食品种供求呈现出阶段性、相对性过剩。例如，玉米连年增产，至 2015 年，年度产量已达 22 458 万吨，而据国家粮食局估计，2015 年消费量约为 17 500 万吨，阶段性相对过剩矛盾突出。第三，粮食进口增加冲击国内市场。由于国内外粮食价格持续倒挂，粮食进口不断增加。2015 年，中国玉米、小麦、稻米进口量分别达到 473 万吨、301 万吨和 338 万吨，三种谷物总进口量超过 1 100 万吨。而且，大麦、高粱、木薯干以及 DDGS（distillers dried grains with solubles，干酒糟及其可溶物）等也大量进口。第四，库存和财政压力较大。因国内粮食价格较高，市场主体入市不积极，大多数粮食被国储部门政策性收购，造成了巨大的粮食库存。为了进行粮食收储，政策性粮食收储部门不仅要支付大量收购资金，每年还要支付库存成本，政策性金融部门承担着贷款主体信用等风险，国有粮食收储企业承担着粮食下跌带来的潜亏风险，为此，国家财政背上了较重的负担。第五，加工企业负担较重。托市政策实际上形成了粮食市场最低限价，导致粮食加工企业原粮收购成本不断增加。2010~2014 年，谷物磨制和饲料加工企业主营业务成本以年均 21.9%、20.0%的速度攀升。用粮企业成本攀升、难以获得合理利润，严重影响了企业持续经营，不利于粮食市场的健康发展。

二、粮食市场供需失衡、粮价倒挂原因澄清

必须澄清的一点是，国内外粮价倒挂和进口大幅增加，并不能完全归因于粮食托市政策。造成国内外粮食价差的根本原因是国内外粮食生产单位成本差距。与世界主要粮食出口国相比，中国粮食的单位生产成本较高。以玉米为例，2014 年，中国每吨玉米的生产成本已经达到 2 128.67 元，美国每吨玉米的生产成本仅为 980.68 元。从成本构成上看，中国粮食生产成本主要高在土地和劳动力投入环节。从成本差异的成因上看，一是技术差距、资源禀赋差异等因素，导致中国部分粮食单产仍然低于主要粮食出口国。以大豆为例，2014 年巴西大豆达到 3.00 吨/公顷，而中国仅为 1.79 吨/公顷。二是部分粮食品种的生产成本差异源自总体价格水平的不同。东南亚国家大米之所以能够大量出口中国，直接原因仍在于价差优势，而价差主要来自单位生产成本，生产成本差异根源在于这些国家总体物价水平大幅低于中国，根据其货币购买力计算，越南、柬埔寨等国家物价大致相当于中国 20 世纪 90 年代初的水平。

实际上，粮食托市政策的重要目标就是防止粮食价格大幅下跌、弥补成本上涨，从而保障农民合理收益。然而，与日本、韩国等国家不同，中国未能设置高关税来人为隔绝国内外市场，于是国内外粮价倒挂导致粮食大量进口。

三、托市政策的改革

2016 年 2 月初国家调低早稻最低收购价，3 月末又取消玉米临时收储政策，调整为"市场化收购"加"补贴"的新机制，这都可以视为农业供给侧结构性改革的重大举措。需要特别强调的是，改革的出发点和落脚点与建立托市政策是一致的，仍然是保护农民合理收益、保障国家粮食安全。就玉米而言，未来一定时期内，国储粮食部门不再是玉米收购的主力，但仍然会作

为多元化的主体参与收购，同时中央财政还会将一定数量的补贴资金拨付给省区政府，由地方自主制定补贴标准、对象和依据等，同时还会研究相关措施，防止出现较大范围"卖粮难"。

在各项供给侧结构性改革的配合下，粮食生产结构将会进一步调整优化。粮食年度产量将会有较大调整幅度，但是需要特别强调的一点是：粮食产能仍将持续强化，从而实现"藏粮于地"。具体到玉米上，未来 5 年，在"镰刀弯"地区，即东北冷凉区、北方农牧交错区、西北风沙干旱区、太行山沿线区及西南石漠化区，籽粒玉米的种植面积将调减 5 000 万亩以上，调整的面积将会被青贮玉米、大豆、优质饲草、杂粮杂豆、春小麦、经济林果和生态功能型植物所替代，而且还会配合国家新一轮退耕还林还草政策。

在这一改革背景下，农民和各类新型经营主体有必要树立更为明确的市场意识，增强主观能动性。根据形势适度调整种植面积，对种植结构调优调精，积极参与国家推动粮经饲统筹、农林牧渔结合、种养加一体、第一二三产业融合发展的进程。例如，可以减少籽粒玉米种植，短期内甚至可以调整部分籽粒玉米的种植方式，直接进行粮改饲。再如，适当减少早籼稻种植，增加高品质稻谷的种植，以订单农业等模式积极与加工企业对接。对土地、劳动力以及其他资源要素的投入，也应当有更为合理的安排。例如，在粮价下降的背景下，可以适当调低土地流转费用。在政策方面，及时了解政策信息，如国家补贴政策实施的对象、方式、额度，国家应对"卖粮难"的措施等，及时关注市场价格，充分了解各类市场主体收购动态，最大限度地保障自身利益。

参 考 文 献

董辅礽. 1999. 中华人民共和国经济史（下卷）[M]. 北京：经济科学出版社.

杜润生. 2005. 杜润生自述：中国农村体制变革重大决策纪实[M]. 北京：人民出版社.

郭玮. 1997. 农业保护的形势与对策[J]. 经济学家，（2）：116-120.

哈耶克 F A. 2003. 个人主义与经济秩序[M]. 邓正来译. 北京：生活·读书·新知三联书店.

科尔奈 J. 2008. 社会主义体制——共产主义政治经济学[M]. 张安译. 北京：中央编译

出版社.

林毅夫. 1994. 制度、技术与中国农业发展[M]. 上海：上海人民出版社.

林毅夫. 2003. 再论制度、技术与中国农业发展[M]. 北京：北京大学出版社.

林毅夫，蔡昉，李周. 1999. 中国的奇迹：发展战略与经济改革（增订版）[M]. 上海：
上海三联书店，上海人民出版社.

宋洪远. 1997. "米袋子"省长负责制及其对粮食生产、流通和宏观调控的影响[J]. 中国
农村观察，（2）：30-34.

姚今观，等. 1995. 中国农产品流通体制与价格制度[M]. 北京：中国物价出版社.

Noughton J B. 2007. The Chinese Economy：Transitions and Growth[M]. Massach Usettes：
Massachusettes Institute of Technology Press.

Peng Y S. 2004. Kinship networks and entrepreneurship in China's transitional economy[J].
American Journal of Sociology，109（5）：1045-1074.

Sicular T. 1988. Agricultural planning and pricing in the post-Mao period[J]. China
Quarterly，116：671-705.

第 三 章

粮食生产经营政策调整对粮食市场和价格变化的影响

党的十六大召开以后，按照"多予少取放活"的指导方针，我国实施了系列农业改革政策措施。其中，税费改革、农业补贴、价格支持、收储和目标价格等生产经营政策在减轻农民负担、鼓励种粮积极性等方面发挥了重要作用。这些政策的调整和实施直接或间接影响了重要农产品的生产成本和定价，进而也对粮食市场价格的形成产生了深远影响。本章在梳理粮食生产经营政策调整和出台的脉络基础上，对政策影响粮食市场价格形成的机理进行综述和分析，并运用向量自回归模型分析税费减免、最低收购价和临储政策对两种粮食作物价格形成的影响。实证分析结果显示，实施税费政策在一定程度上降低了粮食价格；补贴政策实施有利于提高粮食价格；针对小麦和稻谷两种主粮品种的最低收购价格政策对粮食价格形成的影响较为显著，且通过前期价格影响当期价格的效果更加明显，这与最低收购价格启动频繁、价格信号释放及时以及收购覆盖面较广等因素直接相关。大豆和玉米的临储政策对价格形成的影响效果相对有限。基于分析结论，本章还从优化财政支农资金的投入结构、充分利用黄箱支持政策、加强农业金融保险支持和农产品价格信息平台建设四个方面提出了对策建议。

第一节　粮食生产经营政策基本概况

一、税费改革政策

2000 年 3 月，我国下发了《关于进行农村税费改革试点工作的通知》，正式拉开我国农业税费改革的帷幕。税费改革以试点先行逐步推进，截至 2002 年底，农村税费改革试点工作已在全国 20 个省份全面展开，其余 11 个省份（不包括港澳台）则继续在部分县（市）进行试点。进行农村税费改革试点地区的农村人口达到 6.2 亿，约占全国农村人口的 3/4。2004 年，由于国家财力增强等因素，中央开始逐步尝试免征农业税的做法。2005 年 12 月 29 日，党的十届全国人大常委会第十九次会议做出了自 2006 年 1 月 1 日起废止《中华人民共和国农业税条例》的决定。至此，改革前由农民承担的农业税、农业特产税、屠宰税、牧业税、村提留、乡统筹和统一规定的劳动积累工、义务工已全部取消。这标志着在我国延续了 2 600 年的农业税退出历史舞台，具有划时代的意义。2006 年全面取消农业税后，与农村税费改革前的 1999 年相比，全国农民减负 1 045 亿元，人均减负 120 元左右。农村税费改革虽然取得阶段性胜利，但是引发了农村公共物品供给不足等一系列新情况和新问题。为了巩固农村税费改革的成果，确保农民负担不反弹，党中央、国务院及时将改革重点转向以乡镇机构、农村义务教育和县乡财政体制等为主要内容的配套改革。

二、农业补贴政策

从 2004 年开始，我国对农民种粮进行直接补贴，主要体现为良种补贴、种粮直补、农机补贴和农资综合直补四项。此外，与补贴相关的还有城乡低收入居民物价补贴。

（一）良种补贴

良种补贴是指国家对农民选用优质农作物品种而给予的补贴，目的是支持农民积极使用优良作物种子，提高良种覆盖率。良种补贴的对象最初是大豆。2002 年开始，国家投资 2 亿元推广 2 000 万亩的高油大豆基地建设，补贴标准为 10 元/亩。2004 年开始，品种扩大到小麦、玉米和水稻，其中小麦、玉米和早籼稻每亩补贴 10 元，对中晚籼稻和粳稻每亩补贴 15 元。2011 年良种补贴规模进一步扩大，部分品种标准进一步提高。水稻、小麦、玉米、棉花，以及部分地区的大豆、冬油菜实行全覆盖。小麦、玉米、大豆和油菜每亩补贴 10 元，其中，新疆地区的小麦良种补贴提高到 15 元。早稻补贴标准提高到 15 元。水稻、玉米、油菜补贴采取现金直接补贴的方式；小麦、大豆、棉花可采取统一招标、差价购种的补贴方式，也可采取现金直接补贴的方式（表 3-1）。

表 3-1　主要作物良种补贴政策

品种	补贴内容
大豆	补贴标准：10 元/亩；2002 年开始在东三省和内蒙古高油大豆生态适宜区进行试点，2010 年大豆良种补贴在辽宁、吉林、黑龙江、内蒙古等省区实行全覆盖
小麦	补贴标准：10 元/亩；补贴品种：主要为优强筋和弱筋小麦品种，兼顾优质高中筋和中筋小麦品种。2003 年在河北、河南、山东、江苏、安徽 5 省试点，2010 年实现全覆盖
水稻	补贴标准：早稻 10 元/亩，中稻、粳稻 15 元/亩，晚稻 7 元/亩；2008 年晚稻补贴标准提高至 15 元/亩。2004 年在湖南、湖北等 7 省试点；2010 年水稻良种补贴在全国实行全覆盖
玉米	补贴标准：10 元/亩；补贴品种：青贮玉米，高淀粉、高油等专用玉米。2004 年在内蒙古、辽宁等 8 省区进行试点；2010 年玉米良种补贴在全国 31 个省（区、市）实行全覆盖

资料来源：宋洪远（2010）

（二）种粮直补

种粮直补政策是与粮食流通体制改革相辅相成的，在理顺流通体制以后，粮食价差亏损明显减少，国家从粮食风险基金中拿出一部分对农民进行直接补贴。2004 年，国务院出台《国务院关于进一步深化粮食流通体制改革的意见》（国发〔2004〕17 号），要求粮食主产省（区）从粮食风险基金中安排 100 亿元，是主产区粮食风险基金规模的 40%，对种粮农民进行直接补贴，并要求三年后将现有粮食风险基金的一半用于这一方面。2004 年的实际执行数比规定的要高，当年种粮直补为 116 亿元，此后几年连续增加，2005 年、2006 年、2007 年、2008 年分别为 132 亿元、142 亿元、151 亿元和 151 亿元，超过粮食风险基金的一半（宋洪远，2010）。

（三）农机补贴

2004 年，《中共中央国务院关于促进农民增加收入若干政策的意见》提出"要提高农业机械化水平，对农民个人、农场职工、农机专业户和直接从事农业生产的农机服务组织购置和更新大型农机具给予一定补贴"。农业部印发的《农业机械购置补贴资金使用管理办法（试行）》（农财发〔2004〕6 号）进一步明确了农机具购置补贴的原则、做法和标准（表3-2），主要包括小麦、水稻、玉米、大豆四大粮食作物的作业机械补贴。2010 年，全国总体上继续执行不超过 30%的补贴比例。2013 年进一步明确不同农机补贴额度。在补贴兑现方式上，2011 年前，我国一直实行"差价购机，省级结算"。从 2012 年开始，农业部在全国 17 个省市开展补贴资金结算级次下放、农民全价购机、选择部分机具普惠等完善农机购置补贴操作方式试点，即采取"全价购机、县级结算、直补到卡"资金兑付方式试点。

表 3-2　2009 年重点环节农机作业补贴试点

补贴试点项目	试点地区
深松整地作业补贴	黑龙江省双城市、克山县、黑龙江农垦友谊农场
秸秆机械化还田作业补贴	山东省章丘市、桓台县，江苏省扬州市邗江区、如皋市
机械化插秧补贴	浙江省平湖市、余姚市
机收油菜作业补贴	浙江省平湖市、余姚市
机械化植保作业补贴	浙江省余姚市

资料来源：宋洪远（2010）

（四）农资综合直补

受国际市场石油价格波动影响，农业生产资料快速涨价，增加了农民种粮成本，种粮收益随之降低。为保护农民利益，在原有粮食直补的基础上，从 2006 年开始，中央财政资金新增 120 亿元，用于对农民进行农资综合直补。2007 年，这一补贴达到 276 亿元。到 2008 年，由于全球石油价格大涨，农民的生产成本明显增加，为此，当年国家大幅度增加这一补贴，达到 716 亿元，全国平均每亩补贴40 元。2013 年，部分地区农资综合直补资金每亩为 96.74 元。目前，农资综合直补已成为我国所有补贴政策中额度最大的补贴之一，在降低农民生产成本、保护农民生产积极性方面起着关键作用。

（五）城乡低收入居民物价补贴

为了确保农产品价格大幅上涨不对城乡低收入居民生活造成影响，各地都出台了物价消费补贴政策。2005 年，江苏省建立起困难群众物价补贴机制，规定当年度低收入 CPI 涨幅超过 3%时，对城乡低保对象等困难群众按当地一个月低保标准全额发放物价补贴。此后，江苏省又对城乡低保对象的价格上涨动态补贴机制做出调整，同时进一步明确补贴对象。2007 年，浙江省杭州市也建立了一套适合本地实际的低收入人群物价补贴，"两个联动机制"于 2008 年 7 月 1 日正式实施。低收入群体的物价补贴，确保了低收入群体收入增幅超过 CPI 涨幅，它和城乡居民最低生活保障制度一起，共同构成低收入群体生活保障体系。

三、价格支持政策

为了保障粮食供给能力、保护粮农利益，2004 年我国开始在特定的粮食主产区针对重点粮食品种（具体指稻谷和小麦）实施粮食最低收购价政策。当市场粮价低于国家确定的最低收购价时，国家委托符合一定资质条件的粮食企业，按国家确定的最低收购价收购农民的粮食。2005 年首次在南方稻谷主产区启动稻谷最低收购价执行预案，2006 年首次启动小麦最低收购价预案。

最低收购价预案执行时间主要集中在夏粮和秋粮的收获季节。其中，小麦的执行时间为当年 6 月初至 9 月底；早籼稻为 7 月中旬至 9 月底；东三省的粳稻为 11 月中旬至次年的 3 月底，其余各省区为 9 月中旬至 12 月底。早籼稻主要是湖北、湖南、江西、安徽、广西等省区；中晚稻主要是湖北、湖南、江西、安徽、四川、吉林、黑龙江、广西、江苏、辽宁、河南等省区；小麦则主要是河北、河南、山东、湖北、安徽、江苏六省。其中，稻谷最低收购价政策的执行范围在 2008 年以后明显扩大，早籼稻的执行省区增加了广西，中晚籼稻增加了江苏、河南和广西，粳稻则增加了辽宁。小麦最低收购价格执行范围则一直没有发生变化。在品种、区域范围之外的粮食价格完全由市场决定，不执行最低收购价政策（表 3-3）。

表 3-3　粮食最低收购价政策执行区域分布

品种	执行范围	调整区域
早籼稻	湖北、湖南、江西、安徽、广西	2008 年早籼稻增加了广西，中晚籼稻增加了江苏、河南和广西，粳稻增加了辽宁
中晚籼稻	湖北、湖南、江西、安徽、四川、广西、江苏、河南	
粳稻	黑龙江、吉林、辽宁	
白麦、红麦及混合麦	河北、河南、山东、湖北、安徽、江苏	无

自最低收购价格政策执行以来，收购定价水平总体不断提高（表 3-4）。至 2015 年，早籼稻、中晚籼稻和粳稻最低收购价分别为 1.35 元/斤、1.38 元/斤和 1.55 元/斤，分别比 2004 年提高 92.9%、91.7% 和 106.7%；白麦和红麦、混合麦最低收购价均提升至 1.18 元/斤，比 2006 年分别提高 63.9% 和 71.0%。

表 3-4　粮食最低收购价政策预案执行

年份	早籼稻/（元/斤）	中晚籼稻/（元/斤）	粳稻/（元/斤）	白麦/（元/斤）	红麦、混合麦/（元/斤）
2004	0.7（未）	0.72（未）	0.75（未）	—	—
2005	0.7	0.72	0.75（未）	—	—
2006	0.7	0.72	0.75（未）	0.72	0.69
2007	0.7（未）	0.72（未）	0.75	0.72	0.69
2008	0.77（未）	0.79（未）	0.82（未）	0.77	0.72
2009	0.9	0.92	0.95	0.87	0.83
2010	0.93（未）	0.97（未）	1.05（未）	0.9	0.86
2011	1.02	1.07	1.28	0.95	0.93
2012	1.2	1.25	1.4	1.02	1.02
2013	1.32	1.35	1.5	1.12	1.12
2014	1.35	1.38	1.55	1.18	1.18
2015	1.35	1.38	1.55	1.18	1.18
增幅	92.9%	91.7%	106.7%	63.9%	71.0%

注：括号内标注为"未"的表示当年该预案未启动

政策性临时储备及竞价销售政策是与价格支持政策相辅相成的两个政策措施。在粮食集中上市时期，当市场粮价低于国家最低收购价及临时收储价时，国家按照托市价格在市场上收购原粮，通过减少市场上粮食的供应量促进粮价合理回升，保护种粮农民利益，由此形成一定数量的政策性粮源。在粮食需求旺盛时期，国家根据市场需求将这部分粮源以竞价销售或者定向投放的方式投入市场，以稳定市场价格。以小麦为例，自 2006 年最低收购价政策颁布时起，除了 2011 年外，我国启动了六年小麦最低收购价执行预案。2006~2010 年和 2012 年，国家托市收购量分别为 4 094 万吨、2 895 万吨、4 203 万吨、4 004 万吨、2 241 万吨和 2 325.4 万吨，分别占当年小麦商品量的约 69%、45%、64%、59%、28%和 26%。同时，本着顺价销售的原则，2006 年 11 月以来，国家基本每周在指定的粮食批发市场以竞价销售的方式，适时适量投放市场，满足加工企业需求。

政策性临时储备的实施使国家掌握了较多的商品粮源，为调控市场奠定了基础。虽然近年来国内粮食价格也出现了不同程度的上涨，但国家通过控制粮食竞价销售的拍卖节奏与投放量，保证了市场的基本稳定。例如，2012 年 12 月，小麦市场粮源出现了阶段性的紧缺，为保证国内粮食市场价格稳定，国家加大政策性粮源投放力度，12 月 26 日国家有关部门安排最低收购价小麦拍卖量共计 457.66 万吨，成为 2010 年 8 月中旬以来的最高投放量，为改善国内小麦市场供需状况，抑制市场价格过度上涨发挥了重要作用。该项政策的实施还有效地抵挡了近年来国际粮价大幅波动的冲击，使国内粮食市场价格总体保持了相对独立的运行态势。但是目前我国粮食政策性临时储备及竞价销售政策还存在诸如收购价格不断提高增加顺价销售难度、政府对收储和拍卖等环节监管不力等问题，需要今后进一步完善。

四、收储政策

自 2008 年 3 月国家首次在东北地区启动玉米的临时收储政策以来，收储品种涵盖了稻谷、小麦、大豆、玉米、油菜籽等。临时收储政策主要以主产区的玉米和大豆为主，东北粳稻、南方稻谷及少量的小麦曾被纳入临储范围[①]。大豆和玉米临储政策实施范围主要在内蒙古、辽宁、吉林和黑龙江四省（区）（表 3-5）。

---

① 《关于东北地区国家临时存储稻谷收购等有关问题的通知》（国粮调〔2008〕221 号）。

表 3-5 2008~2015 年玉米、大豆临时收储价格

年份	玉米/（元/斤）			大豆/（元/斤）
	内蒙古、辽宁	吉林	黑龙江	东北大豆主产区
2008	0.76	0.75	0.74	1.85
2009	0.76	0.75	0.74	1.87
2010	0.91（未）	0.9（未）	0.89（未）	1.9
2011	1	0.99	0.98	2
2012	1.07	1.06	1.05	2.3
2013	1.13	1.12	1.11	2.3
2014	1.13	1.12	1.11	取消
2015	1.00	1.00	1.00	
增幅	31.6%	33.3%	35.1%	24.3%

注：括号内标注为"未"的表示当年该预案未启动

（一）玉米

2008 年，我国首次在东北三省一区实施玉米临时收储政策，收储价格为内蒙古和辽宁 0.76 元/斤，吉林 0.75 元/斤，黑龙江 0.74 元/斤。2009 年 11 月底，国家决定再次对东北玉米进行临时收储。内蒙古和辽宁收购价为 0.76 元/斤、吉林为 0.75 元/斤、黑龙江为 0.74 元/斤，与 2008 年的收购价格一致，价格保持了地区间的价差。2010 年玉米收储只执行了中央储备粮收储，没有启动玉米临储。收储价格为内蒙古和辽宁 0.91 元/斤、吉林 0.9 元/斤、黑龙江 0.89 元/斤，较 2009 年有明显提高。2011~2013 年，我国连续三年提高玉米临储价格，2013 年，玉米收储价格分为三等：内蒙古和辽宁 1.13 元/斤，吉林 1.12 元/斤，黑龙江 1.11 元/斤。至 2014 年，国家继续在东北三省一区实施玉米临时收储政策，临时收储政策期限为 2014 年 11 月 25 日~2015 年 4 月 30 日，收储价格与 2013 年持平。其中，相邻等级之间差价按每市斤 0.02 元掌握。收购主体为中粮集团有限公司（以下简称中粮集团）、中储粮总公司和中国中纺集团公司（以下简称中纺集团）。

（二）大豆

针对 2008 年下半年以来大豆价格连续下跌的局面，为了稳定大豆价

格，促进产业的平稳发展，国家在 2008 年第四季度出台了大豆临时收储政策。在大豆主产区，按照 3 700 元/吨的价格收储大豆 725 万吨。2009 年国家继续对大豆实施临时收储政策，在大豆主产区按照每吨 3 750 元的价格进行临时收储，对压榨企业按照临时收储价格收购给予 160 元/吨的补贴。2010 年，国家调整了收储政策，不再让压榨企业直接收储，全部由国家直接收购。2010~2013 年，国家连续四年对大豆实施临时收储政策，收储价格逐年上涨。大豆连续四年的收储价格分别为 3 800 元/吨、4 000 元/吨、4 600 元/吨和 4 600 元/吨。2014 年，我国取消了大豆临储政策，改为实施目标价格试点政策。2015 年，由于连续提高价格收储玉米，我国玉米产量库存均高企，为调整种植结构，我国调低了玉米临储政策，改为以 1 元/斤收购。

五、目标价格政策

自我国粮食最低收购价和临时收储政策实施以来，国内粮食价格稳步上升，棉花、油料、食糖价格总体高位运行，有效地调动了农民种植积极性，保持了主要农产品生产基本稳定，粮食产量实现"十二连增"，农民收入实现平稳较快增长，为稳定物价总水平、保持国民经济持续较快发展起到了重要支撑作用。但从政策实施的本质和条件来看，最低收购价和临时收储政策将国家对农民的补贴包含在价格之中，是一种"价补合一"的直接价格支持政策。这种政策能够有效实施的前提条件是国内市场价格低于国际市场价格。近年来，一方面，国际市场农产品价格大幅走低；另一方面，国内主要农产品价格在最低收购价和临时收储政策的支撑下高位运行，国内价格由以往低于国际市场转为高于进口成本。实施直接价格支持政策面临新的困难和挑战，特别是产业链长、受国际市场影响大的大豆、棉花等农产品矛盾突出。2013 年，我国大豆临时收储价格分别为每吨 4 600 元，而进口完税成本分别约为每吨 4 060 元，比国内临时收储价格低 540 元。由于国内价格大幅高于进口成本，市场主体不愿入市收购，国家收储压力急剧增加，上下游价格关系扭曲，市场活力减弱，不利于整个产业链的持续健康发展。

按照 2014 年中央"一号文件"要求和国务院部署，2014 年启动东北和内蒙古大豆目标价格改革试点。目标价格补贴政策是在市场形成农产品价格的基础上，释放价格信号引导市场预期，通过差价补贴保护生产者利益的一项农业支持政策。经国务院批准，国家发改委同财政部、农业部于2014年5月17日公布2014年大豆目标价格水平为每吨4 800元。

第二节　政策对粮食价格形成的影响机理及文献综述

一、粮食价格影响因素文献综述

国外学者对粮食等农产品价格的研究起步较早，早在20世纪初，Moore就已经开始了对农产品价格的实证研究，并且对棉花的收益和价格进行了预测。而对农产品价格的研究中最早的广为人知的理论成果是由 Schultz、Tinbergen 和 Ricci 在1930年分别提出来的蛛网模型，后来有学者将这一理论加以扩展和完善。该模型是以动态分析的方法连续考察属于不同时期的农产品的供给量、需求量以及价格之间的相互关系，阐述其产量和价格在偏离均衡状态以后的实际波动过程及结果。各类文献中所提到的国外关于粮食价格的研究成果主要集中在对粮食价格波动原因的探索上，并且侧重生物燃料对粮食价格的影响。

Hoddinott（2006）从农户存粮行为这一视角分析，发现通货膨胀的加剧导致投机性存粮的上升，进一步导致真实粮价的上涨。Grindle（1989）运用结构性时间序列分析方法确定了价格周期的频率、振幅等指标，得出存在两种周期的结论，其中前一种周期反映了投机因素的影响，后一种周期反映了美国经济的周期性波动。Lusk 等（2000）分析了贸易自由化情况下的印度粮食储备政策，得出的结论是保持粮食库存对稳定国内的粮食价格是不经济、不明智的举措；Dawe（1996）使用卫星驱动的植被指数来计算粮食年增长量，运用卫星传输的信息，分析了市场周边的环境对当前和后期的粮食价格的影响，并且利用粮食价格来评判居民获得粮食的能力。Myers（2006）在对孟加拉国关于政府直接干预粮食市场的政策的研究中，对粮食储备和粮食价格关系进行了深入分析，指出该国无论是私人储备还是国家储备都不是很好的稳定价格的措施。Timmer（2000）在某种粮食作物的肥料问题研究中发现，通常将粮食相关数据视作常量的假设是不成立的，贝叶斯分析结果显示，对于不同质量的粮食作物，市场补贴份额不同，该质量与肥料用量关系密切。Per（2002）指出当前的生物能源技术不具备高效性，但是由于石油等能源价格相对高位，以玉米等粮食作物为原料的生物燃料生产从长远来看就会有利可图，因此相关粮食产品在生物燃料的需求方面将持续增长，从而带动粮食价格的不断上涨。Shikha 和 Srinivasan（2001）认为，在生物能源不断扩张的大背景下，原油价格对欧盟农业部门势必会造成一定程度的影响，生物能源部门的出现和繁荣则进一步加大了能源价格对欧盟农业相关部门的影响，对粮食生产造成很大的压力，引发粮食价格的不稳定。

当前学术界针对转型期中国粮食价格问题已经展开了广泛的研究。就粮食价格波动成因而言，学术界形成了供需决定论、外生冲击论、市场结构论以及复杂成因论四种观点。在供需决定论中，方福平和李凤博（2010）借助协整分析表明粮食产量对粮食价格的影响显著且时滞较短；同时，收入水平增加所带来的消费升级效应以及供需结构变化引致的粮食库存变动是粮价波动的主要原因。在外生冲击论中，原油价格波动导致的粮食成本波动以及生物能源发展引致的"人车争粮"都是影响粮价波动的重要原因，其影响在21 世纪以来表现得更为显著。除能源因素之外，全球主要国家的量化宽松货币政策所带来的货币冲击也是粮食价格急剧波动的重要原因，在粮食的投资品属性凸显的背景下，其影响程度更为显著。在市场结构论中，现有研究认为粮食市场不完善、区域市场封锁以及政府不当干预行为和行政管制是粮价波动的主要原因。在复杂成因论中，现有研究认为除供需基本面因素之外，货币、能源以及政治因素等都是粮价波动的主要原因。

有关粮食价格相关政策分析的定性研究也是学者们比较热衷讨论的焦点。王小鲁（2001）在考察我国粮食定购和价格控制对稳定粮食生产的影响时，把粮食价格分为定购价格、议购价格和市场价格，分别对三种粮食价格的影响因素进行了分析，通过计量分析，检验了三种粮食价格影响因素的效果并对政府的粮食定购和价格控制对稳定中国粮食生产的影响进行了研究，结果表明，由于政府不能灵活地对需求和供给变动做出及时的反应，粮食供给的短缺或过剩不能被及时纠正，会随时间而积累，当达到一个显著的数量时，则会导致政府对定购价格的重大调整，进而导致粮食生产的波动。因此，政府干预的结果是放大而不是缩小了市场波动。李晖（2004）在对改革开放以来我国的四次粮价波动进行研究分析后，认为我国粮食价格波动与宏观经济周期密切相关，宏观经济的周期性变化是影响我国粮食价格波动的主要原因。刘刚等（2007）认为我国农业基础现状决定了粮食增产难度的变大，而粮食消费需求呈刚性增长，并且逐年攀升；为了保障供求平衡，实现粮食安全，必须确保粮价稳定，完善粮食最低收购价政策。姚建华和张锐（2008）就当年粮价上涨具有粮食价格与产量逆运行、粮食价格充足的流动性支持和国际粮食价格传导等新特点，认为导致我国粮食价格上涨的深层次原因在于不断加速的工业化与城市化，指出粮食价格的虚假繁荣不仅会加大通货膨胀，还会使粮食生产的主体——农户遭受更大的盘剥，这就需要在粮价上涨背景下加大政策供给的力度，完善粮食补贴政策，研究农业成本联动机制，重视粮食市场预警和反馈系统建设，提高粮食生产集约化程度。贾娟琪和李先德（2016）利用 1991~2013 年我国小麦、稻谷和玉米三种主粮的相关数据建立 VAR 模型，在此基础上通过脉冲响应函数和方差分解分析，研究我国粮食价格支持政策、粮食储备政策和粮食进出口政策对三种主粮市场价格波动的影响。结果表明，小麦和稻谷市场价格的波动在短期内受自身滞后项和价格支持政策的共同影响，长期受价格支持政策的影响最大，而储备政策和进出口政策对小麦和稻谷价格波动的影响较小；玉米价格波动受价格支持政策的影响没有小麦和稻谷显著，自身价格波动在玉米市场价格波动中起主导作用，但储备政策和进出口政策对玉米市场价格波动的冲击相对较为显著。

二、补贴政策对粮食价格形成影响综述

目前，专门研究补贴政策对农产品价格影响的文献并不多，但许多学者在研究农产品价格波动影响因素时，均考虑了补贴政策，将其作为一个自变量。从这些研究中基本可以得出以下结论。

（一）农业补贴对稳定农产品价格有正向影响

影响农产品价格上涨的因素是多方面的，如供给减少，主要表现为减产

等；需求增长，主要表现在人口增加、粮食工业饲料用途增长快；国际农产品价格上涨的传导；储备粮的增加和补充等。

供给不足是影响农产品价格上涨的主要因素，其中生产成本上升直接影响农产品供给。农产品生产的总成本包括生产成本和土地成本，生产成本又可细分为物质与服务费用以及人工成本。工业化和城镇化建设过程中迅速增长的用地需求及耕地面积的急剧减少，导致工业用地价格大幅上升，带动农村土地价格加速上涨；同时，种粮比较效益下降导致种粮机会成本增加，大量农村青壮年劳动力转移到非农就业，家庭用工折价和农业雇工费用上升，导致生产成本构成中的人工成本大幅上升；此外，工业和城镇化发展拉动原油和原材料等初级产品价格上涨，并向下传导到农业生产资料价格，引起投入农产品生产的物质，如农用工具、饲料、化学肥料、农药（器械）和农用机油，以及相关服务价格显著增长。上述因素共同提高了农产品生产总成本（周姁和张建波，2008）。目前，我国实施的税费减免、农业补贴政策能够充分调动农民生产的积极性，增加农产品供应量，从而稳定农产品价格。而农业补贴中的良种补贴和农资综合直补，对农产品生产成本的影响最直接也最为明显，对稳定农产品价格的作用也最大。

（二）稳定农产品价格也可以采取补贴流通环节

韩喜艳（2012）认为，我国农产品流通大致要经过产地收购、中间运输、销地市场批发和终端零售四个环节，能够实现"农超对接"模式的实为少数。据商务部数据，农产品流通的每一个环节至少加价 5%~10%，最后导致流通成本占农产品最终价格的 70%左右。农产品涨价的主要原因是流通环节上的层层加价导致流通成本过高。韩喜艳（2012）认为，这些流通成本在短期内难以通过市场行为来压低：一是制度性成本过高。"小生产，大市场"的流通体制，组织化程度低，行政管辖和市场割据，相关法律法规的滞后等。二是物流成本过高。农产品流通中的运输费、车辆养路费、维修费、保险费、产品的损耗等都要纳入农产品流通成本。三是市场管理成本高。绝大部分农产品要进入批发市场、集贸市场或者超市进行销售，需要缴纳市场管理费（摊位费）、交易费、进场费之类的各种费用。因此，他们认为可以在流通领域实施补贴政策来稳定农产品价格。理由是补贴流通可以稳定农产品价格、应对通货膨胀压力；补贴流通不会导致农民利益流失；靠市场机制来压低流通成本的空间已经非常有限；发达国家对农业流通有大量的补贴，可以借鉴。

三、价格支持及储备政策对粮食市场和价格的影响综述

国内一些学者对价格支持政策的经济学机理研究主要基于福利经济学的视角，认为最低收购价政策是一种有效增加粮农福利和生产者剩余的途径（黄奕忠，2006）。针对最低收购价对粮食价格影响的研究主要使用的是经济学的供给—需求模型的研究方法。任军军和王文举（2010）利用供给—需求模型对我国粮食最低收购价启动后对市场供求曲线产生的影响进行实证研究，验证了最低收购价存在托底粮价和提高市场均衡产量的作用。徐志刚和习银生（2010）在对 2008 年下半年以来的国家玉米临时收储政策的背景、逻辑和目标进行梳理和分析的基础上，系统分析了临时收储政策的实施效果及其对市场、企业、农民和流通行业的影响。研究表明，临时收储政策对稳定国内玉米市场、保护农民生产积极性发挥了积极作用，但造成的负面影响也非常明显。贺伟和刘满平（2011）等认为最低收购价政策和临时收储政策的实施，对我国粮食市场起到了很好的托市作用，稳定粮价，保障粮农种粮收益，同时确保了国家粮食安全，也为国家调控粮食市场提供了一种有效手段。面对粮食供求形势发生的新变化，现行粮食托市收购政策的一些消极影响也日益突显。为此，要进一步完善和细化政策在价格制定、信贷管理、财政补贴、购销监管等方面的操作措施。同时，继续坚持托市政策的市场化改革方向，逐步探索和建立以差额直补方式为主要内容的粮食托市政策。王士海（2012）等利用双差分模型和面板数据模型对小麦、早籼稻、晚籼稻、粳稻、黄玉米、油脂业用大豆和食品业用大豆七种粮食产品近十年的周度价格数据进行研究，旨在考察中国粮食最低收购价政策是否起到了对粮食市场的托市效应。研究结果显示，最低收购价政策对大部分粮食品种存在托市效应，其中小麦的政策效果最为明显，油脂业用大豆的政策效应为负，同样的政策对主产区和主销区的影响也有所不同。

　　结合理论和市场实际运行，价格政策对粮食价格形成的影响机理主要源于两方面：一是最低收购价公布之后，对市场产生了信号作用，影响市场主体的预期进而影响市场价格。最低收购价先于新粮上市，最低收购价直接影响市场对后期的预期和信心，通常最低收购价公布后，如果价格较上年提高，在新粮上市前，将会带动陈粮市场价格走高，待新粮上市后，继续保持较高价格水平。以早籼稻为例，2012年2月国家公布早籼米最低收购价格比2011年提高18元/50公斤，政策的公布和价格的提高直接推高市场价和上涨预期，3月和8月早籼稻价格上涨幅度为当年最大。二是在最低收购价政策执行期间，通过托市收购和价格对市场产生相应的影响。通常最低收购价政策启动前，市场粮食价格低于指定价格，粮食买卖双方观望等待的气氛比较浓厚，市场交易相对清淡。政策启动后，国家托市价格成为市场粮价的重要支点，农民大多选择将粮食以较高的托市价格卖给国有粮库，托市收购量占市场成交量比重极高，使市场上的粮食流通量减少，从而达到了拉动粮价回升的目标。以2006年小麦最低收购价为例，小麦主产区价格从托市前的0.69元/斤一直上涨至0.75元/斤，此后价格一直保持高位，即便到2007年新粮上市前夕，小麦收购价仍维持在0.70~0.75元/斤。2012年8月之后小麦价格一改平稳行情快速上涨，也是受国家大量托市收储的影响所致。

第三节　实 证 分 析

　　基于以上政策实施背景和主要内容，以及国内外相关的研究文献综述，本节选择相应的方法来进一步分析国内生产经营政策对粮食价格形成的影响。

一、研究方法和对象

（一）研究方法

　　基于传统回归分析方法进行估计和检验，相关变量必须具备平稳的特性，否则容易产生伪回归，而对数据进行差分变换后进行回归又可能丢失长期信息，结构模型建立方法利用经济理论来描述变量之间的关系。但是一般而言经济理论往往不能为变量间动态关系提供严格的定义，加之内生变量可能同时出现在方程的左右两边，使估计和推论问题变得复杂化。为解决以上问题，本节采用 VAR 模型来分析政策调整对农产品价格形成的影响。

（二）研究对象

本章的研究对象为四种粮食作物：稻谷（晚籼稻）、小麦、大豆和玉米。因变量为四种粮食年度集市价格（即月度价格的年度平均值）。自变量为生产经营政策，包含税费减免政策、农业补贴政策、最低收购价政策和临储政策，考虑到供需因素均为内生变量，笔者在模型中加入粮食作物的价格滞后性。其中，稻谷和小麦考察前三项政策，大豆和玉米考察税费减免政策、农业补贴政策和临储政策。选择的研究时段为 2001~2015 年（玉米市场价格数据为 2003~2015 年）。政策因素均为虚拟变量。其中，政策和补贴政策实施前取值为 0，政策实施后取值为 1。

由于小麦最低收购价首次实施的年份为 2006 年，且至 2015 年每年都启动，这一政策与税费减免政策完全相同，为避免模型中出现多重共线性，考虑到 2006 年最低收购价与次年相同，且 2006 年最低收购价格政策在上市前才公布实施，在一定程度上会对政策的效应产生影响，笔者将虚拟变量后移一年，即从 2007 年开始。

二、实证分析结果

（一）稻谷和小麦

小麦和稻谷的 VAR 模型显示，价格形成主要受前期价格影响，政策变量对价格形成的影响均不太显著。其中，包含一阶滞后价格的模型中，小麦和晚籼稻的当期价格均受前一期价格显著影响，三项政策对两种粮食价格形成影响验证均不显著，但从符号来看，税费政策对小麦和稻谷价格均有负向影响，即实施税费政策在一定程度上降低了粮食价格，补贴政策对小麦和晚籼稻价格的影响均为正，即补贴政策的实施有利于提高粮食价格，最低收购价格政策对小麦价格影响为正，但对晚籼稻价格影响为负。

　　加入二阶滞后价格的模型后，小麦的价格模型中的 R 值有所提高，变量系数中仅税费政策一项系数通过检验，显示为负向影响；前期和前两期价格对当期价格的影响均不显著，另两项政策检验仍不显著，但变量的影响方向与前一个模型相同。晚籼稻的模型中，上期价格仍对当期价格影响显著，但部分影响转移到前两期价格上，上期价格的影响程度有所降低。政策变量的检验均不显著，从系数符号来看，与未加入二阶滞后变量相同（表 3-6）。

表 3-6　政策对小麦和晚籼稻价格影响模型分析结果

分项指标	小麦		晚籼稻	
	模型 1	模型 2	模型 1	模型 2
$P(-1)$	0.90 （6.456）***	0.38 （−1.06）	0.98 （0.17）***	0.91 （2.02）*
$P(-2)$		0.74（1.57）		0.09（0.19）
税费政策（SF）	−0.13（−1.50）	−0.24（−2.19）*	−0.012（0.09）	−0.03（−0.26）
补贴政策（BT）	0.09 （−1.26）	0.13（1.44）	0.12（0.10）	0.10（0.65）
最低收购价 （SG）	0.13（1.65）	0.14（1.84）	−0.06（0.07）	−0.06（−0.71）
R-squared	0.94	0.95	0.94	0.92
AIC	−2.26	−2.29	−1.67	−1.40
SIC	−2.04	−2.05	−1.45	−1.16

*表示系数在 0.01 的显著性水平上显著，***表示系数在 0.1 的显著性水平上显著

注：实证分析结果表格中未显示常数项系数和 t 值，下同

（二）大豆

　　模型调整过程中，笔者共进行了四种尝试。从结果来看（表 3-7），模型 1 的结果最好，R 值最高，同时前期价格项在模型中表现显著，表明大豆价格的形成受前期价格影响较大。这也显示我国实施临储政策后，收购价格由政府定价决定，进而影响市场价格形成，但该模型中三项政策对大豆价格形成的影响均不显著。从符号判断来看，均为正向。加入二阶滞后价格的模型后，前期价格对当期价格形成的影响弱化，同时三项政策的影响依然不显著。一方面，和我国大豆受收储价格影响有关，价格形成受政策和前期定价影响较大；另一方面，也同价格影响因素较为复杂，特别是与进口规模较大

等因素相关，弱化了政策在模型中的影响效果。

表 3-7　政策对大豆价格影响模型分析结果

分项指标	模型 1	模型 2	模型 3	模型 4
$P(-1)$	0.547 060 （2.139 050）*	0.382 045 （1.075 244）	0.381 061 （1.263 79）	0.374 451 （1.132 95）
$P(-2)$	—	0.290 874 （0.717 524）	0.331 272 （1.102 01）	0.328 406 （1.023 75）
税费政策 （SF）	0.185 132 （0.704 093）	0.057 672 （0.172 695）		
补贴政策 （BT）	0.104 294 （0.339 064）	0.006 091 （0.015 429）		0.027 670 （0.078 82）
临时收储 （SC）	0.044 632 （0.239 782）	0.068 040 （0.336 575）	0.083 288 （0.510 82）	0.082 039 （0.472 59）
R-squared	0.676 846	0.615 432	0.611 597	0.611 898
AIC	0.608 693	0.779 552	0.476 887	0.629 957
SIC	0.836 928	1.040 298	0.650 718	0.847 245

*代表系数在 0.1 的显著性水平上显著

注：实证分析结果表格中未显示常数项系数和 t 值

（三）玉米

受模型和数据时段限制，笔者对玉米分析模型进行了两次调整。模型分析结果显示（表 3-8），临时收储政策和税费政策在模型中对玉米价格形成的影响均不显著。两个模型均表现出前期价格对当期玉米价格形成影响不显著的特征。但从系数和符号判断，前期价格对当期价格以及临时收储政策对玉米价格均具有一定的影响。模型结果中基本变量均不显著，前期价格表现不显著和数据研究时段较短有关，在很大程度上影响了变量自由度，造成模型结果受限。另外，玉米临时收储政策的实施具有较强的区域范围，但消费有明显的北粮南运的特征，在一定程度上影响了政策对全国范围内市场价产生的影响效果。

总的来看，针对小麦和稻谷两种主粮品种的最低收购价格政策对粮食价格形成的影响较为显著，且通过前期价格影响当期价格的效果更加明显，这与最低收购价格启动频繁、价格信号释放及时以及收购覆盖面较广直接相关，也和前文所论述的价格形成影响理论和机理分析基本一致。大豆和玉米的政策对价格形成的影响效果相对有限，特别是玉米，由于实施区域有限，数据采集时段相对较短，在很大程度上影响了政策对市场价格形成的模型分析结果显著性。但四个品种的分析均显示，生产经营政策的调整对粮食价格的形成影响较大。我国作为农业大国，十三亿人口的吃饭问题始终是首位，要高度重视生产经营政策对粮食市场和价格形成的影响。

表 3-8 政策对玉米价格影响模型分析结果

分项指标	模型 1	模型 2
$P(-1)$	0.840 600 （1.843 23）	1.146 906 （2.580 95）
$P(-2)$	−0.047 919 （−0.119 49）	−0.327 948 （−0.833 65）
税费政策（SF）		0.153 367 （1.687 75）
补贴政策（BT）		
临时收储（SC）	0.070 683 （0.859 83）	0.001 031 （0.012 29）
R-squared	0.908 079	0.937 670
AIC	−2.052 034	−2.258 706
SIC	−1.907 344	−2.077 844

第四节 政 策 建 议

一、优化财政支农资金的投入结构

确保粮食自给是我国农业生产的重要目标。近年来，财政收入的快速增长为进一步加大对农业的扶持力度提供了财力基础。在注重财政支农资金规模增长的同时，还需要优化财政支农资金的结构。粮食补贴政策在保留已有补贴对象和水平的前提下，把增量资金向重点农产品（小麦、玉米、水稻）、重点区域（粮棉油糖和畜产品优势主产区域）、重点环节（重大技术推广应用）和新型主体（种粮大户、家庭农场、农民合作社等）倾斜，提高粮食综合生产能力，集中资源确保口粮绝对安全，确保主要农产品合理产能。此外，还应加大农业直接支付力度。加强农业基础设施建设；加快完善主产区利益补偿机制；加强农业科技投入力度，加快现代农业技术创新、应用与推广。

二、充分利用黄箱支持政策

基于我国基本国情以及农业发展所处的阶段，在 WTO 规定的微量许可范围内，着眼于调动农业生产积极性，继续保持以价格支持政策为核心的黄箱政策补贴规模，但价格政策工具的选择应逐步向目标价格补贴政策过渡。我国对粮食作物中的玉米实施临储政策，支持水平较高，存在局部"破箱"，但 2016 年该项政策已经调整，价格支持空间仍较大。今后应继续完善价格支持政策，逐步向目标价格以及不与产量和价格挂钩的直接支付等支持政策过渡。针对小麦、稻谷等重要粮食品种，现有支持水平下，黄箱政策仍有一定空间，应充分利用支持空间，出台相关扶持和补贴政策，稳定种粮积极性，确保粮食安全。

三、加强农业金融保险支持

农业生产高风险低收益，农民生产不仅受自然因素影响还受到市场因素、国家政策影响，农民生产需要一把保险伞。考虑到农业在国民经济中的基础地位以及农业的正外部性，农业保险应更多地体现出公益性、政策性，建议将补贴农业保险作为国家扶持农业的基本政策。这包括建立专业性的农业担保机构，创新抵押方式，扩大抵押物的范围；发挥中央银行金融宏观调控功能，鼓励商业银行加大对涉农信贷的投入力度。

四、加快农产品市场信息平台建设

目前我国仍没有形成统一的农产品价格信息平台，依靠价格指导农业生产往往具有盲目性和不确定性。需要加快市场价格等相关信息的监测和公开，构建农产品价格信息平台。引导农产品市场价格的舆论，提高农民的决策水平，促进农产品均衡价格的形成，减少农产品价格的波动。

参 考 文 献

方福平，李凤博. 2010. 稻谷价格波动与农民种稻行为动态关系的实证分析[J]. 中国农村经济，（12）：46-54.

韩喜艳. 2012. 补贴流通：稳定农产品价格的另一种思路[J]. 价格月刊，（8）：24-27.

贺伟，刘满平. 2011. 当前粮食宏观调控中的几个重点问题[J]. 宏观经济管理，（7）：42-43.

黄奕忠. 2006. 粮食最低收购价格政策的经济学分析[J]. 金融与经济，（11）：13-15.

贾娟琪，李先德. 2016. 粮食价格调控政策对粮价波动的影响[J]. 华南农业大学学报（社会科学版），15（1）：62-71.

李光泗，郑毓盛. 2014. 粮食价格调控、制度成本与社会福利变化——基于两种价格政策的分析[J]. 农业经济问题，（8）：6-15.

李晖. 2004. 粮食价格波动与政府调控[J]. 农村经济，（11）：39-40.

刘刚，周锦秀，许海曦. 2007. 粮食价格分析及政策建议[J]. 宏观经济管理，（7）：34-36.

罗万纯，刘锐. 2010. 中国粮食价格波动分析：基于 ARCH 类模型[J]. 中国农村经济，（4）：15-20.

任军军，王文举. 2010. 我国粮食最低收购价政策发展研究[J]. 湖北经济学院学报（人文社会科学版），（6）：29-30.

宋洪远. 2010. 十一五时期农业和农村政策回顾与评价[M]. 北京：中国农业出版社.

王士海. 2012. 粮食最低收购价政策托市效应研究[J]. 农业技术经济，（4）：105-111.

王小龙，杨柳. 2009. 中国粮食财政干预政策产出效应分析[J]. 财贸经济，（1）：53-60.

王小鲁. 2001. 中国粮食市场的波动与政府干预[J]. 经济学（季刊），（10）：171-192.

徐志刚，习银生. 2010. 2008/2009 年度国家玉米临时收储政策实施状况分析[J]. 农业经济问题，（2）：16-23.

姚建华，张锐. 2008. 中国粮价上涨与粮食安全的宏观分析[J]. 农业现代化研究，（4）：385-389.

赵德余. 2008. 价格双轨制的制度特征及其社会福利效应[C]. 上海市社会科学界第六届学术年会文集：经济管理学科卷.

周姁，张建波. 2008. 我国农产品价格上涨原因及农业政策分析[J]. 江西财经大学学报，（7）：60-63.

朱新方，孔令成. 2011. 我国粮食价格支持、直接补贴的福利经济学分析及政策改进[J]. 特区经济，（6）：124-126.

Dawe D. 1996. A new look at the effects of export instability on investment and growth[J].

World Development，（24）：1905-1914.

Hoddinott J. 2006. Shocks and their consequences across and within households in rural Zimbabwe[J]. Journal of Development Studies，（42）：301-321.

Lusk J，Roosen J，Shogren J. 2000. Oxford Handbook on the Economics of Food Consumption and Policy[M]. London：Oxford University Press.

Myers R J. 2006. On the costs of food price fluctuations in low-income countries[J]. Food Policy，（31）：288-301.

Per P. 2002. Food and agricultural policy for a globalizing world：preparing for the future[J]. American Journal of Agricultural Economics，（84）：1201-1214.

Ravallion M，Datt G. 1996. How important to India's poor is the sectoral composition of economic growth?[J]. World Bank Economic Review，（10）：1-25.

Srinivasan S J. 2001. Food inventory policies under liberalized trade[J]. International Journal of Production Economics，（71）：21-29.

Timmer C P. 2000. The macro dimensions of food security：economic growth，equitable distribution，and food price stability[J]. Food Policy，（25）：283-295.

第 四 章

粮食生产成本变动对粮食价格波动的影响

第一节　粮食生产成本的内涵界定

成本是构成价格的最重要部分。按照价值理论，成本加上一定的利润空间构成价格。因此，成本的高低对产品的价格竞争力具有重要作用。以粮食等大宗农产品为例，产品成本包括生产成本、流通成本、交易成本，其中生产成本又是其中最为重要的部分。由于从全国层面对包括粮食等农产品的流通成本的研究缺乏数据支撑，交易成本又难以衡量，因此，本章在刻画粮食成本时主要集中在生产环节。目前，粮食等农产品生产成本的内涵主要从西方经济学中经济成本和会计成本的角度予以界定。而从数据来源看，在目前国内最权威的《全国农产品成本收益资料汇编》中，农产品成本也主要集中在生产领域。因此，为了充分利用全国层面数据，本章也会遵循一些研究成果的路径，围绕粮食生产成本，主要从会计成本的视角展开数量分析；必要时，也会从经济成本的视角考察粮食生产成本变动的规律。

根据生产过程中不同成本的性质和内容，粮食成本可以分为现金成本、总成本和收入机会成本三种类型。现金成本是粮食生产过程中所发生的实际资金与实物支出，没有考虑非物质资金的消耗，是会计核算意义上的成本，一般包括种子费、农药费、化肥费、排灌费、机械作业费、税金、修理费、折旧费、雇工费以及流转地租等，是农户实际支出的反映。总成本是指全部要素成本，既包括实际支出（现金成本），又包括劳动力机会成本和土地机会成本，是反映资金、劳动力以及土地资源消耗的理论成本。然而总成本没有考虑到其他生产活动对粮食生产的影响，没有反映出粮食生产的特殊性对粮食价格以及收益的要求。也就是说，即便粮食价格低于总成本也不意味着生产不能正常运行，同样粮食价格高于总成本当然也不意味着粮食生产有利可图。收入机会成本是农户希望从粮食生产中获得的最低收入，是指农户为了从事粮食生产放弃从事其他生产活动而造成的收入上的损失。该成本不仅包含粮食生产成本，还包含农户生活所需消费的成本，是粮食生产作为社会经济活动理应得到的正常报酬。

第二节　21 世纪以来我国粮食生产成本变动的特点

一、我国粮食生产成本呈波动上升态势

2001~2015 年，我国粮食生产成本呈波动上涨之势。除个别年份外，粮食生产成本都在增长（图 4-1）。2001~2015 年，我国谷物亩均生产成本从 350.61 元增加到 1 090.04 元，增长 2.1 倍，年均增长 8.4%。谷物中，稻谷的生产成本最高，玉米的生产成本增长最快。2001~2015 年，稻谷亩均生产成本增长 2.0 倍，年均增长 8.2%；小麦亩均生产成本增长 1.4 倍，年均增长 6.5%；玉米亩均生产成本增长 2.3 倍，年均增长 8.9%；大豆亩均生产成本增长 2.1 倍，年均增长 8.4%。单位产量生产成本的增长幅度要小于单位面积的增长幅度。这表明，近年来的农业技术进步提高了中国粮食单产，冲减了单位面积成本上升压力。2001~2015 年，我国谷物每 50 公斤主产品总成本从 46.29 元增加到 114.23 元，增长 1.5 倍，年均增长 6.7%；稻谷增长 1.7 倍，年均增长 7.4%；小麦增长 99.4%，年均增长 5.1%；玉米增长 1.7 倍，年均增长 7.2%；大豆增长 1.8 倍，年均增长 7.5%。增长幅度均小于单位面积成本增长幅度。

尽管我国粮食成本增长幅度较大，但由于国家放开粮食流通体制，实行粮食最低收购价制度，完善粮食价格形成机制，农户的收益有所保障，21 世

纪以来大部分年份粮食净利润增长幅度高于成本增长幅度，但 2012~2015 年成本增幅明显高于价格增幅，农民收益受到影响。2001~2015 年，谷物的亩均成本增长 2.1 倍，年均增长 8.4%，净利润从 39.43 元下降到 19.55 元，成本利润率由 11.3%下降到 1.79%。分品种看，稻谷的成本利润率从 20.32%下降到 14.59%，小麦的成本利润率从-8.49%上升到 1.77%，玉米的成本利润率从 19.6%下降到-12.38%，大豆的成本利润率从 12.18%下降到-17.06%。

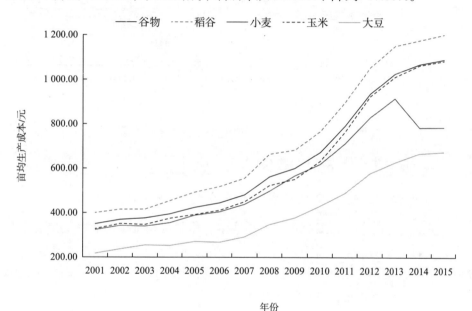

图 4-1　2001~2015 年中国粮食亩均生产成本

二、近几年粮食生产成本上升速度加快

2006 年以后，我国粮食生产成本增长速度有加快趋势。从单位面积成本看，2006 ~ 2015 年，谷物、稻谷、小麦、玉米、大豆每亩总成本的年均增长率分别为 10.5%、9.8%、7.6%、11.4%和 10.8%，分别比 2001 ~ 2006 年高 5.6、4.5、3.1、6.7 和 6.1 个百分点。从单位产量成本（图 4-2）看，2006 ~ 2015 年，谷物、稻谷、小麦、玉米、大豆每 50 公斤主产品总成本的年均增长率分别为 8.8%、8.5%、8.4%、9.7%和 10.1%，分别比 2001 ~ 2006 年每亩总成本年均增长率高 5.9、3.1、9.1、6.6 和 7.1 个百分点。

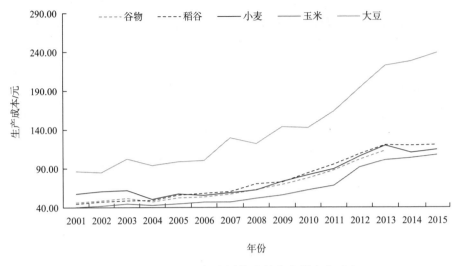

图 4-2　2001~2015 年中国粮食单位产量生产成本

三、粮食生产成本结构变化较大

1. 人工成本是粮食生产成本构成中的首要因素

在粮食生产中，人工成本、土地成本、化肥费和机械作业费是粮食生产成本中的主要部分。其中，人工成本是粮食生产成本构成中的首要因素。2001 年、2006 年、2011 年、2015 年，谷物亩均生产成本中人工成本分别为128.65 元、151.90 元、283.05 元和 447.21 元，占粮食生产总成本的 36.7%、34.1%、35.8%和 41.0%。2001~2015 年，人工成本增加了 2.47 倍，年均增长9.3%，每亩粮食生产成本增量中人工成本的增量占 43.1%，其成本增加贡献率排在总成本增量的首位。

导致人工成本提高的主要因素是用工价格，包括家庭用工劳动日工价和雇工工价的提高。2001 年、2006 年和 2015 年，粮食每亩家庭用工天数分别为 11.5 天、8.29 天和 5.61 天，但家庭用工的劳动日工价却不断提高，分别为 10.4 元、16.9 元和 78 元，相比 2001 年，2015 年家庭用工的劳动日工价提高了 6.5 倍。2001 年、2006 年和 2015 年，粮食每亩雇工天数分别为 0.5 天、0.39 天和 0.30 天，雇工工价分别为 18.1 元、30.26 元和112.39 元，相比 2001 年，2015 年雇工工价提高了 5.2 倍。粮食生产成本

中人工成本比以往加速上升，主要是因为：一方面，随着城镇化水平的
推进，农村青壮年劳动力转移速度加快，农村青壮年劳动力供不应求；
另一方面，近些年我国政府致力于维护和提高劳动力薪资等权益，农村
劳动力价格有所上升。

　　2. 土地成本是粮食生产成本增加的重要因素

　　随着农村劳动力转移规模加大，近些年粮食生产经营主体也发生了较大变
化，除了一般的小农经营主体外，出现了以专业种粮大户、专业合作社和龙头
企业为代表的新型经营主体。经营主体的变化促进了粮食生产的规模化经营，
规模化经营水平的提高也带动了土地成本的增加。2001 年、2006 年、2015
年，我国粮食亩均生产成本中土地成本分别为 42.57 元、68.25 元和 217.76 元，
占粮食生产总成本的 12.14%、15.34%和 19.98%（图 4-3）。2001~2015 年，土
地成本增加了 4.1 倍，年均增长 12.4%，每亩粮食生产成本增量中土地成本的增
量占 23.7%，其成本增加贡献率排在总成本增量的第二位。

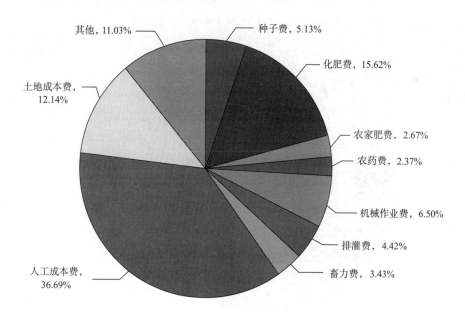

（a）2001 年

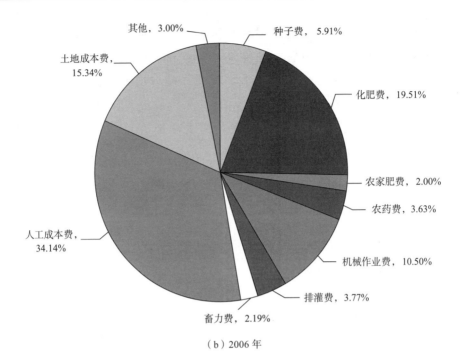

（b）2006 年

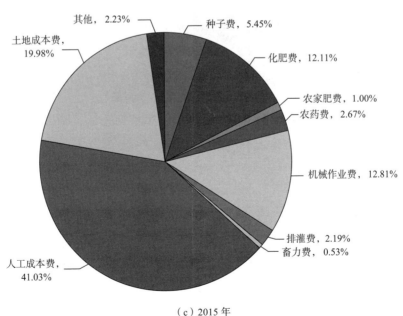

（c）2015 年

图 4-3　2001 年、2006 年和 2015 年谷物亩均生产成本结构变化

3. 化肥费、机械作业费是粮食生产成本上升的主要因素

在粮食生产中，化肥费、机械作业费对总成本增加的影响，已经与土地成本、人工成本不相上下，但 2012 年以后增长速度减缓，尤其是 2013 年化肥费已出现下降。2001~2015 年，谷物亩均成本中，化肥费从 54.76 元增加到 132.0 元，年均增长 6.5%，占粮食生产总成本的比例从 15.6%下降到 12.1%。化肥费的增加占粮食生产成本增加总量的 10.5%，是推动粮食生产总成本增加的第三个主要因素。2001~2015 年，谷物亩均成本中，机械作业费从 22.79 元增加到 116.8 元，年均增长 16.3%，占粮食生产总成本的比例从 6.5%增加到 12.8%。机械作业费的增加占粮食生产成本增加总量的 11.2%。化肥费增加的原因，一方面是农户在生产中使用化肥的数量增加，另一方面是化肥价格的上涨。机械作业费上涨的背后是我国机械化程度的快速提高。目前，水稻、小麦机械化程度大大提高，玉米除收割环节外也基本实现了机械化。

4. 不同品种间生产成本构成及变化特点差别较大

四种粮食作物中，稻谷的生产成本最高，玉米的生产成本增长最快。不同品种生产成本结构变化不尽一致（表 4-1~表 4-4）。稻谷人工成本占比最大，而且在总成本中占比扩大幅度最大。2001~2015 年，稻谷人工成本占总成本的比例从 38.45%增长到 42.3%，土地成本从 11.99%增长到 17.87%；小麦人工成本占总成本的比例从 31.14%增长到 37.02%，土地成本从 12.53%增长到 20.29%。小麦的种子费是四种粮食作物中最高的，占比从 7.7%下降到 6.72%；玉米人工成本占总成本的比例从 40.08%增长到 43.25%，土地成本从 11.93%增长到 22.03%；大豆人工成本占总成本的比例从 36.29%增长到 31.89%，基本变化不大，土地成本从 19.63 增长到 38.2%。通过比较可以看出，大豆、小麦的人工成本占比较低，而机械作业费占比较高。稻谷、玉米人工成本占比较高。这说明，四种粮食作物中，小麦、大豆的机械化程度较高。目前我国小麦、大豆基本上实现了全程机械化，但稻谷、玉米的机械化程度滞后于小麦和大豆。

表 4-1   稻谷 2001~2015 年生产成本结构变化

成本类型	2001 年	2006 年	2011 年	2015 年
种子费	3.38%	4.21%	4.74%	4.60%
化肥费	14.03%	16.24%	13.84%	10.13%
农家肥费	1.76%	1.46%	0.88%	0.71%
农药费	3.89%	6.48%	4.96%	4.26%
机械作业费	5.43%	9.92%	13.94%	14.61%
排灌费	4.79%	3.82%	2.50%	1.72%
畜力费	4.47%	3.20%	1.66%	0.74%
人工成本	38.45%	35.96%	36.56%	42.31%
土地成本	11.99%	14.80%	17.80%	17.87%
其他费用	11.81%	3.91%	3.11%	3.04%

表 4-2   小麦 2001~2015 年生产成本结构变化

成本类型	2001 年	2006 年	2011 年	2015 年
种子费	7.70%	7.70%	7.20%	6.72%
化肥费	16.2%	22.5%	18.4%	14.5%
农家肥费	3.02%	2.30%	1.38%	1.31%
农药费	1.55%	2.04%	1.89%	2.00%
机械作业费	10.00%	14.77%	14.10%	13.32%
排灌费	4.89%	4.75%	4.95%	3.00%
畜力费	2.42%	0.89%	0.47%	0.25%
人工成本	31.14%	29.55%	31.68%	37.02%
土地成本	12.53%	13.49%	18.15%	20.29%
其他费用	10.55%	2.01%	1.78%	1.59%

表 4-3   玉米 2001~2015 年生产成本结构变化

成本类型	2001 年	2006 年	2011 年	2015 年
种子费	4.74%	6.29%	5.96%	5.24%
化肥费	16.93%	20.69%	16.95%	12.10%
农家肥费	3.43%	2.38%	1.58%	1.03%
农药费	1.32%	1.60%	1.60%	1.53%
机械作业费	4.35%	7.03%	9.18%	10.33%
排灌费	3.50%	2.76%	1.86%	1.99%
畜力费	3.14%	2.21%	1.15%	0.56%
人工成本	40.08%	36.41%	38.67%	43.25%
土地成本	11.93%	17.84%	20.97%	22.03%
其他费用	10.57%	2.79%	2.08%	1.94%

表 4-4 大豆 2001~2015 年生产成本结构变化

成本类型	2001 年	2006 年	2011 年	2015%'年
种子费	8.17%	7.79%	6.40%	5.53%
化肥费	8.23%	13.27%	10.65%	6.77%
农家肥费	1.73%	0.55%	0.17%	0.46%
农药费	1.99%	2.78%	2.46%	2.39%
机械作业费	5.01%	11.61%	13.97%	11.84%
排灌费	1.67%	0.67%	0.31%	0.41%
畜力费	4.34%	1.39%	0.38%	0.21%
人工成本	36.29%	30.60%	27.90%	31.89%
土地成本	19.63%	28.39%	35.39%	38.20%
其他费用	12.93%	2.95%	2.37%	2.30%

第三节 利用观察点数据分析我国粮食生产成本变动的特点

本节利用农村固定观察点的农户数据，分析我国粮食生产成本的变动特点。农村固定观察点的数据具有两个特点：一是"固定观察"的农户样本连续固定不变；二是多数样本农户的农业生产经营规模较小。这里笔者假定，播种面积和产量规模不同的农户对粮食价格的影响力不同，即规模户的商品率更高，对价格的影响更大。

农村固定观察点数据与《全国农产品成本收益资料汇编》数据中的成本构成的区别是：农村固定观察点数据中的成本只包括实际发生的现金成本，不包括家庭投工和自有土地的折价。为了便于对比分析，使农村固定观察点与《全国农产品成本收益资料汇编》中的成本构成保持一致，本节在全国农村固定观察点各项成本构成的基础上增加了家庭用工折价和自营地折租，具体数值参照《全国农产品成本收益资料汇编》中的"劳动日工价"和"自营地折租"。另外，由于 2008 年后固定观察点农户成本调查表格发生变化，前后数据不具有可比性，因此本节以 2009~2015 年数据来分析。

一、样本基本情况

根据对样本农户粮食生产规模的统计,全部样本中,有土地租赁行为农户的户均播种面积和产量均明显高于无土地租赁行为的农户。因此,本节把农户样本区分为有土地租赁行为的农户(认定为规模户)和无土地租赁行为的农户(认定为普通农户),分别分析不同农户样本的粮食生产成本。2009~2015 年农户样本情况详见表 4-5~表 4-12。

表 4-5　规模户样本数量(单位:户)

年份	粮食	小麦	稻谷	玉米	大豆
2009	820	80	412	354	103
2010	820	91	427	346	74
2011	860	120	382	447	81
2012	881	122	352	498	64
2013	868	118	316	520	67
2014	875	104	333	531	78
2015	946	139	370	600	80

表 4-6　普通农户样本数量(单位:户)

年份	粮食	小麦	稻谷	玉米	大豆
2009	13 975	5 632	7 069	9 033	3 325
2010	13 099	5 075	6 297	8 747	3 136
2011	12 384	4 576	5 885	8 335	2 617
2012	12 195	4 775	5 200	8 634	2 243
2013	11 664	4 421	4 698	8 446	2 085
2014	10 222	3 612	4 039	7 623	1 532
2015	10 918	3 950	4 390	8 119	1 622

表 4-7　规模户的户均播种面积(单位:亩)

年份	粮食	小麦	稻谷	玉米	大豆
2009	28.34	9.51	12.39	19.82	82.06
2010	25.09	9.45	12.95	20.35	72.52
2011	28.54	8.41	14.61	23.68	66.89
2012	28.87	9.21	16.16	26.49	44.16
2013	29.67	9.05	17.18	26.28	42.96
2014	31.63	10.25	19.40	28.80	38.73
2015	38.56	11.50	28.74	34.38	16.44

表 4-8　普通农户的户均播种面积（单位：亩）

年份	粮食	小麦	稻谷	玉米	大豆
2009	8.24	4.28	4.18	4.98	5.55
2010	8.64	4.51	4.12	5.29	6.33
2011	8.22	4.08	4.18	5.45	5.76
2012	8.31	4.08	4.30	5.74	5.63
2013	8.43	4.24	4.63	6.28	3.59
2014	9.18	4.21	4.94	7.23	3.55
2015	8.86	4.21	4.71	7.16	2.24

表 4-9　规模户的户均产量（单位：公斤）

年份	粮食	小麦	稻谷	玉米	大豆
2009	9 440.93	3 198.11	5 687.65	10 124.52	8 756.94
2010	9 128.85	2 990.40	5 508.60	9 983.07	9 801.22
2011	11 944.66	2 890.63	6 896.74	12 951.55	10 020.84
2012	14 504.79	6 321.07	8 119.72	16 142.89	6 715.44
2013	15 174.47	3 651.75	8 843.76	16 269.26	6 361.28
2014	16 519.25	4 190.03	9 992.72	17 817.34	6 177.85
2015	20 450.86	4 257.02	14 013.97	20 913.88	2 506.42

表 4-10　普通农户的户均产量（单位：公斤）

年份	粮食	小麦	稻谷	玉米	大豆
2009	3 137.70	1 357.53	1 926.55	2 336.73	641.72
2010	3 264.89	1 376.39	1 820.78	2 573.44	793.44
2011	3 457.73	1 415.93	1 953.25	2 823.66	764.66
2012	3 745.74	1 442.09	2 093.55	3 169.75	711.75
2013	3 825.68	1 399.13	2 252.37	3 319.41	421.79
2014	4 558.98	1 508.16	2 455.96	4 089.96	525.55
2015	4 593.36	1 641.81	2 465.01	4 081.32	325.72

表 4-11　规模户的亩均产量（单位：公斤）

年份	粮食	小麦	稻谷	玉米	大豆
2009	333.16	336.47	459.03	510.73	106.72
2010	363.78	316.32	425.24	490.55	135.16
2011	418.51	343.54	471.99	546.92	149.80
2012	502.47	686.58	502.49	609.38	152.06
2013	511.46	403.43	514.65	618.98	148.06
2014	522.20	408.71	515.18	618.71	159.52
2015	530.38	370.06	487.59	608.33	152.42

表 4-12　普通农户的亩均产量（单位：公斤）

年份	粮食	小麦	稻谷	玉米	大豆
2009	380.64	316.95	460.79	469.43	115.58
2010	377.95	305.02	442.08	486.82	125.30
2011	420.61	347.42	467.80	517.65	132.81
2012	450.54	353.87	487.35	552.10	126.47
2013	454.07	330.06	486.64	528.81	117.58
2014	496.39	357.95	497.62	565.44	148.23
2015	518.45	389.65	523.57	570.41	145.63

二、2009~2015 年农户粮食生产成本分析

（一）农户粮食生产成本变动特点

1. 农户亩均粮食生产成本整体呈上升趋势

规模户粮食生产成本变化趋势如图 4-4 所示。2009~2015 年，规模户谷物亩均生产成本从 663.37 元增加到 1 035.86 元，增长 56.15%，年均增长 7.71%。其中，稻谷的生产成本最高，小麦的生产成本增长最快。2009~2015 年，稻谷亩均生产成本从 786.68 元增加到 1 147.28 元，增长 45.84%，年均增长 6.49%；小麦亩均生产成本从 649.20 元增加到 1 197.29 元，增长 84.43%，年均增长 10.74%；玉米亩均生产成本从 585.76 元增加到 1 002.08 元，增长 71.07%，年均增长 9.36%；大豆亩均生产成本从 415.43 元增加到 633.33 元，增长 52.45%，年均增长 7.28%。

2. 普通农户粮食生产成本增速快于规模户

普通农户粮食生产成本变化趋势与规模户基本一致（图 4-5）。2009~2015 年，普通农户亩均谷物生产成本从 646.64 元增加到 1 151.25 元，增长了 78.04%，年均增长 10.09%，平均增速比规模户高 2.38 个百分点。其中，稻谷的生产成本最高，小麦的生产成本增长最快。稻谷的生产成本从 808.42 元增加到 1 567.20 元，增长了 93.86%，年均增长 11.66%；小麦的生产成本从 575.20 元增加到 1 130.26 元，增长了 96.50%，年均增长 11.92%；玉米的生产成本从 580.33 元增加到 1 018.32 元，增长了 75.47%，年均增长 9.83%。此外，大豆的生产成本从 343.65 元增加到 723.23 元，增长了 110.46%，年均增长 13.20%。

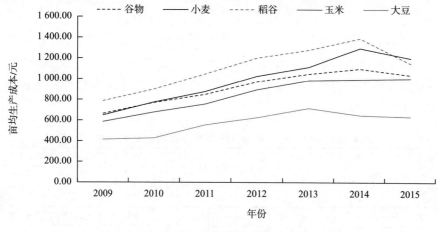

图 4-4 2009~2015 年规模户亩均粮食生产成本

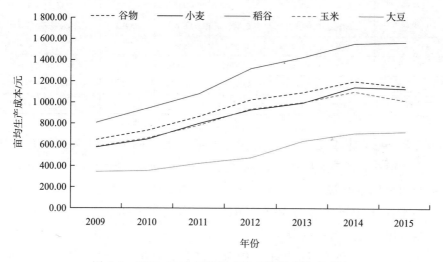

图 4-5 2009~2015 年普通农户亩均粮食生产成本

（二）农户粮食生产成本结构分析

1. 规模户粮食生产成本结构分析

（1）土地成本是规模户粮食生产成本上升的首要因素。2009~2015年，谷物亩均土地成本由 210.34 元增加到 383.69 元，增长了 82.41%；对成本上升的贡献率为 46.54%。2009~2014 年土地成本占总成本的比重变化不大，介于 29.25% 和 32.18% 之间，2015 年增至 37.04%。土地成本成为推动粮食生产成本上升的主要因素之一，主要原因有随着工业化、城镇化的加快推进，耕地不断减少；繁荣期粮食需求旺盛，加上 2003 年以来国家减免农业税、发放各项农业补贴，种地收益明显上升；耕地需求快速增加，土地价格显著上涨等（表 4-13）。

表 4-13　2009~2015 年规模户谷物（亩均）成本结构变化

成本类型	2009 年	2010 年	2011 年	2012 年	2013 年	2014 年	2015 年
种子费	4.61%	4.80%	4.77%	5.23%	4.86%	4.36%	4.76%
化肥费	18.01%	15.23%	14.98%	14.88%	13.89%	12.62%	12.63%
农家肥费	0.75%	0.92%	0.66%	0.43%	0.43%	0.29%	0.23%
农药费	3.15%	3.63%	3.26%	3.33%	3.08%	2.65%	2.80%
机械作业费	7.28%	7.32%	8.05%	8.41%	8.37%	7.14%	7.69%
排灌费	2.28%	2.02%	2.04%	1.90%	1.98%	1.46%	2.03%
畜力费	1.70%	1.51%	1.18%	0.98%	0.77%	0.35%	0.30%
人工成本	28.22%	32.60%	29.63%	30.26%	32.96%	37.36%	29.78%
土地成本	31.71%	29.25%	32.18%	31.31%	30.86%	31.59%	37.04%
其他费用	2.31%	2.73%	3.25%	3.28%	2.80%	2.19%	2.74%

（2）人工成本是规模户粮食生产成本上升的重要因素。2009~2015 年，谷物亩均人工成本由 187.19 元增加到 308.50 元，增长了 64.81%；对成本上升的贡献率为 32.6%。人工成本占总成本的比重逐年增加，由 2009 年的 28.22% 增加到 2014 年的 37.36%，2015 年下降到 29.78%。人工成本的快速增长主要是因为用工费用的增长。

（3）机械作业费用是规模户粮食生产成本上升的主要因素。2009~2015 年，谷物亩均机械作业费由 48.27 元增加到 79.68 元，增长了 65.07%；对成本上升的贡献率为 8.43%。机械作业费占总成本的比重从 2009 年的 7.28% 增长到 2012 年的 8.41%，随后下降至 2015 年的 7.69%。机械作业费用上升的主要原因是我国农业机械化的不断推广和粮食生产中的机械化程度不断提高。根据测算，2009~2015 年，规模户谷物生产亩均投工量由 6.9 个工日下降到 3.6 个工日，说明种植业生产中机械替代人力的现象非常明显。

（4）化肥费、种子费、农药费等农资成本是推动粮食生产成本上升的主要因素。谷物亩均化肥费由 2009 年的 119.48 元增加到 2015 年的 130.79 元，增长了9.47%，对成本上升的贡献率为3.04%；种子费由30.55元增加到 49.29 元，增长了 61.34%，对成本上升的贡献率为 5.03%；农药费由 20.90 元增加到 29.03 元，增长了 38.90%，对成本上升的贡献率为 2.18%。

（5）不同粮食品种生产成本结构变化特点不同。从规模户不同品种粮食生产成本结构变化看，各项成本中，人工成本、土地成本在不同品种的成本中所占比重较大，二者之和占总成本的比重均大于60%，但品种间又有所不同。2015 年小麦和稻谷的人工成本占比最高，为 47.10%和 39.00%，玉米和大豆亩均人工成本占比为 21.49%和 19.56%。在土地成本中，玉米和大豆占比最高，分别为 45.12%和 50.88%，小麦和稻谷的亩均土地成本占比为 22.21%和 29.14%。机械作业费中小麦和稻谷占比为 8.32%和 7.98%，玉米和大豆占比为 7.16%和 6.07%（表 4-14~表 4-17）。

表 4-14　2009~2015 年规模户小麦（亩均）成本结构变化

成本类型	2009 年	2010 年	2011 年	2012 年	2013 年	2014 年	2015 年
种子费	6.05%	6.91%	5.42%	4.68%	4.18%	4.05%	3.84%
化肥费	13.80%	12.10%	15.77%	16.40%	15.35%	12.30%	11.00%
农家肥费	0.54%	0.73%	0.60%	0.34%	0.25%	0.19%	0.35%
农药费	1.53%	1.59%	2.49%	3.18%	3.21%	3.01%	3.05%
机械作业费	8.34%	8.97%	10.08%	10.68%	9.45%	8.85%	8.32%
排灌费	4.40%	4.62%	3.12%	2.65%	2.91%	1.89%	1.95%
畜力费	0.84%	0.88%	0.67%	0.44%	0.41%	0.47%	0.41%
人工成本	32.92%	37.38%	35.02%	36.44%	40.56%	48.34%	47.10%
土地成本	28.25%	24.63%	24.22%	22.25%	21.30%	19.21%	22.21%
其他费用	3.32%	2.19%	2.62%	2.94%	2.39%	1.69%	1.78%

表 4-15　2009~2015 年规模户稻谷（亩均）成本结构变化

成本类型	2009 年	2010 年	2011 年	2012 年	2013 年	2014 年	2015 年
种子费	2.81%	3.08%	3.51%	3.65%	3.61%	3.46%	4.15%
化肥费	15.91%	14.13%	12.93%	12.16%	11.40%	9.64%	10.03%
农家肥费	0.38%	0.45%	0.28%	0.16%	0.15%	0.11%	0.08%
农药费	5.02%	5.98%	5.72%	5.89%	5.66%	4.59%	4.54%

续表

成本类型	2009 年	2010 年	2011 年	2012 年	2013 年	2014 年	2015 年
机械作业费	9.43%	9.57%	10.44%	10.73%	10.70%	8.60%	7.98%
排灌费	2.78%	2.18%	2.83%	2.51%	2.36%	2.22%	2.66%
畜力费	1.28%	0.80%	0.85%	0.85%	0.66%	0.34%	0.27%
人工成本	33.82%	37.07%	33.93%	36.89%	39.25%	46.90%	39.00%
土地成本	25.98%	23.55%	25.00%	23.28%	23.44%	21.82%	29.14%
其他费用	2.61%	3.18%	4.50%	3.90%	2.76%	2.31%	2.15%

表 4-16　2009~2015 年规模户玉米（亩均）成本结构变化

成本类型	2009 年	2010 年	2011 年	2012 年	2013 年	2014 年	2015 年
种子费	5.87%	6.22%	5.55%	6.12%	5.44%	4.75%	5.11%
化肥费	20.54%	16.87%	16.26%	16.06%	14.87%	14.18%	14.03%
农家肥费	0.93%	1.20%	0.88%	0.57%	0.58%	0.40%	0.28%
农药费	1.77%	1.62%	1.58%	1.85%	1.71%	1.42%	1.74%
机械作业费	4.93%	4.80%	5.96%	6.68%	6.87%	5.70%	7.16%
排灌费	1.32%	1.28%	1.27%	1.40%	1.67%	0.87%	1.61%
畜力费	2.07%	2.12%	1.29%	0.98%	0.73%	0.31%	0.30%
人工成本	19.56%	25.06%	23.91%	24.45%	27.82%	29.14%	21.49%
土地成本	41.33%	38.51%	40.98%	39.02%	37.50%	41.17%	45.12%
其他费用	1.69%	2.33%	2.33%	2.87%	2.81%	2.06%	3.16%

表 4-17　2009~2015 年规模户大豆（亩均）成本结构变化

成本类型	2009 年	2010 年	2011 年	2012 年	2013 年	2014 年	2015 年
种子费	7.02%	5.48%	4.41%	3.86%	4.11%	4.83%	5.98%
化肥费	11.57%	10.83%	10.79%	9.39%	8.99%	8.82%	9.31%
农家肥费	0.10%	0.00%	0.68%	0.05%	0.00%	0.03%	0.02%
农药费	2.16%	2.32%	2.33%	2.04%	1.80%	2.50%	2.85%
机械作业费	4.86%	4.40%	6.31%	7.04%	5.33%	4.25%	6.07%
排灌费	0.00%	0.09%	0.00%	0.00%	0.01%	0.13%	0.28%
畜力费	0.30%	0.37%	0.00%	0.07%	0.31%	0.01%	0.08%
人工成本	9.15%	10.31%	11.03%	14.56%	17.14%	18.12%	19.56%
土地成本	60.40%	61.93%	61.24%	59.83%	58.61%	56.08%	50.88%
其他费用	4.45%	4.27%	3.21%	3.17%	3.70%	5.22%	4.97%

2. 普通农户粮食生产成本结构分析

（1）人工成本是普通农户粮食成本上升的首要因素。2009~2015 年，普通农户谷物亩均人工成本从 287.81 元增加到 600.70 元，增长了 1.09 倍，对成本上升的贡献率最大，为 62.01%。人工成本占总成本的比重从 44.51% 增加到 56.99%，再下落到 52.18%，增加了 7.67 个百分点（表 4-18）。

表 4-18　2009~2015 年普通农户谷物（亩均）成本结构变化

成本类型	2009 年	2010 年	2011 年	2012 年	2013 年	2014 年	2015 年
种子费	5.08%	5.22%	5.01%	4.73%	4.98%	4.31%	5.07%
化肥费	16.80%	15.06%	15.13%	13.99%	12.97%	11.22%	12.19%
农家肥费	1.51%	1.33%	1.16%	0.93%	0.79%	0.69%	0.88%
农药费	2.92%	2.72%	2.57%	2.53%	2.32%	2.09%	2.41%
机械作业费	7.10%	7.11%	7.19%	7.21%	7.71%	6.75%	7.39%
排灌费	2.20%	1.84%	1.76%	1.58%	1.51%	1.46%	1.55%
畜力费	1.40%	1.13%	1.10%	0.88%	0.68%	0.52%	0.46%
人工成本	44.51%	47.26%	48.40%	51.94%	53.04%	56.99%	52.18%
土地成本	15.98%	16.07%	15.27%	14.08%	14.17%	14.30%	15.75%
其他费用	2.51%	2.26%	2.40%	2.14%	1.81%	1.67%	2.13%

（2）土地成本是普通农户粮食成本上升的重要因素。2009~2015 年，谷物亩均的土地成本从 103.31 元增加到 181.35 元，增长了 75.54%，对成本上升的贡献率为 15.47%。土地成本占总成本的比重呈先下降后升高趋势，总体上从 15.98% 下降到 15.75%。

（3）机械作业费是普通农户粮食成本上升的主要因素。2009~2015 年，谷物亩均机械作业费从 45.94 元增加到 85.05 元，增长了 85.13%，对成本上升的贡献率为 7.75%。机械作业费占总成本的比重从 7.10% 增加到 7.35%，增加了 0.25 个百分点。机械作业费的增加主要是由于粮食生产中机械化水平的提高。2009~2015 年，普通农户谷物种植的亩均投工量由 11.49 个工日下降到 7.55 个工日。

（4）化肥费、种苗费、农药费等农资支出的增加也推动了成本的上涨。2009~2015 年，谷物亩均化肥费从 108.61 元增加到 140.30 元，增长了 29.18%，对成本上升的贡献率为 6.28%，但化肥费占总成本的比重从 16.80%

下降到12.19%。谷物亩均种子费从32.8元上升到58.39元，增长了78.02%，对成本上升的贡献率为 5.07%，占总成本的比重在 4.31%和 5.22%之间波动。农药费用从 18.85 元增加到27.74 元，增长了 47.16%，对成本增加的贡献率为1.76%，占总成本的比重从2.92%下降到2.41%。

（5）不同粮食品种的成本结构变动的特点不同。普通农户不同粮食的成本结构具有相似性。按照各项成本占总成本的比重排序，占前五位的成本分别是人工成本、土地成本、化肥费、机械作业费、种子费。总体来看，普通农户种植粮食的人工成本所占比重明显高于规模户，土地成本所占比重低于规模户。各品种的成本结构变动趋势不完全一样。2009~2015 年，小麦亩均人工成本所占比重从 40.17%增加到49.29%，土地成本所占比重从 17.24%下降到15.31%。稻谷亩均人工成本所占比重从49.16%上升到61.23%，亩均土地成本所占比重从 12.67%下降到 10.27%。玉米亩均人工成本所占比重从42.24%上升到46.91%，土地成本所占比重变化不大，在 17.38%和20.62%之间波动。大豆亩均人工成本所占比重最高，从 30.10%上升到 50.11%，土地成本所占比重32.86%下降到25.48%（表 4-19~表 4-22）。

表 4-19　2009~2015 年普通农户小麦（亩均）成本结构变化

成本类型	2009 年	2010 年	2011 年	2012 年	2013 年	2014 年	2015 年
种子费	6.42%	6.32%	5.88%	5.10%	5.03%	4.62%	5.31%
化肥费	16.42%	15.36%	15.77%	15.30%	13.19%	10.94%	12.29%
农家肥费	1.47%	1.09%	0.98%	0.84%	0.53%	0.48%	0.72%
农药费	1.74%	1.75%	1.79%	1.88%	1.85%	1.47%	2.00%
机械作业费	10.20%	10.17%	9.82%	9.75%	9.68%	8.83%	9.85%
排灌费	3.42%	2.99%	2.55%	2.62%	2.46%	2.44%	2.60%
畜力费	0.76%	0.54%	0.63%	0.50%	0.40%	0.33%	0.23%
人工成本	40.17%	42.24%	45.30%	48.01%	51.16%	56.12%	49.29%
土地成本	17.24%	17.64%	15.32%	14.19%	14.05%	13.32%	15.31%
其他费用	2.16%	1.90%	1.96%	1.81%	1.66%	1.45%	2.39%

表 4-20　2009~2015 年普通农户稻谷（亩均）成本结构变化

成本类型	2009 年	2010 年	2011 年	2012 年	2013 年	2014 年	2015 年
种子费	3.42%	3.47%	3.49%	3.08%	3.10%	2.84%	3.35%
化肥费	14.86%	12.73%	12.09%	10.73%	9.67%	7.95%	8.59%

续表

成本类型	2009 年	2010 年	2011 年	2012 年	2013 年	2014 年	2015 年
农家肥费	1.47%	1.32%	1.22%	0.99%	0.95%	0.78%	0.93%
农药费	4.61%	4.36%	4.07%	4.14%	3.78%	3.40%	3.66%
机械作业费	6.99%	6.82%	8.00%	7.67%	8.05%	7.50%	7.65%
排灌费	2.22%	1.84%	2.18%	1.88%	2.01%	1.79%	1.64%
畜力费	1.82%	1.54%	1.40%	1.16%	0.95%	0.66%	0.61%
人工成本	49.16%	53.04%	53.16%	57.66%	59.21%	62.86%	61.23%
土地成本	12.67%	12.17%	11.76%	10.50%	10.46%	10.54%	10.27%
其他费用	2.78%	2.71%	2.63%	2.19%	1.83%	1.68%	2.06%

表 4-21 2009~2015 年普通农户玉米（亩均）成本结构变化

成本类型	2009 年	2010 年	2011 年	2012 年	2013 年	2014 年	2015 年
种子费	5.89%	6.06%	5.73%	5.57%	6.01%	4.91%	5.84%
化肥费	18.73%	16.69%	16.95%	15.40%	14.65%	12.78%	13.93%
农家肥费	1.58%	1.46%	1.18%	0.91%	0.78%	0.69%	0.88%
农药费	1.94%	1.86%	1.74%	1.72%	1.61%	1.57%	1.81%
机械作业费	5.55%	5.81%	5.44%	5.87%	6.74%	5.72%	6.39%
排灌费	1.55%	1.30%	1.12%	0.99%	0.86%	1.01%	1.16%
畜力费	1.37%	1.14%	1.11%	0.86%	0.65%	0.49%	0.43%
人工成本	42.24%	44.77%	45.57%	49.04%	49.25%	53.04%	46.91%
土地成本	18.67%	18.82%	18.75%	17.38%	17.60%	18.06%	20.62%
其他费用	2.47%	2.08%	2.41%	2.25%	1.84%	1.72%	2.04%

表 4-22 2009~2015 年普通农户大豆（亩均）成本结构变化

成本类型	2009 年	2010 年	2011 年	2012 年	2013 年	2014 年	2015 年
种子费	7.59%	6.39%	6.17%	5.74%	5.15%	4.87%	5.15%
化肥费	12.78%	10.66%	11.96%	11.32%	9.24%	6.75%	6.29%
农家肥费	0.38%	0.28%	0.22%	0.22%	0.37%	0.33%	0.57%
农药费	3.07%	3.04%	3.09%	2.87%	2.41%	2.26%	2.18%
机械作业费	10.42%	9.77%	9.99%	8.84%	5.84%	5.54%	6.61%
排灌费	0.33%	0.25%	0.24%	0.31%	0.36%	0.39%	0.43%
畜力费	1.01%	0.82%	0.85%	0.80%	1.32%	1.01%	0.62%
人工成本	30.10%	32.56%	33.61%	36.55%	46.99%	50.54%	50.11%
土地成本	32.86%	34.78%	32.15%	31.51%	26.34%	25.98%	25.48%
其他费用	1.48%	1.44%	1.72%	1.86%	1.97%	2.34%	2.55%

第四节　21世纪以来我国粮食生产成本对价格的影响分析

一、粮食生产成本与价格的关系

从社会化大生产的视角来看，根据马克思生产价格理论和平均利润学说，"粮食生产价格"[①]的构成是粮食部门平均生产成本与全社会平均资本利润率之和，即种粮成本和合理利润水平是构成粮食生产价格的两个核心部分。成本利润[②]直接决定着农民的种粮收益和生产积极性，也是所有参与者对粮食部门的投资环境做出理性预期的依据。以此为目标对粮食生产价格进行调控，是政府刺激粮食生产、保障粮食安全的重要手段。但是，我国粮食价格的形成受到的影响因素更多。2004 年，《国务院关于进一步深化粮食流通体制改革的意见》明确提出转换粮价形成机制——粮食生产价格由市场供求形成，国家在充分发挥市场机制的基础上实施宏观调控。根据该意见，我国对小麦、稻谷取消了保护价，出台了最低收购价，即市场价格高于最低收购价时不启动，市场随行就市；市场价格低于最低收购价时，启动最低收购价。2004 年以来，国家多次启动了粮食最低收购价政策。在这种情况下，粮食成本是否会对粮食价格产生重要影响成为人们需要探讨的问题。本节利用粮食生产成本和年度价格数据，拟对成本与价格的关系进行分析。

二、粮食生产成本与价格关系的实证分析

我国谷物和大豆的产业格局差异较大，谷物价格主要根据国内供求、成本、政策决定；大豆外向度较高，大豆价格受国际供求影响较大。基于此，本节将粮食分为谷物和大豆，分别考察谷物和大豆成本与价格的关系。

---

① 粮食生产价格等于粮食按生产价格理论定价的价格，但在收购市场上，二者并不相同。

② 成本利润指代成本和利润这两个因素。

1. 模型介绍

利用传统回归分析方法进行估计和检验时，相关变量必须具备平稳的特性，否则容易产生伪回归，而对数据进行差分变换后进行回归又可能丢失长期信息。然而，经济理论往往不能为变量间动态关系提供严格的定义，加之内生变量可能同时出现在方程的左右两边，估计和推论问题变得复杂化。为解决以上问题，笔者采用 VAM 方法，来处理成本变动对农产品价格波动的影响。VAM 是由 Engle 和 Granger 将协整检验和误差修正模型（error correction model，ECM）结合起来建立的。只要一组变量之间存在协整关系，那么就一定具有误差修正模型的表达式存在。误差修正模型把表示偏离长期均衡关系的项作为解释变量放进模型中，描述了对均衡偏离的一种长期调节。这样在误差修正模型中，长期调节和短期调节就被同时考虑进去，建立在协整理论基础上的 VAM，既能反映不同经济序列间的长期信息，又能反映短期偏离长期均衡的修正机制，是长短期结合具有高度稳定性和可靠性的一种经验模型。

（1）协整检验。协整描述的是变量之间的长期稳定均衡关系，满足协整的经济变量之间在短期内有可能发生偏离，但在长期中，随着时间推移将会回到均衡位置。检验变量间协整关系的方法主要有 Engle-Granger 两步法和 Johansen 检验，前者适用于两变量之间的检验，后者主要用于多变量协整关系检验。根据需要，笔者采用 Engle-Granger 两步法。这种协整检验方法是对回归方程的残差进行单位根检验。从协整理论的思想来看，自变量和因变量之间存在协整关系。也就是说，因变量能被自变量的线性组合解释，两者之间存在稳定的均衡关系，因变量不能被自变量所解释的部分构成一个残差序列，这个残差序列应该是平稳的。

（2）误差修正模型。误差修正模型具有避免虚假回归、消除可能存在的多重共线性以及保证变量水平信息不被忽视的优点。误差修正项本身的平稳性使该模型可以用经典回归方法进行估计。

Engle 与 Granger 于 1987 年提出了著名的 Grange 表述定理（Granger representation theorem）：如果变量 X 与 Y 是协整的，则它们间的短期非均衡关系总能由一个误差修正模型表述：

$$\Delta Y_t = \beta_1 \Delta X_t - \lambda\left(Y_{t-1} - \alpha_0 - \alpha_1 X_{t-1}\right) + \varepsilon_t$$

即

$$\Delta Y_t = \mathrm{lagged}\left(\Delta Y, \Delta X\right) - \lambda \mu_{t-1} + \varepsilon_t$$

其中，$0 < \lambda < 1$；$t-1$ 是非均衡误差项或者说成是长期均衡偏差项；λ 是短期调整参数。

上式可以写成

$$\Delta Y_t = \beta_1 \Delta X_t - \lambda \mathrm{ecm} + \varepsilon_t$$

其中，ecm 表示误差修正项。由分布滞后模型

$$Y_t = \beta_0 + \beta_1 X_t + \beta_2 X_{t-1} + \mu Y_{t-1} + \varepsilon_t$$

可知，一般情况下 $|\mu| < 1$，由关系式 $\lambda = 1 - \mu$，得 $0 < \lambda < 1$，可以据此分析 ecm 的修正作用为：①若 $(t-1)$ 时刻 Y 大于其长期均衡解 $\alpha_0 + \alpha_1 X$，ecm 为正，则 $(-\lambda \mathrm{ecm})$ 为负，使得 ΔY_t 减少；②若 $(t-1)$ 时刻 Y 小于其长期均衡解 $\alpha_0 + \alpha_1 X$，ecm 为负，则 $(-\lambda \mathrm{ecm})$ 为正，使得 ΔY_t 增大。

2. 实证分析

在进行协整检验和建立误差修正模型之前，需要先对序列进行平稳性检验，如果不检验序列的平稳性，容易导致伪回归。本节采用 ADF（augmented dickey-fuller test）单位根检验的方法检验变量的平稳性。原假设为：序列至少存在一个单位根；备选假设为：不存在单位根。平稳性检验结果见表 4-23。

表 4-23　平稳性检验结果

变量	变量符号	检验类型（C, T, L）	T 值	P 值	检验结果
稻谷价格	RP	(0, 0, 2)	−4.206 40	0.000 9	不存在单位根
稻谷成本	RC	(0, 0, 2)	−3.546 90	0.002 5	不存在单位根
小麦价格	WP	(0, 0, 2)	−4.240 38	0.000 7	不存在单位根
小麦成本	WC	(0, 0, 2)	−2.946 42	0.008 9	不存在单位根
玉米价格	CP	(0, 0, 2)	−4.316 83	0.000 8	不存在单位根
玉米成本	CC	(0, 0, 2)	−2.529 83	0.017 4	不存在单位根
大豆价格	SP	(0, 0, 2)	−3.426 20	0.003 9	不存在单位根
大豆成本	SC	(0, 0, 2)	−3.929 52	0.001 2	不存在单位根

检验结果表明，反映稻谷、小麦、玉米和大豆的成本与价格的二阶差分序列均是平稳的。对于同阶单整序列可进行协整检验，来看变量是否具有长期均衡关系。

（1）稻谷。为了描述稻谷成本与其价格之间是否存在协整关系，建立如下回归方程：

$$RP_t = \beta RC_t + \mu_t, t = 2003, 2002, \cdots, 2015 \qquad （4.1）$$

估计后得到

$$RP_t = 3.88RC_t + \hat{\mu}_t \ (t = 30.61)$$

$$R^2 = 0.81 \qquad D.W = 0.55$$

对上式的残差进行单位根检验，不含常数和时间趋势，由 SIC（Schwarz information criterion，施瓦茨准则）确定滞后阶数，其结果如表 4-24 所示。

表 4-24　稻谷单位根检验结果

ADF 统计量			T 统计量	概率值（P 值）
augmented dickey-fuller test statistic			−6.429 927	0.0000
显著性水平	1% level	临界值	−2.816 740	
	5% level		−1.982 344	
	10% level		−1.601 144	

检验结果显示 $\hat{\mu}_t$ 序列在 1% 的显著性水平下拒绝原假设，因此可以确定其为平稳序列，这表明稻谷的成本和价格之间存在长期均衡的关系。从回归的结果看，在保持其他因素不变的情况下，稻谷成本每变动 1 单位，稻谷价格变动 3.88 个单位。

为了进一步考察稻谷成本和其价格之间的动态关系，通过误差修正模型进行分析，借助上节提到的 Engle 和 Granger（1981）两步法，估计结果如下：

$$RP = 865.33 + 2.89 * RC + \mu_t, t = 2003, 2002, \cdots, 2015 \quad t = (4.74) \quad (13.00)$$

$$R^2 = 0.94 \qquad D.W = 1.53$$

令 $ecm_t = \hat{\mu}_t$，得到的误差修正模型结果如下：

$$\Delta RP = -120.48 - 1.36 ecm_{t-1} + 5.45 \Delta RC + \varepsilon_t \quad t = (-1.51) \ (-5.70) \ (5.05)$$

$$R^2 = 0.80 \qquad D.W = 1.52$$

以上结果反映了短期波动的影响，ecm 的系数反映了对偏离长期均衡的调整力度，从系数的估计值（-1.36）来看，当短期波动偏离长期均衡时，将以 1.36 的调整力度将非均衡状态拉回到均衡状态。

（2）小麦。为了描述小麦成本与其价格之间是否存在协整关系，建立如下回归方程：

$$WP_t = \beta WC_t + \mu_t, t = 2003, 2002, \cdots, 2015 \qquad (4.2)$$

估计后得到

$$WP_t = 3.09WC_t + \hat{\mu}_t \ (t = 28.32)$$

$$R^2 = 0.70 \qquad D.W = 0.67$$

对上式的残差进行单位根检验，不含常数和时间趋势，由 SIC 准则确定滞后阶数，其结果如表 4-25 所示。

表 4-25　小麦单位根检验结果

ADF 统计量			T 统计量	概率值（P 值）
augmented dickey-fuller test statistic			−3.625 151	0.002 5
显著性水平	1% level	临界值	−2.847 250	
	5% level		−1.988 198	
	10% level		−1.600 140	

检验结果显示 $\hat{\mu}_t$ 序列在 1%的显著性水平下拒绝原假设，因此可以确定其为平稳序列，这表明小麦的成本和价格之间存在长期均衡的关系。从回归的结果看，在保持其他因素不变的情况下，小麦成本每变动 1 单位，价格变动 3.09 个单位。

为了进一步考察小麦成本和其价格之间的动态关系，通过误差修正模型进行分析，借助 Engle-Granger 两步法，估计结果如下。

$$WP = 621.16 + 2.13 * WC + \mu_t, t = 2003, 2002, \cdots, 2015 \quad t = (4.87) \ (10.32)$$

$$R^2 = 0.91 \qquad D.W = 1.44$$

令 $ecm_t = \hat{\mu}_t$，得到的误差修正模型结果如下。

$$\Delta WP = -79.07 - 0.91ecm_{t-1} + 0.48\Delta WC + \varepsilon_t \quad t = (2.96) \ (-5.10) \ (1.28)$$

$$R^2 = 0.76 \qquad D.W = 1.48$$

以上结果反映了短期波动的影响，ecm 的系数反映了对偏离长期均衡的调整力度，从系数的估计值（−0.91）来看，当短期波动偏离长期均衡时，将以 0.91 的调整力度将非均衡状态拉回到均衡状态。

（3）玉米。为了描述玉米成本与其价格之间是否存在协整关系，建立如下回归方程：

$$CP_t = \beta CC_t + \mu_t, t = 2003, 2002, \cdots, 2015 \qquad （4.3）$$

估计后得到

$$CP_t = 2.49CC_t + \hat{\mu}_t \quad (t = 19.99)$$

$$R^2 = 0.51 \qquad\qquad D.W = 0.21$$

对上式的残差进行单位根检验，不含常数和时间趋势，由 SIC 准则确定滞后阶数，其结果如表 4-26 所示。

表 4-26　玉米单位根检验结果

ADF 统计量			T 统计量	概率值（P 值）
augmented dickey-fuller test statistic			−4.120 951	0.000 9
显著性水平	1% level	临界值	−2.816 740	
	5% level		−1.982 344	
	10% level		−1.601 144	

检验结果显示 $\hat{\mu}_t$ 序列在 1% 的显著性水平下拒绝原假设，因此可以确定其为平稳序列，这表明玉米的成本和价格之间存在长期均衡的关系。从回归的结果看，在保持其他因素不变的情况下，玉米成本每变动 1 个单位，价格变动 2.49 个单位。

为了进一步考察玉米成本和价格之间的动态关系，通过误差修正模型进行分析，借助 Engle-Granger 两步法，估计结果如下：

$$CP = 720.84 + 1.55*CC + \mu_t, t = 2003, 2002, \cdots, 2015 \quad t = (6.46) \quad (9.87)$$

$$R^2 = 0.90 \qquad\qquad D.W = 0.68$$

令 $ecm_t = \hat{\mu}_t$，得到的误差修正模型结果为

$$\Delta CP = -123.82 - 1.07ecm_{t-1} + 3.83\Delta CC + \varepsilon_t \quad t = (-1.44) \quad (-2.15) \quad (2.69)$$

$$R^2 = 0.45 \qquad\qquad D.W = 0.83$$

以上结果反映了短期波动的影响，ecm 的系数反映了对偏离长期均衡的调整力度，从系数的估计值（-1.07）来看，当短期波动偏离长期均衡时，将以 1.07 的调整力度将非均衡状态拉回到均衡状态。

（4）大豆。为了描述大豆成本与其价格之间是否存在协整关系，建立如下回归方程：

$$SP_t = \beta SC_t + \mu_t, t = 2003, 2002, \cdots, 2015 \tag{4.4}$$

估计后得到

$$SP_t = 8.38SC_t + \hat{\mu}_t \quad (t = 16.93)$$

$$R^2 = 0.07 \qquad D.W = 0.44$$

对上式的残差进行单位根检验，不含常数和时间趋势，由 SIC 准则确定滞后阶数，其结果如表 4-27 所示。

表 4-27　玉米单位根检验结果

ADF 统计量			T 统计量	概率值（P 值）
augmented dickey-fuller test statistic			-4.527 472	0.000 4
显著性水平	1% level	临界值	-2.816 740	
	5% level		-1.982 344	
	10% level		-1.601 144	

检验结果显示 $\hat{\mu}_t$ 序列在 1%的显著性水平下拒绝原假设，因此可以确定其为平稳序列，这表明大豆的成本和价格之间存在长期均衡的关系。从回归的结果看，在保持其他因素不变的情况下，大豆成本每变动 1 个单位，价格变动 8.38 个单位。

为了进一步考察大豆成本和其价格之间的动态关系，通过误差修正模型进行分析，借助 Engle-Granger 两步法，估计结果如下：

$$SP = 1910.77 + 4.43 * SC + \mu_t, t = 2003, 2002, \cdots, 2015 \quad t = (5.41) \quad (5.70)$$

$$R^2 = 0.75 \qquad D.W = 1.55$$

令 $ecm_t = \hat{\mu}_t$，得到的误差修正模型结果如下：

$$\Delta SP = -223.93 - 0.96ecm_{t-1} + 11.64\Delta SC + \varepsilon_t \quad t = (-1.12) \quad (-3.15) \quad (2.49)$$

$$R^2 = 0.59 \qquad D.W = 1.51$$

以上结果反映了短期波动的影响，ecm 的系数反映了对偏离长期均衡的调整力度，从系数的估计值（-0.96）来看，当短期波动偏离长期均衡时，将以 0.96 的调整力度将非均衡状态拉回到均衡状态。

从实证模型分析看，粮食成本对价格的影响非常大，成本是影响价格变化的主要原因。四种粮食成本和价格之间存在长期均衡的关系。在保持其他因素不变的情况下，稻谷成本每变动 1 单位，其价格变动 3.88 个单位，当短期波动偏离长期均衡时，将以 1.36 的调整力度将非均衡状态拉回到均衡状态；小麦成本每变动 1 单位，其价格变动 3.09 个单位，当短期波动偏离长期均衡时，将以 0.91 的调整力度将非均衡状态拉回到均衡状态；玉米成本每变动 1 单位，其价格变动 2.49 个单位，当短期波动偏离长期均衡时，将以 1.07 的调整力度将非均衡状态拉回到均衡状态；大豆成本每变动 1 单位，其价格变动 8.38 个单位，当短期波动偏离长期均衡时，将以 0.96 的调整力度将非均衡状态拉回到均衡状态。

第五节　主要结论和政策建议

一、主要结论

（1）粮食生产成本快速增长。2001~2015 年，我国粮食生产成本呈波动上涨之势。除个别年份外，粮食生产成本都在增长。我国谷物亩均生产成本年均增长 8.4%。其中，稻谷生产成本最高，玉米生产成本增长最快。近几年粮食生产成本上升速度加快。2006 年以后，我国粮食生产成本增长速度有加快趋势，生产成本增长速度大大快于前些年。

（2）粮食生产成本结构变化较大。在粮食生产中，人工成本、土地成本、化肥费和机械作业费是粮食生产成本中的主要部分。其中，人工成本是粮食生产成本构成中的首要因素。土地成本是粮食生产成本增加的重要因素，化肥费、机械作业费等是粮食生产成本上升的主要因素。不同品种间生产成本构成及变化特点差别较大。

（3）成本是影响粮食价格的主要因素。实证分析显示，四种粮食成本和价格之间均存在长期均衡的关系。粮食成本变动能够明显地引起粮食价格的变动。而且从影响方向看，四种粮食成本对价格的影响都是正向的，即成本增长价格提高。

二、政策建议

（1）完善农产品价格形成机制，理顺上下游价格关系。针对不同品种，采取不同的价格调控措施。对于外向度较高、并不是主要口粮的品种坚持市场形成价格机制，坚持市场的供给、需求和产品成本决定价格，避免人为扭曲市场价格。对于小麦、稻谷等口粮品种，在制定最低收购价时要充分考虑市场供给和需求关系，避免政策过度刺激生产。

（2）加快推进机械化，降低人工成本。结合我国不同作物品种、不同区域地形地貌、农田分散零碎等特点，加大农机科研开发力度，在机械装备领域取得一批先进、适用、经济的农机突破性成果。提高水稻插秧、玉米收获环节机械化水平，力争在"十三五"期间全部粮食大县实现主粮耕种收全程机械化。针对机械化的重点领域和关键环节，加大补贴力度，提高补贴精准性。

（3）促进新型经营主体协调发展，推动"节本增效"。引导农民依法自愿有偿流转土地经营权，鼓励农民在自愿前提下以土地经营权入股合作社、龙头企业，以税收减免、贴息贷款等方式鼓励相邻土地开展联合经营，鼓励土地流转、土地托管、土地入股等多种规模经营模式。培育农民的市场意识，鼓励农民理性流转土地，避免地租"只涨不跌"行为固化。探索农户土地承包经营权依法自愿有偿退出政策。探索中央、地方以及社会资本多方筹资，组建土地整理公司，整合肥力差、地理位置偏远的土地，集中整治后低价转租给规模经营主体。

（4）大力发展绿色增产攻关，支撑"技术提效"。加快农业节水、节电、节肥、节药、节油和轻简化粮食生产技术的推广，鼓励引导农民使用高效缓控释肥、生物肥料和有机肥，集成推广全程农药减量控害技术，力争在"十三五"末实现化肥、农药使用总量零增长。稳步推进农业水价综合改革和农业用水精准补贴，继续实施农业生产用电价格支持政策，继续对农机作业、机械化灌溉等给予燃油价格补助，避免农业燃油滥用，降低粮食生产物质费用。提高农业科技研发推广能力，推进生物、工程、信息等多学科技术集成创新，加快农业绿色增产技术推广示范，降低单位产量成本。着力推进现代农业创新，加快培育高产优质、多抗广适和适应机械化、设施化的新品种，做大做强一批育繁推一体化种业企业。

（5）夯实现代农业物质基础，发展"设施稳粮"。集中资金重点建设旱涝保收、高产稳产、环境友好的高标准基本农田。加快中低产田改造，推进土地整理复垦，大力开展干支斗渠、农田排灌设施、机耕道路、农田林网、输配电设施和土壤改良等田间工程建设，提高农业防灾减灾能力。创新农业投入体制机制，优化财政支农结构，完善农业补贴机制，转变投融资方式，加大农业基础设施建设力度，改善生产基础条件，提高土地产出率，有效降低农业单位产量生产成本。

参 考 文 献

范成方. 2014. 山东省粮食种植效益研究[D]. 山东农业大学博士学位论文.

付恭华. 2014. 中国粮食生产的多维成本研究[D]. 中国农业大学博士学位论文.

郭其友，万大艳. 2013. 基于 VAR 模型下粮食价格、农业生产成本与农民收入的实证研究[J]. 财经理论与实践，34（6）：87-91.

蓝海涛，姜长云. 2009. 经济周期背景下中国粮食生产成本的变动及趋势[J]. 中国农村经济，6：4-12.

罗圣华，张嵎喆. 2013. 我国农产品价格调控机制研究综述[J]. 江西农业大学学报（社会科学版），12（1）：77-84.

田新建. 2005. 中国粮食生产成本书[D]. 中国农业大学博士学位论文.

王士海. 2011. 中国粮食价格调控政策的经济效应——基于政策工具有效性的分析[D]. 中国农业科学院博士学位论文.

第　五　章

国内粮食市场经营主体变化对
国内粮食市场价格的影响

只有采取多元化的流通渠道战略才能有效地提高农产品流通效率，才能发现真实的市场价格（石磊，2005）。而粮食市场流通主体的构成是构建多元化粮食流通渠道的关键所在。1949 年以来，随着我国粮食流通体制的变迁，粮食市场经营主体结构也几经变化，决定了我国不同时期粮食流通渠道的变化。本章首先回顾了 1949 年以来不同阶段我国粮食市场流通主体的变化，然后以小麦市场为例，分析以国有企业经营行为对市场价格的影响程度，最后得出结论并提出相关的政策建议。

第一节　1949 年以来我国粮食市场经营主体的变迁

我国粮食流通体制变革大致可以分为改革开放前和改革开放后两个阶段。

一、改革开放前：由自由购销到统购统销

中华人民共和国刚刚成立的时候，由于公有制经济市场力量有限，我国

在 1949~1952 年曾有过一段粮食的自由贸易，价格基本由市场供求决定，这时候国家发布的牌价仅是衡量市场平稳的政策尺度。这一时期是我国粮食市场经营主体多元化发展十分充分的阶段，既有个体、私营粮商，也有国营商业，其中私营经济所占比重较大（表 5-1、表 5-2）。

表 5-1　1950 年全国各种粮食流通组织经营比重

类型	国营商业	供销合作社	私营商业	国家资本主义合作商业
收购	23%	0	77%	0
销售	20%	0	80%	0

表 5-2　1950~1952 年国有粮食企业市场份额

年份	市场交易量/万吨	国有粮食企业销售量/万吨	私营和农民销售量/万吨	国营粮食销售份额
1950	1 470	465	1 005	31.6%
1951	2 160	845	1 315	39.1%
1952	2 500	1 025	1 425	43.0%

资料来源：狄强（2010）

因为粮食供给短缺和私商囤积居奇，市场粮价大幅波动，为了稳定市场，更为了集中全国有限的粮食资源支持工业化建设，1953 年 10 月，中央发布实行统购统销的决定，将粮食统一归由国家收购和销售。在流通组织方面，国家通过引导和强制的手段，将一部分私营粮商纳入国营粮食商业经销、代销的轨道，从而形成了国营粮食商业的单一渠道和独家经营局面（图 5-1）。所有私人粮商、私营粮食加工厂一律不许私自经营粮食或自购原料、自销产品，但可在国家严格监督和管理下，由粮食部门委托代理销售粮食或从事粮食加工。这一时期，我国粮食价格体系中只有统购价、统销价和超购价，市场价格力量被最大限度地压制，不能反映正常的市场供求关系变动，从而割断了生产和消费之间的直接联系。

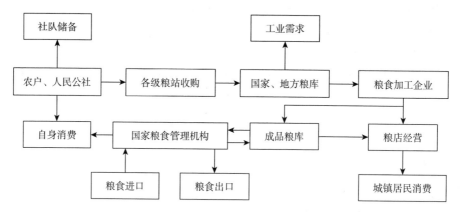

图 5-1 统购统销时期的我国粮食流通体系

二、改革开放后：粮食市场化改革的反复实践

（1）粮食市场化改革的探索（1979~1983 年）。党的十一届三中全会后，政府对粮食价格进行了一定程度的改革，虽未触及统购统销制度，但却给了市场经济发展的空间。实行家庭联产承包责任制后，国家对农民余粮的控制有所下降，自由市场在小范围内开始逐渐活跃。1983 年，中共中央印发《当前农村经济政策的若干问题》，又明确规定"对农民完成统派购任务后的产品（包括粮食，不包括棉花）和非统购派购产品，应当允许多渠道经营"，这是我国粮食流通体制改革中部分放开经营的一个突破性和标志性进展（卢峰，2004）。各地粮食集市贸易逐渐恢复，成交量由1978 年的 250 万吨上升到 1984 年的 835 万吨。但是，粮食商品的特殊性决定了国有粮食部门依然是粮食流通组织的主体和核心，市场化的自由流通渠道只是一种有益的补充。1984 年，我国粮食产量为 40 731 万吨，按照32%的商品率计算（吴硕，1985），商品量约为 13 033 万吨，而国有企业的收购量约占商品量的 85%。

（2）价格双轨制过渡（1984~1990 年）。1985 年 1 月 1 日，中共中央、国务院在《关于进一步活跃农村经济的十项政策》中宣布，取消粮食统购，改为合同定购，同时改变超购加价政策为"倒三七"比例计价（三成为原统购价，七成为原超购价），至此实行长达三十余年的粮食统购制度被取消了。1986 年，国家正式出台了粮食定购和议购的"双轨制"的改革措施。

这段时期粮食收购体系的主渠道仍然是国家控制下的由各级国有粮食企业和管理机构组成的国有收购体系。有关数据显示，直到 1987 年，国有性质的粮食收购企业、供销合作社以及粮食加工企业的粮食收购量仍然占全年粮食总收购量的 70% 以上（高小蒙，1992）。特别是在统销体制还未做变革的情况下，国家制定的粮食价格和收购数量应对农民的种粮行为起导向作用。虽然粮食可以通过市场进行自由交易，但是这一时期并不存在严格意义上的粮食大市场。

（3）市场化改革尝试（1991~1993 年）。1991 年国家以粮食统销制度作为突破口开始全面市场化改革尝试，国务院大幅度提高粮油统销价格，同时进一步压缩平价粮销售。到 1993 年 10 月中旬，已有 95% 左右的县市宣布放开粮食经营和价格，取消了国家对粮食的定购价格，粮食购销价格完全由市场形成。与此同时，国务院在《关于加快粮食流通体制改革的通知》中正式提出："允许和支持多种经济成分、多流通渠道参与市场粮油经营。"这一政策促进了粮食市场经营主体的多元化，使国有企业收购渠道在粮食收购中的地位有所下降。全国国有粮食企业粮食收购量占粮食商品量的比重从 1991 年的 65% 下降至 1993 年的 48%。从品种看，玉米和大豆市场收购环节放开的速度较快，国有企业收购量占商品量的比重分别由 62% 和 80% 下降至 37% 和 51%。

（4）市场化改革调整（1994~1999 年）。1993 年底，我国粮食市场价格出现大幅度上涨，使刚有一些成果的市场化改革严重受挫，"保量放价"政策也没能实行。1994 年 5 月，国务院发布了《关于深化粮食购销体制改革的通知》，强调国有粮食部门必须收购社会商品粮的 70% 以上，并且规定从粮食收购到批发由国有粮食部门统一经营，非国有粮食收储企业到农村收购小麦、稻谷、玉米，原则上是不被允许的。由于国家过于强调国有粮食企业的主渠道作用，民营粮食企业发展缓慢，一般都是规模很小的粮食收购商，以个人为主体的"粮贩子"所占的比例非常高。有关数据显示，虽然国家要求国有粮食部门必须收购社会商品粮的 70% 以上，但实际上 1994~1997 年很少有一年能够达到这一目标。1998 年 5 月，国务院下发了《关于进一步深化粮食流通体制改革的决定》，该决定严令禁止私商和其他私营粮食企业直接到农村收购粮食，粮食加工和饲料企业必须到国有粮食购销企业购买原料或者委托其代为收购。这一政策的实施使 1999 年国有企业粮食收购量占商品量的比重再度上升至 50%以上，小麦和玉米的占比升至 60%和 70%以上。

三、21 世纪以来我国粮食市场经营主体的新特点

2000 年国务院对严格执行的粮食收购政策进行了部分松动，允许省级工商行政管理部门审核批准的粮食经营企业可以直接到农村收粮，并且允许经过批准的大型用粮企业可以跨区到主产区直接收购。2004 年中央"一号文件"明确提出全面放开粮食收购和销售市场，全面取消了粮食定购任务，实行购销多渠道经营，粮食购销价格由市场决定。粮食市场经营主体由单一的、处于垄断地位的国有粮食系统，向国有、民营、外资等多种所有制经济主体转变，逐渐呈现多元化的发展趋势。

1. 国有及国有控股粮食企业数量大幅减少

粮食市场全面放开以来，国有粮食系统出现了分化，一部分改制成为非国有企业，国有或国有控股企业数量逐渐下降。从整个粮食收购市场的结构来看，国有及国有控股企业所占比例逐渐下降，由 2004 年的 49%降至 2010 年的 35%，而其他经批准具有入市资格的企业占比由 50%升至 65%。2012 年，在所有粮食收购者中，国有及国有控股企业有 15 647 家，占全部的 19%；个体工商户、民营企业以及外商投资企业等其他多元市场主体有 66 843 家，占全部的 81%。其中，内蒙古、湖南、四川等省（区）的其他市场主体的比重超过了九成。

2. 国有企业粮食收购量占比总体呈下降趋势

粮食市场开放以后，国有粮食企业在激烈的市场竞争压力下，虽然开始改变经营作风，采取订单收购和进村上门收购的方式，但是绝大部分粮食还是通过当地小粮商、小粮贩收粮，各品种粮食收购量占当年商品粮的比重也呈现下降趋势。从粮食总量上看，国有企业收购量占粮食商品量的比重由 2001 年的 58%降至 2015 年的 47%。分品种看，小麦和大豆的国有企业收购量占比下降较为明显，分别由 94%和 29%降至 44%和 12%。稻谷和玉米国有企业收购量呈现先降后增的趋势，其中稻谷由 2001 年的 48%降至 2010 年 22%，之后逐渐上升至 2015 年的 34%；玉米由 2001 年的 67%降至 2011 年的

19%，之后上升至 2015 年的 68%（图 5-2）。

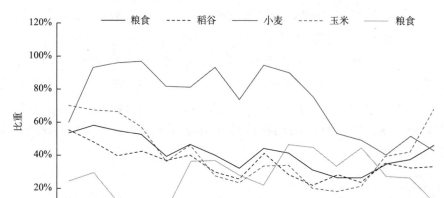

图 5-2　国有企业粮食收购量占商品量比重
资料来源：《中国粮食发展报告》

3. 各类型非国有粮食企业不断壮大

全面实行粮食市场化改革后，凡取得经营资格的企业都可以参与粮食收购和经营。多元主体具有人员少、包袱轻、机动灵活的特点，其在收购市场上所占比重继续增加，彻底打破了国有粮食企业"垄断"市场的局面，成为粮油市场的重要组成部分。从中央粮食行政部门的视角来看，粮食的收储要比加工重要，在改革过程中把前者称为国有粮食部门的主营业务，把后者称为附营业务。对于从事主营业务的收储企业国家抓得比较紧，而对于从事附营业务的加工企业却放得比较开，民营化程度比较深。据国家粮食局统计，重点非国有企业粮食收购量占商品量的比重由 2005 年的 17% 增至 2012 年的 23%，其中稻谷和小麦增长最为迅速，分别由 13% 和 19% 增至 30% 和 25%。

4. 粮食经纪人在农户收购环节上占有重要地位

国家粮食局于 2014 年针对粮食经纪人的专项调查表明，粮食经纪人的收购量约占粮食收购总量的 70%。在粮食主产区，经纪人收购量占比则一般高于70%。例如，河南省小麦经纪人收购比例达到85%；吉林省公主岭市玉米经纪人收购比例高达95%。而在贫困缺粮地区，由于本地生产的粮食商品率低，粮食经纪人的收购量较少，如甘肃省粮食经纪人收购比例仅为38%。合作社、订单农业、农民集贸市场等模式占收购量的30%左右。2016年，国家粮食局出台《粮食收购资格审核管理办法》，明确规定农民、粮食经纪人、农贸市场粮食交易者等个体，今后从事粮食收购活动，不用再办理粮食收购资格，施行了十多年的粮食收购许可证制度被废止，这有利于促进粮食经纪人队伍的壮大。

第二节　我国粮食储备制度的现状和问题

自中华人民共和国成立以来，我国粮食储备制度变迁经历了1949~1952年自由购销时期的粮食储备制度到统购统销时期国家垄断的粮食储备制度，再到1990年建立的粮食专项储备制度，粮食储备体系和管理制度日益完善。目前，我国粮食储备实行中央储备粮垂直管理，地方储备粮 "省级—市级—县级" 分级管理的制度。

一、我国粮食储备制度的现状

1. 中央储备粮垂直管理制度

1990年，为解决粮食增产丰收引起的卖难问题，我国建立了粮食专项储备制度，成立了国家粮食储备局，专门负责粮食储备管理工作。国家粮食专项储备的职能主要是调节全国粮食供求总量，稳定粮食市场，以及应对重大自然灾害或者其他突发事件等情况，粮食储备包括常规性储备和战略性储备。1998年，国务院《关于进一步深化粮食流通体制改革的决定》（国发〔1998〕15号）明确提出："中央储备粮实行垂直管理体制。"2000年，我国组建了中储粮总公司，承担原由国家粮食储备局承担的中央储备粮调运、轮换、仓储管理和进出口等职能。中储粮总公司在国家宏观调控和监督管理下，自主经营、自负盈亏。中储粮总公司在粮食主产区和主销区组建分公司，对分公司进行垂直管理，分公司下设直属库以及委托地方粮食企业代储中央储备粮。自此，我国中央储备粮垂直管理体系初步形成。此后，为进一步加强和改善国家粮食宏观调控，我国通过扩大中央储备粮规模，按照中央和省级政府粮食事权划分，健全和完善中央和省级粮食储备制度和调控机制，逐步完善了中央储备粮管理体系。自 2004 年开始，中储粮总公司受国务院委托对粮食主产区稻谷实行保护价收购政策，2006 年和 2008 年开始分别执行小麦保护价收购和玉米临时收储政策，中央储备粮的功能拓展到保护粮农利益、解决卖粮难问题上，粮食储备扩展至政策性储备。到 2013 年底，中储粮总公司在全国设立了 24 个分公司，人员、机构和业务覆盖全国 31 个省、自治区、直辖市，总公司所属的直属库达 338 个。中储粮总公司利用直属库存储中央储备粮，还委托部分地方粮库和社会仓库代储中央储备粮（图 5-3）。

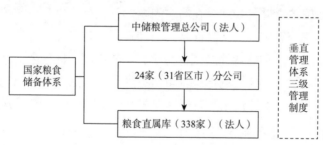

图 5-3　国家粮食专项储备体系

2. 地方粮食储备分级管理制度

地方储备是地方政府用于调节本地区粮食供求，稳定市场以及应对区域性重大自然灾害或突发事件的粮食和食用油储备，粮权归各级地方政府。我国地方粮食储备包含省、市、县三级储备。1994 年国务院《关于深化粮食购销体制改革的通知》首次提出"省长负责制"，1998 年国家实行以"四分开一完善"为重点的粮食流通体制改革，为进一步落实粮食省长负责制，切实加强国家粮食宏观调控，各省建立了省级粮食储备，并制定了《省级储备粮管理条例》。市县政府根据《省级储备粮管理条例》，制定了相应的管理办法。从 1999 年开始，中央财政对各省（自治区、直辖市）实行了粮食风险基金包干。粮食风险基金由中央和地方政府共同筹资建立，用于支付省级储备粮油的利息、费用补贴、陈化粮的挂账利息开支以及国有粮食购销企业分流人员的补助等（图5-4）。

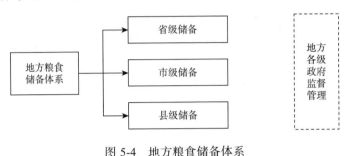

图 5-4　地方粮食储备体系

二、我国粮食储备制度存在的主要问题

当前，我国粮食储备管理存在诸多问题，首先是中央和地方粮食两种储备制度的衔接和协调管理问题；其次是两种储备制度各自存在的特有问题，如中央储备粮政策性职能和商业性经营行为交织、政策性收储效率递减，地方储备粮布局不合理、国有粮食收购部门竞争力下降等；最后是共性问题，如储备粮品质和结构、基础设施建设以及监管等问题。以下针对两种制度分别说明。

1. 中央粮食储备制度存在的问题

（1）政策性储备职能和商业性经营行为交织。作为中央储备粮收储执行主体，中储粮总公司及直属库具有国家常规性粮食收储、政策性粮食收储等职能，政策性职能十分突出。但在实际经营中，中储粮总公司还从事粮食流通、进出口贸易等经营性业务，并接受国资委的统一监督管理和利润考核，其中针对中储粮总公司的绩效考核指标不仅包括储备粮宜存率、轮换完成情况等政策性职能考核，还包括与其他大型中央企业相同的利润增值等经营性业务指标的考核。在政策性职能和商业性经营行为相互交织的管理机制下，企业经营陷入两难境地。侧重政策性职能，则绩效考核处于劣势，影响企业经营积极性；侧重经营性职能，会影响政策性职能的履行，同时企业面临较大的经营风险，也极易滋生腐败等问题。

（2）储备粮品质与结构亟待优化。目前，我国的粮食储备数量大大高于国际公认的库存消费比 17%~18%的粮食安全线，粮食供应保障程度高。但储备粮品质与结构尚待进一步优化。一是储备粮品质不高。为了满足庞大的粮食收储需求，中储粮总公司的基层单位对粮食入口环节的掌控较松。近几年来数次出现储备粮质量问题。2012 年 6 月，根据中储粮总公司河南分公司质检中心的第一报告期品质检测，中央储备粮不合格率高达 22.24%。二是储备粮品种品质结构不合理。国内平衡有余、轮换经营困难的稻谷比例偏大，小麦特别是专用优质小麦的比例不高，不能够满足市场需求。

（3）储备粮监管机制尚不完善。我国目前中央直属储备库管理的储备粮只有 30%左右，70%左右的储备粮都由地方储备管理。由于中央储备粮实行垂直管理制度，既不受工商、税务、卫生等部门的监管，也不受地方粮食局监管，因此，直属库的监管主要以内部监管为主。当监管不力时，就容易出现截留、挪用政策性储备粮的财政补贴、"转圈粮"、以旧顶新、擅自更改入库成本等违规、违法事件。2012~2013 年，中储粮河南分公司、漯河直属库等单位因监管不到位，存储在承储库点的粮食发生短库、质价不符等问题，造成高达 7.85 亿元的巨额损失，同时也形成了粮食安全隐患。

（4）储备经营成本不断上升。随着我国粮食储备规模的不断扩大，储备经营的成本持续上升。一是储备粮保管、轮换成本不断上升。储备粮经营成本持续上升主要是因为：随着我国人均收入水平提升、消费结构升级，百姓更多地选择购买优质新粮，陈粮消费市场日渐萎缩，轮换周期大大缩短；另外，随着我国工业化、城镇化进程加快，劳动力、水电、铁路运输等成本逐年上涨，粮食轮换出库成本不断增加。二是企业管护、扩容资金成本较高。1998 年以来，中央财政共投入国债资金343 亿元，先后分三批在全国建设了 1 130 个中央储备粮库，形成了 5 565 万吨的仓容，极大地充实了我国粮食储备基础设施。但后期管护维修等需要不断投入，直属库扩容所需的土地征用资金、员工工资等支出也在不断增加。

（5）托市收储效率逐年下降。在全球经济下滑、粮食价格下行以及国内生产成本刚性上涨背景下，我国政策性收购规模连续增大，但收储效率日益下降。主要表现为三个方面：一是政策性储备粮规模不断增加，库容压力和财政负担均显著增加。二是托市收购的粮食价格连年提高，影响了市场机制的正常发挥，导致粮价扭曲、缺乏弹性，陷入国内粮食连年增产、收储大量增加，同时进口数量激增的"怪圈"。三是粮食顺价销售困难，国有粮食企业库存承受巨大压力。以玉米为例，2012~2014 年，国家实际收购的临时存储玉米累计超过 1.8 亿吨，结余量超过 1.5 亿吨。由于拍卖底价较高，在消费低迷、企业经营困难的情况下，加工企业难以接受，大量库存积压使各地库存爆满、仓容紧张。东北产区许多地方出现了收不进、掉不动、销不出、储不下的局面。

2. 地方粮食储备制度存在的问题

（1）中央与地方储备协调机制不健全。根据《国务院关于进一步深化粮食流通体制改革的意见》（国发〔2004〕17 号）文件，我国地方储备量要保持三个月销量，销区保持六个月销量，目的是确保区域内粮食供给安全、市场稳定。但在实际执行中，地方储备粮调节机制往往与既定目标不一致。市场粮食供不应求、价格上涨时，地方政府优先增加地方储备，而供过于求、价格下跌时，优先增加中央储备粮。这种机制形成的根源，既与"米袋子"省长负责制有关，也与中央和地方在粮食储备上的职能分割与相互独立直接相关。

（2）地方粮食储备布局不合理。一方面，从产销区分布来看，目前我国的政府储备粮主要分布在粮食主产区，约占全国粮食储备的 72%。受地理位置和交通制约，省际粮食调剂运输压力较大，特别是在粮食短缺时，强化了卖方市场。另一方面，从省内储备库及委托代储点来看，存在储备库点区域间分布不合理，区域内过于集中的问题。例如，我国个别省地方储备规模只有 30 亿斤左右，承储库点却超过 1 000 家，直接影响调控效果。2012 年四川省承储的中央储备粮规模和地方储备规模相当，但地方储备企业数量是中央储备（含代储企业）的 4.4 倍。全省 32 个县的县级储备粮承储企业超过（含）2 家，其中 8 个县的县级储备承储企业超过（含）3 家。基层储备点布局密度大，不仅导致储备成本增加，还引发了集中收购时期的收粮难、收购价格盲目上涨等现象。

（3）国有粮食收购企业竞争力不强。一方面，现阶段，我国国有粮食购销企业改革仍不彻底。国有粮食购销企业改革的分流人员中的相当一部分进入了地方粮食储备体系，企业人员负担重。由于规模有限，加之经营能力、抗风险能力不足，缺乏市场竞争力，多数企业只有地方储备业务，自营业务量很小，企业负担极重，需要依靠补贴来维持正常运营。另一方面，随着流通体制改革的不断深化，粮食经纪人、加工企业等流通主体，在收购市场的活跃程度远高于国有粮食购销企业，加剧了收购市场的竞争程度。国有粮油公司粮食收购量逐年下降，使地方储备规模难以达标。2013 年小麦、稻谷、玉米等的国家政策性粮食托市收购量约占全社会粮食商品粮总量的16%，国有企业通过轮库等方式收购中央储备粮约占全社会粮食商品粮总量的 20%。两项加总，国有粮食部门收储的粮食仅占全部粮食商品量的36.0%。据四川省中江县凯江粮油公司反映，2007 年以前，国营粮油企业收购的粮食占当地的 60%~70%，近几年国营粮油企业收购的粮食占比有所下降，不足30%。

（4）地方粮食储备基础设施建设不足。地方粮食储备通常集中在产粮大省、产粮大县，这些县通常又都是财政穷县。由于储备库点较多，省地市级财政资金有限，粮库基础设施建设投入不足问题异常突出，仓库老化较为严重。据统计，2012 年全国"危仓老库"仓容达 1 794 亿斤，占总仓容的1/3。据 2012 年四川省"危仓老库"专项调查资料，被调查的 555 户粮食仓储企业中，需大修仓容 450.79 万吨，占总仓容的 29.9%；待报废仓容 163.5万吨，占总仓容的 10.9%；1998 年以前建设的仓库仓容为839.3 万吨，占全省的 2/3。另外，与中央粮食储备管理体系相似，地方粮食储备也存在监管不力、粮食储备数量与品种结构不合理、储备成本上升等问题。

第三节 粮食收购市场主体行为对粮食价格影响的实证分析

从 2004 年开始，我国全面放开了粮食收购和销售市场，一般情况下，粮食购销价格完全由市场决定，当前国有企业粮食收购量占粮食商品量的比例已降至较低水平。但由于最低收购价、临时收储等政策的实施，国有粮食企业的收购行为对国内粮食市场的价格形成依然有较为明显的影响。以小麦为例，2006 年国家正式出台小麦最低收购价政策，当年中储粮总公司系统在六个小麦主产区进行的托市收购总量达到 4 094 万吨，占当年小麦商品量的比重达 69%。2007 年以后，虽然小麦托市收购量占商品量的比重逐年下降，2013 年达到最低点 8.39%，但其他年份这一比例依然达到 20% 以上（表 5-3）。实行最低收购价政策以来，每年小麦刚上市时的价格低谷期得以大幅缩短，国有企业的托市收购行为也成了社会各主体收购小麦的风向标。"新麦上市价格低迷—市场主体观望—托市收购启动—新麦价格上升—市场主体入市竞争粮源—陈麦价格上升"成为每年夏收市场上的一般规律。

表 5-3　2006 年以来中国小麦产量及收购量比较

项目	当年产量/万吨	全社会收购量/万吨	商品率	当年商品量/万吨	托市收购量/万吨	全社会收购量占当年商品量	托市收购量占当年商品量
2006 年	10 847		54.70%	5 933	4 094		69.0%
2007 年	10 930	4 242.4	58.60%	6 405	2 894.9	66.2%	45.2%
2008 年	11 246	5 866.6	63.10%	7 096	4 202.8	82.7%	59.2%
2009 年	11 512	6 015.7	65.81%	7 576	4 004.2	79.4%	52.9%
2010 年	11 518	5 191.1	70.43%	8 112	2 240.9	64.0%	27.6%
2011 年	11 740	5 731.6	73.90%	8 676		66.1%	
2012 年	12 102	5 762.5	81.54%	9 868	2 335	58.4%	23.7%
2013 年	12 172	5 450	82.18%	10 003	837.15	54.5%	8.4%
2014 年	12 540	7 363	88.15%	11 054	2 535	66.6%	22.9%

注：各年商品量数据由全国成本收益年鉴小麦商品率与当年产量相乘计算而得；2011 年未启动托市收购

国内已有不少学者对最低收购价的托市作用给予了肯定，一些实证分析也表明托市政策在一定程度上提高了主产区的粮食价格。但由于基础数据来源的限制，已有的分析对国有企业托市收购行为对粮食市场价格的影响缺乏定量的研究，这也是本文分析研究的重要意义所在。

一、理论模型与数据说明

用传统回归分析方法进行估计和检验时要求相关变量必须具备平稳性，否则容易产生伪回归，而对数据进行差分变换后进行回归又可能丢失长期信息；结构模型建立方法可利用经济理论来描述变量之间的关系，但经济理论往往不能为变量间动态关系提供严格的定义，加之内生变量可能同时出现在方程的左右两边，会使估计和推论问题变得复杂化。为解决以上这些问题，首先要对小麦收购量和价格进行平稳性检验和协整检验，采用 VAR 模型来分析小麦收购量对小麦价格波动贡献的问题，然后根据 VAR 模型所得经验模型，结合协整检验结果与农业经济理论分析，在考虑不同年份小麦收购价随机变化的情况下，构建混合效应模型，既反映不同年份的差异，又反映小麦收购市场的一般规律。

1. 混合效应模型

混合效应模型是为了解决在观测对象存在系统结构的情况下，分析因变量 y 与自变量 x 之间的线性回归关系中遇到的组内相关问题提出。它含有固定效应（fixed effects）和随机效应（random effects）两个部分，可以看作随机效应模型和固定效应模型的组合体。其中，固定效应是一个群体概念，代表了一个分布的信息或特征，对于固定效应，我们所做的推断仅限于几个固定的（未知的）参数。这就体现了经典的频率派的思想——任何样本都来源于一个无限的群体。同时，引入随机效应就可以使个体观测之间具有一定的相关性，就可以用来拟合非独立观测的数据。混合效应模型既可以检验样本群体的显著性，也可以提取样本之间的差异。混合效应模型的一般形式为

$$Y_{ij} = X'_{ij}\boldsymbol{\beta} + b_i + e_{ij}　（5.1）$$

其中，Y_{ij} 表示第 i 个个体在第 j 时刻的被解释变量的取值；模型中等号右边部分由三部分组成，即固定效应部分、随机效应部分和残差项，其中 $X'_{ij}\boldsymbol{\beta}$ 表示固定效应部分，也就是被解释变量的总体平均水平；b_i 表示随机效应，也就是每个个体不同于总体平均水平的部分，e_{ij} 表示残差项，如测量误差、抽样误差等。该模型也可以写成向量或矩阵形式：

$$Y_i = \boldsymbol{X'_i\beta} + z_i\boldsymbol{b}_i + e_i　（5.2）$$

简单来说，就是把每个个体的多次测量结果写成一个矩阵或向量，因此式（5.2）中没有了 j，这样写可以对用 SA 统计软件进行运算的时候带来方便。在这里 $\boldsymbol{X}_i$ 是固定效应协变量的 $(n_i \times p)$ 一个矩阵，$\boldsymbol{\beta}$ 是一个 $(p \times 1)$ 固定效应的向量，z_i 是随机效应协变量的 $(n_i \times q)$ 一个矩阵，$\boldsymbol{b}_i$ 是随机效应的 $(q \times 1)$ 的向量。

2. 数据说明

每年我国小麦托市收购执行预案的颁布时间一般是在 5 月上旬或中旬，新麦上市后，六个执行最低收购购价政策的小麦主产省根据各地新麦开秤价格水平，选择是否启动或何时启动托市收购，执行时间一般为 5 月底到 9 月底。为集中考察夏粮收购时期国有企业托市收购行为对小麦价格的影响，同时避免小样本产生的偏差，我们采用周度数据，时间为 2008 年 6 月至 9 月~2014 年 6 月至 9 月。具体的数据指标包括：中储粮总公司系统累计托市收购量（X_1）[1]，新麦国有粮食企业收购价格（Y_1）、新麦私商粮贩收购价格（Y_2）和陈麦批发市场价格（Y_3）。其中，中储粮总公司系统累计托市收购量（X_1）来源于国家粮食局网站，新麦价格来自农业部每年对新麦收购市场的监测信息，陈麦价格来自郑州粮食批发市场。

二、模型估计结果

1. 平稳性检验

为避免使用非平稳的时间序列数据而导致"伪回归"，应对数据进行平稳性检验。本文运用 SAS9.2 软件，采用 Dickey 和 Fuller（1981）提出的 ADF 方法进行单位根检验，原假设为变量存在单位根。结果显示（表 5-4）：Y_1、Y_2 是带截距项和趋势项的平稳序列；Y_3 是一阶单整的非平稳序列；X_1 是带截距项不带趋势项的平稳序列。

表 5-4　单位根检验结果

变量	截距	时间趋势	滞后阶数	ADF 值	5%临界值	10%临界值
X_1	无	无	0	−4.22***	−3.45	−3.15
Y_1	有	有	0	−4.60***	−3.45	−3.15
Y_2	有	有	0	−3.46**	−3.45	−3.15
Y_3	有	有	1	−8.33***	−2.89	−2.58

*表示在 10%的显著水平下拒绝单位根检验，**表示在 5%的显著水平下拒绝单位根检验，***表示在 1%的显著水平下拒绝单位根检验

---

[1]　国家粮食局公布的是每五天的累计托市收购量，而价格数据是每周的，为保证两种数据的协调性，笔者将先计算每五天的新增托市收购量，然后进行简单的算术平均，计算出每天的托市收购量，最后结合价格数据的时间点进行加总，计算出每周累计托市收购量。

2. 协整分析和误差修正模型

笔者采用 Johansen 检验方法来检验变量间的协整关系。结果显示（表 5-5）：白麦国企收购价（Y_1）与中储粮总公司系统累计托市收购量（X_1）有协整关系；白麦私商收购价（Y_2）与白麦国企收购价（Y_1）和中储粮总公司系统累计托市收购量（X_1）有协整关系；陈麦（普麦）批发价（Y_3）的一阶差分［$D(Y_3)$］与中储粮总公司系统累计托市收购量（X_1）和白麦国企收购价（Y_1）有协整关系。因此在后续分析时，确定 X_1 为 Y_1 的自变量，X_1 和 Y_1 为 Y_2 的自变量，X_1 和 Y_1 为 Y_3 的自变量。

表 5-5　各变量之间的协整检验

Y_1 与 X_1 的协整检验结果

假设协整个数	特征值	迹统计量	0.05 临界值	概率 Prob.**
$r \leqslant 0^*$	0.152 240	29.986 36	25.872 11	0.014 5
$r \leqslant 1^*$	0.115 890	12.810 02	12.517 98	0.044 7

Y_2 与 X_1 和 Y_1 的协整估计结果

假设协整个数	特征值	迹统计量	0.05 临界值	概率 Prob.**
$r \leqslant 0^*$	0.145 847	38.768 82	35.010 90	0.018 9
$r \leqslant 1^*$	0.133 152	22.846 70	18.397 71	0.011 1
$r \leqslant 2^*$	0.079 938	8.414 698	3.841 466	0.003 7

$D(Y_3)$ 与 X_1 和 Y_1 的协整估计结果

假设协整个数	特征值	迹统计量	0.05 临界值	概率 Prob.**
$r \leqslant 0^*$	0.230 807	44.170 12	35.010 90	0.004 1
$r \leqslant 1^*$	0.162 641	22.389 79	18.397 71	0.013 1
$r \leqslant 2^*$	0.088 127	7.657 129	3.841 466	0.005 7

通过对变量进行协整分析可以发现变量之间的长期均衡关系，但是无法得知这些变量的短期动态关系，误差修正模型可以解决这个问题。根据 Granger 定理，一组具有协整关系的变量具有误差修正模型的形式，因此在协整检验的基础上建立误差修正模型，进一步研究各解释变量的滞后期对被解释变量的影响，得到结果见附表 5-1 和附表 5-2。令当期为 t，则前一天为

$t-1$，结合表 5-5 和附表 5-1 和附表 5-2 可知：①累计托市收购量 $\left(X_1^t\right)$ 受其滞后一期（已完成托市收购量 X_1^{t-1}）影响显著，白麦国企收购价 $\left(Y_1^t\right)$ 与累计托市收购量 $\left(X_1^t\right)$ 存在经济学和统计学意义上的因果关系，但受累计托市收购量滞后一期 $\left(X_1^{t-1}\right)$ 的直接影响不显著；②白麦私商收购价 $\left(Y_2^t\right)$ 受其滞后期影响显著，且与累计托市收购量 $\left(X_1^t\right)$ 存在经济学和统计学意义上的因果关系；③陈麦（普麦）批发价 $\left(Y_3^t\right)$ 与累计托市收购量 $\left(X_1^t\right)$ 和白麦国企收购价 $\left(Y_1^t\right)$ 存在经济学和统计学意义上的因果关系，并受其滞后一期 $\left(Y_3^{t-1}\right)$ 的影响显著，受白麦国企收购价的滞后一期 $\left(Y_1^{t-1}\right)$ 对 Y_3 的直接影响不太明显。

3. 混合效应模型

根据前面的分析结果，分别选择白麦国企收购价（Y_1）、白麦私商收购价（Y_2）、陈麦（普麦）批发价（Y_3）作为被解释变量，分别构建混合效应模型并进行估计，将白麦国企收购价（Y_1）、白麦私商收购价（Y_2）、陈麦（普麦）批发价（Y_3）在时间上的差异设置为随机截距项进行分析，所得结果汇总如下。依据 AIC（赤池信息准则，Akaike information criterion）、BIC（贝叶斯信息准则，Bayesian information criterion）和似然比检验结果可知，最终模型效果均较好，可以充分反映数据中的信息。

（1）白麦国企收购价。从前面初步分析结果可知，白麦国企收购价（Y_1）的影响因素有累计托市收购量（X_1），上一期白麦国企收购价及已完成托市收购量（X_2），经过变量选择，确定最终混合效应模型（详细结果见附表 5-3）：

$$Y_1 = \left(95.6683 + b_0\right) + 0.0009 \times X_1 + \varepsilon$$

因此模型中的变量都是同一期观测值，故不需标记时间 t。从固定效应估计结果可知：累计托市收购量（X_1）每增加 1 万吨，白麦国企收购价（Y_1）就上涨 0.02 元/吨。

从随机效应 b_0 的估计结果可知：模型中截距项具有显著的随机效应，且呈逐年递增的趋势，说明每年白麦国企收购价（Y_1）的基准水平不同，逐年递增，这可能是小麦最低收购价逐年递增所致，同时也受当年小麦产量等方面因素影响。

（2）白麦私企收购价。从前面分析结果可知，白麦私商收购价$\left(Y_2^t\right)$的影响因素有累计托市收购量$\left(X_1\right)$，上一周白麦私商收购价$\left(X_1^t\right)$，上一周完成的托市收购量$\left(X_1^{t-1}\right)$和白麦国企收购价$\left(Y_1^t\right)$。经过变量选择，确定最终混合效应模型（详细结果见附表5-4）：

$$Y_2^t = \left(0.255\,0 + b_0\right) + 0.000\,23 \times X_1^{t-1} + 0.980\,2 \times Y_1^t + \varepsilon$$

从固定效应估计结果可知：上一周完成的托市收购量$\left(X_1^{t-1}\right)$每增加1万吨，白麦私商收购价$\left(Y_2^t\right)$就上涨0.005元/吨；白麦国企收购价$\left(Y_1^t\right)$每上涨1元/百斤，白麦私商收购价$\left(Y_2^t\right)$就上涨0.98元/百斤。

从随机效应估计结果可知：模型中具有显著的随机效应，即各年白麦私商收购价$\left(Y_2^t\right)$具有差异，尤其是2010年、2011年和2012年差异较为显著。因此采用带随机截距项的混合效应模型分析白麦私商收购价$\left(Y_2^t\right)$是合适的。

（3）陈麦（普麦）批发价。从前面分析结果可知，陈麦（普麦）批发价$\left(Y_3^t\right)$的影响因素有累计托市收购量$\left(X_1^t\right)$、白麦国企收购价$\left(Y_1^t\right)$、上一周的陈麦（普麦）批发价$\left(Y_3^{t-1}\right)$、上一周完成的托市收购量$\left(X_1^{t-1}\right)$、上一周的白麦国企收购价$\left(Y_1^{t-1}\right)$。构建混合效应模型为（详细结果见附表5-5）：

$$Y_3^t = \left(0.981\,0 + b_0\right) - 0.001\,2 \times X_1^t + 0.000\,9 \times X_1^{t-1} + 0.376\,6 \times Y_3^{t-1} + \varepsilon$$

固定效应估计结果可知：前一周累计托市收购量$\left(X_1^{t-1}\right)$每增加1吨，陈麦（普麦）批发价$\left(Y_3^t\right)$就上涨0.000 9；白麦国企收购价$\left(Y_1^t\right)$每上涨1元/百斤，本期陈麦（普麦）批发价$\left(Y_3^t\right)$就上涨0.376 6元/百斤；上一周的陈麦（普麦）收购价$\left(Y_3^{t-1}\right)$上涨1元/百斤，陈麦（普麦）批发价$\left(Y_3^t\right)$上涨0.634 9元/百斤。

从随机效应b_0估计结果可知：陈麦（普麦）批发价$\left(Y_3^t\right)$的截距项无显著的随机效应，这说明陈麦（普麦）收购价$\left(Y_3^t\right)$的拟合模型具有一般性，不随时间变化。

第四节 主要结论和政策建议

一、主要结论

通过对 1949 年以来我国粮食市场经营主体的回顾，可以看到，我国粮食市场的价格逐渐由政府垄断定价到市场主导定价转变，虽然有政策可循的全面市场化时间是在 2004 年，但市场价格已经在 2001 年以后就占据了主要地位，政府对市场的调控手段也已日渐成熟，现在直接影响市场价格的手段只有最低收购价政策。但从对小麦市场国有企业托市行为对价格影响的分析可以看出，虽然该政策制定的初衷仅在于理论意义上的"托市"，但由于收购量很大，已经成为实际上影响市场价格形成的主导力量，而非国有购销企业处于十分被动的地位。中储粮总公司系统在小麦收购环节具有一定的垄断力量，现在我国粮食市场的价格形成虽然不由政府完全定价，但仍不属于完全的市场竞争。近年来形成的国有粮食部门主导下的粮食市场运行方式，对各类主体的粮食购销行为产生了一定程度的扭曲。

（1）农民多年形成的售粮节奏发生显著变化。以东北地区玉米为例，农民曾经在春节前销售大部分玉米，而在春节后销售余下的玉米，但是 2013 年这一规律发生了变化，农民在春节前销售了 40% 左右的玉米，在春节后、春耕前集中销售剩下的玉米。其原因在于临时收储政策效应导致玉米价格春节前较低、春节后逐步上升。

（2）粮食加工贸易企业倾向于以高价揽粮。在政策性托市支持下，粮食收储企业倾向于争夺粮源，获得后市涨价收益。粮食加工企业在资金、仓储条件允许的情况下，也倾向于以高出国家托市价的价格自主收购一部分原粮，有的加工企业甚至放弃加工，转做收储业务。2011 年以来，"稻强米弱""麦强面弱"等现象导致加工企业利润受到挤压，进而使企业入市谨慎，部分中小加工企业购销甚至一度停滞。

（3）国有粮食收储部门承受巨大库容压力。近年来，一方面，因执行托市政策，国有粮食部门不断收储粮食；另一方面，粮食顺价销售困难，国有粮食企业库存一度承受巨大压力。例如，江西省粮食总仓容约为 800 万吨，2012~2014 年该省早稻年收购量接近 350 万吨，加之常年粮食库存为 370 万吨左右，每年都会出现中晚稻库存压力。又如，目前我国玉米临时收储库存为 1 亿吨，顺价出库困难，库容压力导致部分粮食只能露天存储，吉林省地方粮食部门提供的数据显示，该省仅露天的存储玉米就有近 1 000 万吨。

二、政策建议

鉴于我国粮食流通政策出现的问题，应该确立保障国家粮食安全、保护粮农合理收益的"底线思维"，解决现行粮食流通体制中的市场扭曲严重、收储压力加大等突出问题，坚持市场定价，让生产、流通和消费主要由市场价格信号引导，按照"先非主粮，后改口粮，试点先行，审慎评估，稳步推进"的原则，选择改革路径，设计改革方案。

（1）强化基础工作，推动目标价格政策体系的建设。探索建立农产品目标价格政策体系，是完善农产品价格形成机制的一项重大改革。在综合考虑国内外市场形势的前提下，采取"分类实施、循序渐进、先易后难、平稳过渡"的策略，力争用 10~15 年的时间基本建立目标价格政策体系。一是在稳步推进大豆目标价格试点的基础上，适时启动实施玉米等重要农产品的目标价格政策，并积极探索目标价格政策对水稻、小麦等口粮的适用性和出台时机。同时，要从严控制最低收购价和临时收储范围，使现有品种只能缩小不能扩大。二是尽快设计启动新一轮农业信息工程。优化信息采集点布局，提高信息采集点技术服务能力，优先选择部分家庭农场、农民合作社等新型经营主体、骨干农产品批发市场、大型集贸市场作为信息采集的重点抽样对象。建立国家级信息监测预警平台，整合各部门数据采集调查系统，提高信息分析处理能力，以成本、收益、供求作为农产品价格决策的依据。三是建立健全目标价格政策执行绩效评估体系。建立科学精准的评价机制，对相关试点进行调研跟踪，定期总结评估，为面上改革积累经验。四是出台配套相关的财政支持政策，在科学研判市场形势的情况下，中央需要在春耕之前将上一年度的目标价格补贴拨到地方，同步实施生产补贴、农业保险、营销贷款、对主产区利益补偿等政策，预留财政资金专门应对市场的过度波动。

（2）继续调整完善，改革口粮价格支持政策。一是完善粮食最低收购价政策。尝试对粮食最低收购价一定三年，对市场紧缺的粮食品种可以保持一定的灵活性。继续把每一品种的最低收购价的公布时间安排在该品种粮食播种之前，最低收购价执行的时间安排在该品种粮食集中上市期间。适当细化最低收购价的执行标准，实现优质优价。大力发展粮食产业化，鼓励优质粮食产销衔接。二是调整国家临时储备粮食收购计划。把粮食临时收储政策恢复为对市场过度波动的应对预案，一旦完成收储计划国有粮食部门，即刻退出相关市场。完善对市场的监测预警机制，根据市场调控需要，发挥临时收储对最低收购价政策灵活性、补充性的作用。监测优质粮食的价格波动情况，在适当的地区适时启动临时收储计划。三是规范政策性粮食竞价交易机制。继续发挥政策性粮食竞价交易的市场调控作用，根据市场调控需要，科学确定市场收储、投放的时机和交易底价。如果需要平抑某种粮食的市场价格，那么就要适当增加该品种的市场投放的数量；如果需要提振某种粮食市场价格，那么就要减少市场投放数量，甚至暂停该品种的竞价交易。不断完善各品种的公开市场交易细则，保证竞价过程的公开、公平、公正。

（3）配合新的粮食安全战略，健全完善市场风险管理策略。一是创新农产品价格风险管理工具，支持新型经营主体利用期货、远期交易等新型市场交易方式规避市场风险。二是完善粮食等重要农产品储备调节政策，合理确定储备规模、品种结构以及区域布局，进一步加强仓储物流建设。三是稳定并强化现有的政策性农业保险制度，开发以农业收入为标的的农业保险产品，探索建立粮食农产品的目标价格保险。四是提升农民营销能力，探索对从事重要农产品生产的规模经营主体实施营销贷款援助和营销能力提升补助。

参 考 文 献

曹宝明. 1995. 论我国粮食储备制度的进一步变革[J]. 农业经济问题，（6）：18-22.

狄强. 2010. 基于安全与效率的中国粮食流通体制改革与创新研究[D]. 西南财经大学博
　　士学位论文.

杜鹰，张冬科，戴小京，等. 1991. 1988 年以来各地粮食购销体制改革试验的启示[J]. 农业经济问题，（5）：36-39.

贾晋，王珏，肖慧琳. 2011. 中国粮食储备体系优化的理论研究评述[J]. 经济学动态，（3）：97-100.

刘颖. 2004. 试论国家粮食专项储备经营管理体制创新[J]. 农业经济问题，（12）：22-24.

卢峰. 2004. 半周期改革现象——我国粮棉流通改革和食物安全研究[M]. 北京：北京大学出版社.

鲁晓东. 2001. 垂直管理　确保安全——对中央储备粮垂直管理体制建设的若干思考[J]. 调研世界，（3）：8-10.

陆正飞，章江益. 1997. 省级粮食储备调控问题研究[J]. 管理世界，（2）：168-174.

任正晓. 2013-01-22. 国家粮食局局长任正晓在 2013 年 1 月 22 日全国粮食流通工作会议上的报告[EB/OL]. http://www.chinagrain.gov.cn/n16/n1077/n1737/4886135.html.

石磊. 2005. 现代农业政策的范式与范式转换[J]. 农业现代化研究，（4）：255-258.

王凯，徐翔. 1995. 我国粮食储备体系的完善[J]. 中国农村观察，（4）：21-25.

吴硕. 1985. 当前粮食商品的趋势、问题和对策[J]. 农业经济问题，（2）：6-10.

吴志华，施国庆，胡荣华. 2002. 中国粮食安全储备及其规模确定[J]. 中国农村观察，（1）：15-21.

本 章 附 表

附表 5-1　Y_1 和 X_1 的 VAR 模型结果

	Y_1	X_1
$Y_1(-1)$	1.001 817	13.413 67
	（0.103 55）	（32.001 2）
	[9.674 61]	[0.419 16]
$Y_1(-2)$	−0.009 367	−21.697 33
	（0.103 67）	（32.038 4）
	[−0.090 36]	[−0.677 23]
$X_1(-1)$	−0.000 108	0.855 445
	（0.000 34）	（0.103 84）

续表

	Y_1	X_1
	[−0.321 96]	[8.238 37]
$X_1(-2)$	0.000 214	−0.090 309
	(0.000 33)	(0.100 61)
	[0.656 39]	[−0.897 57]
C	0.948 733	1 364.300
	(2.046 06)	(632.308)
	[0.463 69]	[2.157 65]

附表 5-2　Y_1、Y_2 和 X_1 的 VAR 模型结果

	Y_2	X_1	Y_1
$Y_2(-1)$	0.942 993	−112.234 9	0.328 562
	(0.340 12)	(110.806)	(0.361 99)
	[2.772 51]	[−1.012 89]	[0.907 65]
$Y_2(-2)$	−0.219 998	−19.320 74	−0.283 292
	(0.325 18)	(105.938)	(0.346 09)
	[−0.676 54]	[−0.182 38]	[−0.818 55]
$X_1(-1)$	−6.76×10^{-5}	0.838 244	−0.000 139
	(0.000 32)	(0.105 03)	(0.000 34)
	[−0.209 69]	[7.980 81]	[−0.404 77]
$X_1(-2)$	0.000 226	−0.048 860	0.000 222
	(0.000 32)	(0.104 06)	(0.000 34)
	[0.709 11]	[−0.469 54]	[0.652 92]
$Y_1(-1)$	0.054 436	115.450 4	0.705 901
	(0.322 02)	(104.909)	(0.342 73)
	[0.169 05]	[1.100 48]	[2.059 65]
$Y_1(-2)$	0.205 882	2.883 799	0.242 489
	(0.312 26)	(101.730)	(0.332 34)
	[0.659 32]	[0.028 35]	[0.729 64]
C	1.415 508	1 647.261	0.909 606
	(2.008 70)	(654.401)	(2.137 86)
	[0.704 69]	[2.517 20]	[0.425 47]

注：Standard errors in ( ) & *t*-statistics in [ ]

附表 5-3　Y_1 和 X_1 的混合效应模型结果

固定效应估计结果					
Effect	Estimate	Standard Error	DF	t Value	Pr > |t|
Intercept	98.668 3	5.059 6	6	19.50	< 0.000 1
X_1	0.000 922	0.000 255	103	3.62	0.000 5

随机效应估计结果						
Effect	YEAR	Estimate	Std Err Pred	DF	t Value	Pr > |t|
Intercept	2008	−20.602 6	5.064 8	103	−4.07	<0.000 1
Intercept	2009	−11.435 4	5.063 3	103	−2.26	0.026 0
Intercept	2010	−6.003 6	5.058 6	103	−1.19	0.238 0
Intercept	2011	−0.180 1	5.058 6	103	−0.04	0.971 7
Intercept	2012	3.013 7	5.061 6	103	0.60	0.552 9
Intercept	2013	14.885 9	5.070 7	103	2.94	0.004 1
Intercept	2014	20.322 0	5.058 5	103	4.02	0.000 1

Fit Statistics	
−2 Log Likelihood	560.4
AIC (smaller is better)	568.4
AICC (smaller is better)	568.8
BIC (smaller is better)	568.2

Null Model Likelihood Ratio Test		
DF	Chi-Square	Pr > ChiSq
1	307.96	<0.000 1

附表 5-4　Y_2 和 X_2、Y_1 的混合效应模型结果

固定效应结果估计					
Effect	Estimate	Standard Error	DF	t Value	Pr > |t|
Intercept	0.255 0	1.473 0	6	0.17	0.868 3
X_2	0.000 226	0.000 064	102	3.54	0.000 6
Y_1	0.980 2	0.014 53	102	67.48	< 0.000 1

随机效应估计结果						
Effect	YEAR	Estimate	Std Err Pred	DF	t Value	Pr > |t|
Intercept	2008	−0.149 8	0.377 1	102	−0.40	0.691 9
Intercept	2009	0.005 347	0.303 9	102	0.02	0.986 0
Intercept	2010	0.893 0	0.275 5	102	3.24	0.001 6
Intercept	2011	0.682 3	0.263 5	102	2.59	0.011 0

续表

		随机效应估计结果				
Intercept	2012	−0.557 3	0.269 3	102	−2.07	0.041 0
Intercept	2013	−0.379 8	0.330 6	102	−1.15	0.253 3
Intercept	2014	−0.493 7	0.376 3	102	−1.31	0.192 5

Fit Statistics	
−2 Log Likelihood	256.5
AIC (smaller is better)	266.5
AICC (smaller is better)	267.1
BIC (smaller is better)	266.3

Null Model Likelihood Ratio Test		
DF	Chi-Square	Pr > ChiSq
1	30.27	<0.000 1

附表 5-5　Y_3 和 X_2、Y_1 的混合效应模型结果

固定效应估计结果					
Effect	Estimate	Standard Error	DF	t Value	Pr > |t|
Intercept	0.961 0	1.689 4	6	0.57	0.490 1
X_1	−0.001 16	0.000 222	92	−5.25	<0.000 1
Y_1	0.376 6	0.067 86	92	5.55	<0.000 1
X_1_1	0.000 946	0.000 219	92	4.32	<0.000 1
Y_3_1	0.634 9	0.063 98	92	9.91	<0.000 1

Solution for Random Effects					
Effect	YEAR	Estimate	Std Err Pred	DF	t Value	Pr > |t|
Intercept	2008	−0.196 7	0.323 9	92	−0.61	0.545 2
Intercept	2009	0.317 6	0.295 4	92	1.08	0.285 1
Intercept	2010	−0.164 0	0.285 5	92	−0.57	0.567 1
Intercept	2011	−0.231 1	0.280 5	92	−0.82	0.412 1
Intercept	2012	−0.107 3	0.287 8	92	−0.37	0.710 2
Intercept	2013	0.499 6	0.320 6	92	1.56	0.122 7
Intercept	2014	−0.118 1	0.325 2	92	−0.36	0.717 4

Fit Statistics	
−2 Log Likelihood	468.7
AIC (smaller is better)	478.7
AICC (smaller is better)	479.3

续表

Fit Statistics	
BIC (smaller is better)	478.5

Null Model Likelihood Ratio Test		
DF	Chi-Square	Pr > ChiSq
1	71.79	<0.000 1

第 六 章

国际粮食市场变化对国内
粮食市场和价格的影响

　　党的十九大提出要推动形成全面开放新格局，坚定不移贯彻创新、协调、绿色、开放、共享的发展理念，推动新型工业化、信息化、城镇化、农业现代化同步发展，主动参与和推动经济全球化进程，发展更高层次的开放型经济，不断壮大我国经济实力和综合国力。这是在全面总结我国对外开放实践的基础上，充分反映世情、国情新变化提出的新要求，进一步明确了统筹对外开放与国内发展的重点和着力点，为全面提高开放型经济质量和水平指明了方向。农业是"重中之重"，肩负着保障粮食基本供给和农民就业增收两大艰巨任务。加入 WTO 以来，我国已成为世界上农业开放度最高的国家之一，粮食贸易快速发展，国际国内两个市场相互作用不断增强。因此，贯彻落实十九大精神，探索国际市场对国内粮食市场发展的影响，切实加强对两个市场和两种资源的统筹，更加有效地利用国际市场和资源，对于更加有力地保障国家粮食安全具有重要的意义。国内外粮食市场影响机理如图 6-1 所示。

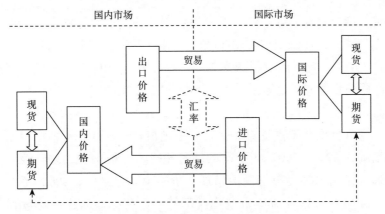

图 6-1　国内外粮食市场影响机理

第一节　中国粮食贸易与国际粮食市场变化

一、中国粮食贸易变化

中国粮食贸易一直以来都作为平衡国内粮食供求和稳定粮食价格的手段，即在国内粮食供大于求时出口粮食，供不应求时进口粮食。受粮食生产增长和国家宏观政策的影响，中国粮食国际贸易在各个时期表现有所不同。

1. 粮食贸易发展概况

20 世纪 90 年代以来，中国粮食贸易年际波动很大，粮食进出口呈现新特点，体现了中国粮食进出口政策调节国内粮食供求状况，实现总量平衡的基本立足点。1990 年开始，中国粮食进出口差额逐渐缩小，并在 1992 年由粮食净进口国转变为粮食净出口国。但是这种净出口国的地位并不稳固，1995 年和 1996 年粮食进口量急剧增加，中国又从粮食净出口国变为粮食净进口国，并且 1995 年净出口的年际变化非常大，达到 1 967 万吨，相当于 1994 年净出口量的 9 倍。1997 年以后，粮食进口量有所减少，基本保持粮食净出口的态势。

2002 年是中国加入 WTO 的第一年，粮食播种面积为 1.04 亿公顷，同比减少 2%，但单产比上年提高 3%，粮食总产量达到 45 710 万吨，比上年增加

448 万吨，增长 1%。这一年并没有出现预计的大规模粮食进口，而是出口增加，进口减少。2002 年中国出口粮食 1 514 万吨，比上年增加 611 万吨，进口粮食 1 417 万吨，比上年减少 322 万吨，粮食净出口 97 万吨。"入世"第一年，中粮食贸易发展态势良好，国内粮食市场稳定，国家粮食安全没有受到威胁。其主要原因是：第一，世界主要出口国减产幅度大，国际粮价上涨较多，进口价格并不占优势；第二，中国粮食恢复性小幅增产，国内粮食供给量增加；第三，2002 年中国的储备轮换、陈粮拍卖、506 粮和"甲字粮"处理，使国内粮食市场供给增加，价格稳降；第四，2002 年中国采取了调整农业结构、粮食流通市场化改革等一系列有效的战略决策和政策措施，既符合"入世"的承诺，又不违反 WTO 规则，加强了对进口粮食的合法宏观调控，保护了广大粮农和国内粮食企业的利益。

1999~2003 年中国连续五年粮食减产，2003 年粮食总产量跌至 43 069.4 万吨，此后粮食贸易量迅速增加，尤其是粮食进口量直线上涨，2003 年粮食进口量达到 2 283 万吨，2007 年已增至 3 238 万吨。这段时期中国粮食贸易呈现出明显的净进口，净进口量急剧增加，2003 年净进口 53 万吨，2006 年达到 2 209 万吨，其主要原因是中国对大豆的进口激增，2003 年以来中国每年大豆进口量均突破 2 000 万吨，2007 年达到 3 000 万吨以上。

2008 年以后，中国粮食贸易量增长较快，进口量快速增加，2008 年进口量为 3 898 万吨，2010 年增至 6 050 万吨，2011 年略降至 5 808 万吨，2012 年激增至 7 237 万吨。粮食贸易呈现明显的净进口特点，净进口量由 2008 年的 3 663 万吨增加至 2010 年的 5 907 万吨，2011 年略降至 5 665 万吨，2012 年增至 7 103 万吨。粮食进口主要仍以大豆为主，占粮食进口量的 80%以上，2009 年和 2010 年的进口量分别突破 4 000 万吨和 5 000 万吨。2011 年粮食进口量下降的主要原因是大豆进口量下滑，2011 年大豆进口量为 5 263.4 万吨，同比下降 3.9%。2012~2014 年粮食进口量持续增加，2014 年已达到 9 091.5 万吨。

近年来我国谷物进口量增长迅速，2008 年进口量为 154.1 万吨，2010 年增至 570.9 万吨，增长了 2.7 倍，2011 年略降至 545 万吨，主要由于大麦产品进口量下滑，小麦、玉米和水稻三大谷物产品均为净进口。2012 年，国际谷物价格高位回落，国内价格稳中有升，国内外较大的价差导致谷物进口激增，2012 年谷物进口量达到 1 398 万吨，比上年增长 1.6 倍。其中，小麦、玉米和水稻三大谷物产品进口增长迅速，进口量分别为 370.1 万吨、520.8 万吨和236.9 万吨，分别增长 1.9 倍、2.0 倍和 3.0 倍。2013 年谷物进口继续增长，进口量达到 1 458.5 万吨，同比增长 4.3%；谷物净进口 1 358.4 万吨，同比增长 8.8%。其中，小麦产品进口 553.5 万吨，同比增长 49.6%；玉米产品进口 326.6 万吨，同比下降 37.3%；稻谷产品进口 227.1 万吨，同比下降 4.1%。2014 年，谷物共进口 1 951.6 万吨，同比增长 33.8%；出口 76.9 万吨，同比下降 23.1%。小麦、玉米和稻谷三大主粮作物进口量有所下降，大麦和高粱进口快速增长。稻谷产品进口 257.9 万吨，同比上升 13.6%；小麦产品进口 300.4 万吨，同比下降 45.7%；玉米产品进口 259.9 万吨，同比下降 20.4%；大麦产品进口 541.3 万吨，同比增长 1.3 倍；高粱进口 577.6 万吨，同比增长 4.4 倍。1980~2007 年中国粮食贸易量变化情况如图 6-2 所示。

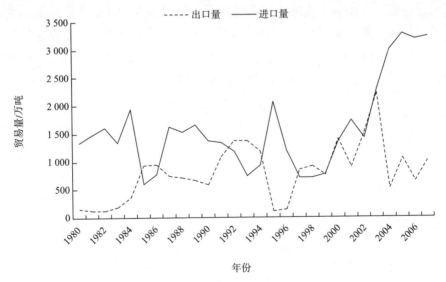

图 6-2　1980~2007 年中国粮食贸易量变化情况

资料来源：根据中国海关统计数据整理

2015 年，我国谷物进口继续增长，共进口 3 271.5 万吨，同比增长 67.6%；出口 53.3 万吨，同比下降30.8%。其中，小麦产品进口300.7万吨，与上年基本持平；玉米产品进口 473 万吨，同比增长 82%；稻谷产品进口 337.7

万吨，同比增长30.9%；大麦产品进口1 073.2万吨，同比增长98.3%；高粱产品进口 1 070万吨，同比增长 85.3%。国内普通小麦供给较为充裕，优质麦的需求较为旺盛，尽管今年前期小麦进口同比减少，由于下半年国际小麦价格优势不断增强，全年进口量与上年基本持平。国内外价差扩大使稻谷进口增加，玉米、大麦和高粱进口快速增长，拉动谷物进口同比大幅增长。稻谷进口以越南为主，占进口总量的53.2%；泰国占 28.3%，巴基斯坦占 13.1%。谷物进口价格优势明显，从越南进口的稻谷平均价格折合人民币为2 540元/吨，较国内早籼米市场价格低1 300元/吨左右。国际玉米价格走低，而国内受需求拉动、成本推动以及价格政策等因素影响稳中趋升，进口玉米具有明显的价格优势。2015年，墨西哥湾2号黄玉米到岸税后价持续低于国内玉米销区价，价差在 600~900 元/吨，导致玉米在上年进口同比减少 20%的形势下有所增加。大麦和高粱作为玉米的替代产品，进口价格较低，不受进口配额限制，饲料企业进口高粱和大麦的许可条件放宽，所以大麦和高粱产品在上年进口激增的基础上继续快速增长。2015 年，广东地区大麦和高粱的平均进口价格分别为 1 736元/吨和 1 709元/吨，而国内玉米价格平均为 2 200元/吨，两者价差较大。1995~2015 年中国粮食贸易量变化如图 6-3 所示。

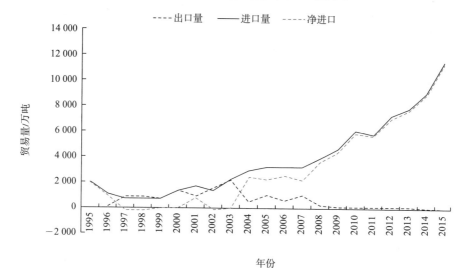

图 6-3　1995~2015 年中国粮食贸易量变化情况
资料来源：根据中国海关统计数据整理

近年来，我国大豆进口量连创历史新高，2005~2010 年，年均增长 15.6%，2010 年大豆进口量更是同比激增 28.8%，已经接近 1996 年进口量的近 50 倍。尽管 2011 年大豆进口量出现小幅下滑，同比下降 3.9%，但仍维持在 5 263.4 万吨的高位。2012~2014 年大豆进口量连创新高，2014 年已达到 7 139.9 万吨，同比增长 12.7%；进口额 402.7 亿美元，同比增长 6.0%。同时，国内压榨需求和养殖业饲料需求继续增长，加工企业进口意愿增强，大豆进口量在上年快速增长的基础上继续增加。大豆进口在 2014 年较快增长的基础上呈现量增额减态势，2015 年进口大豆达到 8 169.4 万吨，同比增长 14.4%；进口额为 348.3 亿美元，同比下降 13.5%。

2. 中国粮食贸易变动特点

（1）贸易规模不断扩大，总体以进口为主。"入世"以来，中国粮食贸易规模不断扩大，总体以进口为主。2002 年，中国粮食贸易总量为 2 931 万吨，2003 年突破 4 000 万吨，达到 4 514 万吨，2004~2008 年贸易量在 3 500 万~4 500 万吨，2009 年增至 4 742 万吨，2010 年猛增至 6 191 万吨，2011 年略降至 5 951 万吨，2012 年增至 7 371 万吨，2013 年达到 7 917 万吨，2014 年达到 9 189 万吨，2015 年更是突破 1 亿吨，达到 1.15 亿吨。贸易总量在波动中不断上升，2015 年贸易总量较 2002 年增长了 2.9 倍，年均增长 11.1%。

出口方面，中国粮食出口量呈先增后减态势。2002 年，粮食出口量为 1 514 万吨，2003 年达到 2 231 万吨，之后波动减少，2005 年和 2007 年出口量较大，均超过 1 000 万吨，2008 年之后出口量明显减少，2012 年和 2013 年仅为 133.7 万吨和 120.9 万吨，2014 年减少为 97.7 万吨，2015 年再减少为 66.6 万吨。粮食出口量占粮食产量的比重很小，2003 年最高，仅为 5.2%，一般年份均在 1%~4%，2008 年之后基本保持在 0.5%以下。

进口方面，中国粮食进口量呈先减后增态势。2002 年，粮食进口量为 1 417 万吨，2003 年达到 2 283 万吨，2005 年增至 3 289 万吨，2009 年增至 4 560 万吨，2010 年进一步增至 6 050 万吨，2011 年略降至 5 808 万吨，2012 年增至 7 237 万吨，2013 年增长为 7 796 万吨，2014 年再增长为 9 091.5 万吨，2015 年突破 1 亿吨，达到 1.14 亿吨。2015 年粮食进口量较 2002 年增长了 7.0 倍，年均增长 17.4%。尽管粮食进口量不断增长，但占粮食总产量的比重不大，除大豆外，谷物进口量占粮食产量的比重最大时为 4.4%，目前在 2% 左右。由于"入世"后大豆进口增长较快，粮食进口量占产量的比重有所增加，由 2002 年的 3.1% 增至 2015 年的 18.4%。

中国粮食贸易多数年份呈现净进口的态势，净进口量先减后增，且规模逐渐扩大。2002 年中国粮食呈现净出口，净出口量为 97.5 万吨，2003 年开始净进口，净进口量为 52.1 万吨，2004 年之后净进口量不断增加，2008 年达到 3 663 万吨，2009 年增至 4 397 万吨，2011 年为 5 665 万吨，2012 年猛增至 7 103 万吨，2013 年增长为 7 675 万吨，2014 年增长为 8 994 万吨，2015 年再增长为 11 374 万吨。总体来看，中国粮食出口竞争力较弱，处于比较劣势；而粮食进口在国内市场需求推动下不断增加。

（2）贸易品种结构不平衡，且波动性较大。"入世"以来，中国粮食贸易品种结构不平衡，且波动性较大。出口方面，粮食出口以小麦、玉米、稻谷和大豆产品为主，合计占粮食出口量的比重呈现先上升后下降的趋势。2002 年四种产品出口量所占比重为 98.7%，此后均保持在 90% 以上，2008 年之后有所下降，2011~2015 年分别为 83.6%、85.5%、86.3%、85.6% 和 83.2%。谷物出口以小麦、稻谷和玉米为主，三者出口量占谷物出口总量的 80% 以上。"入世"以来，中国大部分年份谷物出口大于进口，出口量年际波动较大。谷物出口品种以小麦、稻谷和玉米为主，多数年份占谷物出口总量的比重在 90% 以上，近年来略有下降，但仍占八成以上。

分品种来看，小麦产品出口量较少，占粮食出口总量的比重总体上升。小麦产品出口量于 2007 年达到最高，为 307 万吨，多数年份在 100 万吨以下。出口量占粮食出口总量的比重有所提高，2002 年为 6.5%，之后波动上升，2007 年达到 29.8%，2008 年下降至 13.2%，近几年有所回升，2011 年为 23.0%，2012 年略降至 21.4%，2013 年为 23.0%，2014 年为 19.4%，2015 年为 18.3%。

稻谷产品出口量有所下降，占粮食出口总量的比重先降后升。稻谷产品出口量为 100 万~300 万吨，近年来下降到 100 万吨以下。出口量占粮食出口总量的比重先降后升，2002 年为 13.2%，2003 年降至 11.7%，2004~2007 年在 20% 以下波动，2008 年之后有所上升，为 41%~45%，2012 年降至

20.9%，2013 年增至 39.6%，2014 年为 43.0%，2015 年为 43.1%。

玉米产品出口波动剧烈，从出口量最多的谷物产品转变为净进口产品，占粮食出口总量的比重呈明显下降趋势。2002~2009 年，中国玉米持续保持净出口，是中国最主要的粮食出口产品，2003 年玉米产品出口量最高达到1 639 万吨，多数年份在 200 万~900 万吨，近年来出口量下降至 30 万吨以下。2002 年出口量占粮食出口总量的比重为 77.1%，2005 年最高，达到81.6%，2008~2011 年下降明显，比重在 10% 以下，2012 年增至 19.2%，2013年降为 6.4%，2014~2015 年再降为 2.4% 和 1.7%。玉米出口量波动非常剧烈，如 2002 年玉米出口量同比增长 95%，而 2004 年同比下降 86%，2005 年又增长 2.7 倍，玉米出口量波动也是中国谷物出口波动的主要因素。但从2004 年开始，受粮食减产的影响，国家为调控国内粮食市场削减了玉米出口配额，同时取消了玉米出口补贴，中国玉米出口呈波动下降趋势，并在2010 年转变为净进口谷物产品。1995~2015 年中国粮食出口量及比例变化如图 6-4 所示。

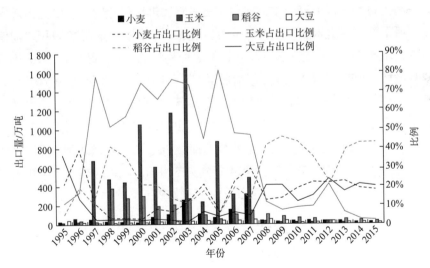

图 6-4　1995~2015 年中国粮食出口量及比例变化
资料来源：根据中国海关统计数据整理

大豆产品出口量较少，占粮食出口总量的比重不高。大豆产品出口量一般在 10 万~50 万吨，2008 年最高达到 48.5 万吨，之后有所下降，2011 年为 21.4 万吨，2012 年增至 32.1 万吨，2013 年为 20.9 万吨。2002~2007 年出口量占粮食出口总量的比重持续在 10%以下，2008 年之后有所上升，比重为 12%~20%，2012年为 24.0%，2013 年为 17.3%，2014 年为 21.3%，2015 年为 20.1%。

粮食进口以大豆产品为主，近年来，小麦、玉米和稻谷产品进口比重有所上升。"入世"以来大豆一直是主要进口品种，所占比重从 2002 年的79.9%上升到 2003 年的 90.9%，2004~2006 年比重有所下降，为 67%~89%，2007 年之后回升至 90%以上，2011 年为 90.6%。由于稻谷、小麦和玉米的进口量快速增长，2012 年大豆占粮食进口的比重降至 80.7%，2013 年为81.3%，2014 年为 78.5%，2015 年为 71.4%。虽然小麦、玉米和稻谷产品所占比重较低，但近几年有所上升，分别从 2008 年的 0.1%、0.1%和 0.9%上升至 2015 年的 2.6%、4.1%和 3.0%。

大麦是进口量最大的谷物产品，近年来，玉米和小麦进口量明显增加。"入世"以来，中国谷物进口规模不大，多数年份保持在 200 万~600 万吨，仅2004 年和 2005 年由于国内粮食减产，进口量分别增至 975.4 万吨和 627.7 万吨。谷物进口品种以大麦为主，多数年份占谷物进口总量的一半以上，近年来比重有所下降，而玉米和小麦进口量明显增加。玉米进口量在 2009 年之前仅有几万吨，由于 2009 年国内玉米减产，加之饲料和工业需求旺盛，2010 年玉米进口量激增至 157.3 万吨，2011 年增加至 175.4 万吨，2012 年进一步增至 520.8万吨，2013~2014 年进口量有所减少，但 2015 年增至 337.7 万吨。小麦进口量多在 100 万吨以下，仅 2004 年和 2005 年由于国内连年减产分别增至 725.9 万吨和 354.4 万吨，2009 年以后进口量明显增加，2012 年进口量达到 370.1 万吨，2013 年进一步增至 553.5 万吨，2014 年降为 300.4 万吨，2015 年与 2014 年持平。1995~2015 年中国粮食进口量及比例变化如表 6-1 所示。

表 6-1　1995~2015 年中国粮食进口量及比例变化

年份	小麦/万吨	玉米/万吨	稻谷/万吨	大豆/万吨	小麦占进口	玉米占进口	稻谷占进口	大豆占进口
1995	1 162.73	526.43	164.53	29.8	56.17%	25.43%	7.95%	1.44%
1996	829.86	44.69	77.45	111.4	69.42%	3.74%	6.48%	9.32%
1997	192.18	0.25	35.92	288.6	27.24%	0.04%	5.09%	40.90%

续表

年份	小麦/ 万吨	玉米/ 万吨	稻谷/ 万吨	大豆/ 万吨	小麦占 进口	玉米占 进口	稻谷占 进口	大豆占 进口
1998	154.83	25.18	25.99	319.7	21.86%	3.56	3.67%	45.14%
1999	50.52	7.94	19.13	432	6.54%	1.03%	2.48%	55.95%
2000	91.87	0.3	24.86	1 041.9	6.77%	0.02%	1.83%	76.80%
2001	73.89	3.95	29.34	1 394	4.25%	0.23%	1.69%	80.19%
2002	63.16	0.81	23.8	1 131.7	4.46%	0.06%	1.68%	79.88%
2003	44.74	0.07	25.87	2 074.4	1.96%	0.00%	1.13%	90.86%
2004	725.87	0.24	76.63	2 017.8	24.25%	0.01%	2.56%	67.41%
2005	354.41	0.4	52.15	2 659.1	10.78%	0.01%	1.59%	80.90%
2006	61.28	6.54	72.99	2 828.4	1.92%	0.21%	2.29%	88.70%
2007	10.05	3.54	48.75	3 081.8	0.31%	0.11%	1.51%	95.19%
2008	4.31	5	32.97	3 743.4	0.11%	0.13%	0.85%	96.05%
2009	90.41	8.45	35.68	4 254.6	1.98%	0.18%	0.78%	93.10%
2010	123.07	157.32	38.82	5 478.6	2.03%	2.60%	0.64%	90.56%
2011	125.81	175.36	59.78	5 263.4	2.17%	3.02%	1.03%	90.62%
2012	370.1	520.8	236.86	5 838.5	5.11%	7.20%	3.27%	80.68%
2013	553.55	326.59	227.1	6 337.54	7.10%	4.19%	2.91%	81.29%
2014	300.44	259.9	257.9	7 139.9	3.30%	2.86%	2.84%	78.53%
2015	300.7	473	337.69	8 169.4	2.63%	4.13%	2.95%	71.41%

资料来源：根据中国海关统计数据整理

　　总体来看，中国主要粮食品种贸易结构不平衡，进出口贸易量波动幅度较大。"入世"以来中国主要出口玉米、大米和小麦，主要进口大豆。玉米和大米总体呈净出口状态，小麦呈净出口和净进口交错状态，大豆一直呈净进口状态。其中，玉米出口呈逐年下降趋势，并在 2010 年首次转为净进口，规模不断扩大；大米出口量不断减少，并在 2011 年转为净进口；小麦进口量不断增加，2009 年以后持续净进口。近年来，由于国家不断加大对粮食贸易的调控力度，玉米、大米和小麦的出口规模被大大压缩。

（3）进口来源国/地区集中，出口市场相对分散。中国粮食进口来源地比较集中，主要来自发达国家。粮食是土地密集型产品，世界粮食生产主要集中在土地资源丰富的发达国家。2015 年，小麦进口主要来自美国、加拿大和澳大利亚，占小麦进口总量的 96%；玉米进口主要来自美国，占玉米进口总量的 91%；大豆进口主要来自巴西、美国和阿根廷，占大豆进口总量的 95%；大米进口主要来自越南、巴基斯坦和泰国，占大米进口总量的 98%。

粮食出口市场相对分散，主要是周边亚洲国家和地区。韩国、朝鲜、日本和中国香港是粮食最主要的出口市场，2015 年向这四个市场的谷物出口量占谷物出口总量的 86%。小麦出口市场主要是朝鲜和中国香港，占小麦出口总量的 90%以上；玉米出口市场主要是朝鲜，占玉米出口总量的 90%以上；大豆出口市场主要是韩国、美国、日本和朝鲜，占大豆出口总量的 85%以上；大米出口市场主要是朝鲜、韩国、日本和中国香港，占大米出口总量的 80%以上，近几年向南非等国家出口有所增加。

二、国际粮食市场变化

2004~2007年，国际粮食价格走势比较平稳，价格波动不大，2007~2008年，世界商品价格经历了一次巨大的波动，农产品价格显著上升，2007 年 1月~2008 年 6 月，FAO（Food and Agriculture Organization，联合国粮食及农业组织）的粮食价格指数上升了 54%，与 2006 年的 11%相比，增加了近 5倍。在此期间，玉米和大米的价格分别增加了 74%和 166%，达到了近三十年的最高值。暴涨之后，2008 年 8 月粮食价格又出现了暴跌，芝加哥商品交易所的小麦、大豆和玉米的期货价格均在创下历史性新高后大幅回调，2008年下半年粮食价格指数的增幅为-33%，2009 年上半年，由于粮食供给逐渐稳定和全球金融危机的影响，粮食需求逐渐趋于平稳，粮食价格指数增幅为8.1%。2009 年，随着经济的复苏，粮价有一定程度的回调，但是粮食价格指数的增长幅度仍然保持在 6.6%的水平。2010 年上半年基本维持在危机后最低水平，但仍明显高于危机前水平。2010 年 6 月以后，以小麦和玉米为主的粮食价格开始进入一个强劲反弹阶段。经过半年多的快速上涨，目前国际粮食价格总体已接近 2008 年粮食危机时的最高水平，玉米国际价格甚至在2011年2月再创历史新高。之后国际粮食价格呈持续下跌走势，2013年国际粮食价格较 2013 年同比下跌 10%，2014 年同比下跌 14%，2015 年同比下跌18%，2015 年价格已跌至 2004 年价格水平。

四种主要粮食品种中，国际大豆和国际玉米的价格是最先开始上涨的，且这两个品种价格上涨的持续时间较长。2006 年 4 月~2007 年 2 月，国际大豆和国际玉米价格分别上涨 29% 和 64%，同一时期国际小麦和国际大米的价格分别增长了 11% 和 4%。2007 年 5 月~2008 年 5 月，国际大米价格暴涨，增幅达 197%，在 5 月到达顶峰之后，国际大米价格又在 2008 年底下跌 50%，2009 年 2 月~2010 年 7 月，国际大米价格又降低了 25%，2010年 7 月~2011 年 10 月，国际大米价格达到最高点，增长 39%，2012~2013年国际大米价格基本保持稳定，2014 年以来，大米价格持续下跌，2014 年下跌 16%，2015 年下跌 18%，2007 年 5 月~2008 年 3 月，国际小麦价格暴涨 138%，达到历史最高点，2008 年 4 月~2010 年 6 月，国际小麦价格降低了 52%，2010 年 6 月~2011 年 5 月，国际小麦价格又暴涨了 100%，2011年 6 月~2012 年 5 月，国际小麦价格降低了 17%，2012 年 6 月~2013 年 9月国际小麦价格上涨了 16%，之后持续下跌，2014 年下跌 6%，2015 年下跌 23%。2007 年 7 月~2008 年 6 月，国际玉米价格暴涨 92%，2008 年 8 月~2009年 9 月，国际玉米价格降低 36%，2009 年 9 月~2011 年 4 月，国际玉米价格又暴涨了 112%，2011 年 8 月~2012 年 6 月，国际玉米价格降低 18%，2012 年 6~7 月，国际玉米价格增长 24%，2012 年 9 月~2013 年 9 月，国际玉米价格降低 5%，处于相对稳定的水平，2014 年开始持续下跌，2014 年下跌 22%，2015 年下跌 11%。2007 年 4 月~2008 年 7 月，国际大豆价格暴涨 116%，2008 年 8 月~2008 年 11 月，国际大豆价格降低 31%，2008 年 12月~2009 年 8 月，国际大豆价格上涨 28%，2009 年 9 月~2011 年 2 月，国际大豆价格降低 44%，2011 年 10 月~2012 年 8 月，国际大豆价格上涨 40%，2012 年 9 月~2013 年 9 月，国际大豆价格降低 13%，2014 年开始价格持续下跌，2014 年下跌 10%，2015 年下跌 22%。国际粮食价格波动情况如图 6-5所示。

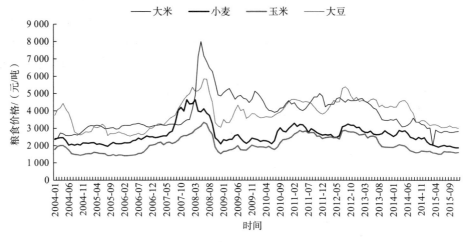

图 6-5 国际粮食价格波动情况

第二节 国际市场变化对国内市场的主要影响因素

国际粮食价格波动的影响因素较多，主要可以从需求和供给两方面来分析。需求方面，包括世界人口的不断增加、粮食消费总量的不断上涨、生物燃料的粮食需求量不断增加、美元的不断疲软、投机行为的增多等；供给方面有世界粮食产量增长以及石油价格的不断增加等。国际粮食价格变化通过贸易进而影响国内粮食价格。

1. 生物能源的不断发展

随着国际原油价格的不断增加，生物能源作为一种新的能源生产方式越来越受到关注。生物能源的发展固然给农业生产和环境保护带来了一定的好处，如生物燃料的发展使人们对粮食的需求增加，这能够提供更多的工作岗位、增加农民收入，而且能使生物资源得到充分的利用；另外，生物能源的发展能够减少温室气体的对外排放。但是随着生物能源产量的不断扩大，出现了所谓的"与粮争地"的现象，第一代的生物能源技术主要依靠粮食作物，生产更多的生物能源就需要更多的粮食，在利益的选择下更多的农民选择种植生物能源的材料，这使本来就不充裕的粮食产量更加不能满足人们不断增加的粮食需求。虽然第二代生物能源技术的发展使粮食安全的压力相对减轻,但是生物能源和粮食作物争水、争地却是不可避免的现实。在 2008 年举行的一次世界领导人峰会上,曾有代表警告英国首相,粮食加工的不断增加、粮食需求量的不断增大,粮食储存量的不断减少、生物能源产量的不断上涨很可能影响全球的经济稳定并且导致部分国家的暴乱,生物能源的不断发展是 2008 年粮食价格激增的主要原因。

2. 汇率变动

随着中国经济的不断发展,人民币在世界贸易市场上起着越来越重要的作用,但是仍然不能撼动美元作为世界第一货币的地位,近年来由于美元实际有效汇率不断降低,很多货币相对于美元具有更强的购买力。在国际粮食市场上,本国货币具有更强的购买力就意味着可以购买更多的粮食,根据供需理论,在世界粮食市场供给量不变的情况下,这无疑会拉动国际粮食价格的整体上涨,也会使粮食价格不断波动。汇率变动会导致粮食进出口价格的波动,进而影响我国粮食的供求平衡。自加入 WTO 以来,随着国内粮食市场的逐步放开和国内农业领域改革的不断深化,我国粮食国际贸易发生了深刻的变化。在工业化、信息化、城镇化和农业现代化同步推进的背景下,国内粮食市场受国际市场的影响越来越大。2014 年,在国际大宗农产品价格延续下跌的背景下,我国粮食国内外价格全面倒挂,进口继续保持较高水平。可以预见,未来一段时期内国际粮食价格仍将低位运行,进口价格"天花板"将日益挤压国内粮食价格的合理上涨空间,同时我国农业生产成本的"地板"刚性抬升将日益挤压农民的种粮增收空间。从长远看,作为一国货币对外和对内价值的表现,汇率和价格水平之间有着密切的联系,所以汇率传递问题也将成为影响国内粮食进出口和市场价格的重要因素之一。

3. 世界粮食供求变化

1961~2015 年,世界谷物总产量从 7.99 亿吨增加到 25.69 亿吨,增长了 2.2 倍,年均增长 2.2%。从谷物产量变化的趋势看,1961~1970 年增长速度最快,为 3.4%,1971~1980 年增长速度降至 1.9%,1981~1990 年均增长 2.0%,1991~2000 年均增长 0.9%,2001~2015 年均增长 2.0%。20 世纪 90 年代,世界谷物生产很不稳定,增长速度减缓,21 世纪以来,在科技的带动下，世界谷物产量增速明显加快。而世界谷物消费量平稳增长，2015 年世界谷物消费量达到 25.6 亿吨，较 1961 年增长 1.9 倍，年均增长 2.1%；较 1991 年增长 30.6%，年均增长 1.7%。世界谷物库存量变动很大，2015 年世界谷物期末库存达到 6.6 亿吨，同比增长 3.3%，但 2006 年稻谷、小麦和玉米等几大主要作物的库存量都达到历史最低点。世界谷物供求关系的紧张引发了 2007~2008 年所有谷物价格的强烈反应，推动了谷物进口成本的迅速提高。从世界范围来看，在处于粮食不安全状态的情况下，极有可能会因为某个主要产粮国产量的变动，而引起世界性粮食危机。据 FAO 统计，在收入很高的国家，人均收入每增加 1%，粮食消费会增长 1%~2%；而典型的低收入国家，人均收入每增加 1%，粮食消费会增长 7%~8%。

4. 期货价格

近年来，来自各方的投机资本逐渐进入我国农产品期货市场，打破了我国部分商品的供需平衡，使国内农产品价格出现剧烈波动，不仅威胁到了我国的粮食安全，而且对我国农业发展造成了严重的影响。我国农产品期货市场在国际农产品期货市场的定价权较弱，但是其与国外的期货市场的信息流通性较强。我国期货市场大部分期货品种与国际期货价格有长期均衡关系，国内期货市场会受国际期货市场影响，但因为国内政策与管制程度不同，各个品种受影响的程度会有不同。国外大豆期货市场有很大的定价权，其对我国的大豆期货定价有很大影响，但我国小麦期货价格相对比较独立，与国际联系并不紧密。中国与美国玉米期货市场存在长期均衡关系，CBOT（Chicago Board of Trade，芝加哥商品交易所）玉米期货市场对国内玉米期货市场有影响，但十分微弱。由于美国稻谷产量较小，CBOT 籼稻期货价格不引导我国早籼稻期货价格，反而受我国早籼稻期货价格引导。对于不同的品种，国际期货市场对国内现货市场的影响程度存在差异。我国大豆期货市场、现货市场、国外期货价格三者之间存在长期均衡关系，国际大豆期货价格波动对国内大豆现货价格产生影响，并在很长时间以后才会达到最大影响。玉米现货市场价格和芝加哥交易所的玉米期货价格没有显著的因果关系，国际期货对现货市场的影响比较微弱。稻米方面，CBOT 市场的敏感度高于郑商所，因此 CBOT 早籼稻期货价格对我国稻谷市场价格有影响。

5. 生产成本变化

近年来，世界各国都致力于建设现代化的农业生产结构，并且投入了大量的人力、物力进行农业现代化的升级改造，使现代农业生产更具有技术含量，这在无形中增加了粮食的生产成本，随着生产设备的越来越完善，设备的折旧费用也越来越高。此外，随着石油价格、农药价格和花费价格的不断上涨，再加上各国人力资源成本的不断增加，这也使单位数量的粮食的成本不断上涨。

6. 贸易限制

2008 年，面对国际粮食价格的不断上涨，部分粮食净出口国为了保障自身粮食安全，纷纷采取一定的政策措施抑制本国粮食的出口，这在一定程度上增大了国际粮食价格的波动幅度，延长了国际粮食价格波动的周期。例如，印度是世界上第二大小麦和大米生产国，2007 年初，印度政府为了稳定国内粮食价格，全年禁止小麦出口，10 月，印度甚至还禁止了面粉出口；2008 年，阿根廷宣布在 2007 年提高玉米、大豆、小麦出口关税的基础上，再一次提高粮食产品出口关税，并且还对另外的一些粮食品种设置了出口壁垒。2008 年 3 月，越南政府决定将大米的出口量削减至原有出口量的78%，作为两个主要的大米输出国，越南和印度的贸易限制减少了当年国际大米供应量的三分之一。

第三节　国际市场变化对国内市场影响的实证分析

我国加入 WTO 以来，随着国内农产品市场的逐步放开和国内农业领域改革的不断深化，我国农产品国际贸易发生了深刻的变化。在工业化、信息化、城镇化和农业现代化同步推进的背景下，国内农产品市场受国际市场的影响越来越大。2014~2015 年，在国际大宗农产品价格延续下跌态势的背景下，我国农产品国内外价格全面倒挂，进口继续保持较高水平。可以预见，未来一段时期内，国际农产品价格仍将保持低位运行，进口价格"天花板"将日益挤压国内农产品价格的合理上涨空间，同时我国农业生产成本的"地板"刚性抬升将日益挤压农民的种粮增收空间。为测度国际粮食市场及宏观经济因素对我国粮食价格的影响，本节将对相关影响因素进行实证研究，在实证分析过程中，由于粮食期货市场变化的影响无法和其他影响因素同时进行计量模型分析，因此本节将对期货的影响单独进行分析。

一、变量的选取

根据已有研究，影响粮食价格从国外向国内传递的主要因素有汇率、粮食进口数量、粮食国际市场价格、国内 CPI 指数等。

（1）汇率。根据前文的研究，汇率因素将通过价格传递影响进口粮食的价格，并传导到国内粮食价格上来，影响的程度将取决于粮食产品的价格弹性、国内需求等因素。

（2）粮食进口数量。粮食进口数量与进口价格之间有着较为紧密的因果关系，并通过进口价格传递到国内粮食价格。从理论上讲，这三者之间存在着消长关系。进口数量越多，进口价格越低，从而对国内价格产生负向影响。反之，进口数量越少，价格越高，对国内价格产生正向引导作用。但在粮食国际贸易中，进口数量与国内粮食价格之间是否具有明显的规律，有待进一步检验。

（3）粮食国际市场价格。粮食国际市场价格对国内价格存在着传导关系，一般认为，国际市场价格越高，则进口价格越高，从而抬高国内粮食价格，但传递作用究竟有多大，则需要通过模型进行检验。

（4）国内 CPI 指数。国内 CPI 指数反映了国内的物价水平，从一定程度上讲，此指标也反映出国内的消费能力，国内消费能力越高，则对国内粮食的需求越高，从而间接影响到国内粮食价格。

二、分析框架与模型选择

本节选择分布滞后模型（distributed lag model，DLM）和向量误差修正模型（vector error correction model，VECM）对上述因素向粮食国内价格传递的具体效应进行估计，并研究影响粮食国内价格的各因素之间的长期均衡关系。

1. 基于分布滞后模型方法的汇率传递实证研究

为验证上述各因素对粮食进口价格的传递效应，本节首先选择分布滞后模型进行实证估计。基于单方程的分布滞后模型在估计传递效应的实证研究中使用非常普遍，它可以为自变量传递提供基准的估计结果。此外，其使用的 OLS（ordinary least square，最小二乘法）方法通常提供最小方差的估计量，这也是为什么它虽然比较简单，但仍然被早期文献经常使用的原因。Campa 和 Goldberg（2002）对使用单方程 OLS 方法研究汇率传递的文献做了相当全面的综述，并对研究使用的模型进行了扩展。本节从特定的分布滞后模型方程出发进行传递弹性的估计。

$$price = \beta_0 + \beta_1 e + \beta_2 import + \beta_3 CPI + \beta_4 gprice + ar(1)$$

其中，price、e、import、CPI、gprice 分别表示粮食国内价格、人民币兑美元汇率、粮食进口数量、国内消费物价指数、粮食国际价格。

2. 基于向量误差修正模型的实证研究

经济研究中使用的时间序列大都是非平稳序列，对于一阶单整的时间序列，可以采用 Johansen 的向量误差修正模型分析框架进行协整检验。向量误差修正模型是包含协整约束条件的 VAR 模型，是应用于具有协整关系的非平稳时间序列建模。这首先要进行向量误差修正模型的特征值轨迹检验，以确定各变量之间是否存在协整关系及存在几种关系，如果有，则进一步确认这种长期均衡关系的形式。

（1）变量的平稳性检验及协整检验。

应用传统回归分析方法对各经济变量的关系进行估计与检验的前提条件，是各变量必须具有平稳的特征，否则容易产生伪回归现象。由于现实中各经济变量时间序列可能具有非平稳性，因此，应对各变量进行单位根平稳性检验，如果变量是非平稳的，那么就采用协整检验分析各变量之间的关系。

通过单位根检验确定这些变量的单整阶数。为确保结果的正确性，对每个变量序列都使用 ADF 检验确定其稳定性和单整阶数，在滞后期数的选择上，参照 AIC 准则和 SIC 准则。

在关于变量的稳定性检验基础上，使用 Johansen 方法对变量进行协整检验。通过建立迹统计量和最大特征值似然比统计量来确定各变量之间的协整关系。在确定 VAR 协整检验的滞后阶数时，进行滞后长度判别检验。

（2）向量误差修正模型。

使用向量误差修正模型研究自变量对价格的传递问题比单方程方法更有优势，因为单方程估计只能分析自变量对单个价格的传递关系，无法沿价格链条对传递关系进行分解，一般只用于为传递估计提供对照结果。而基于向量误差修正模型的实证检验可以沿价格传导链条分析汇率变动对各阶段价格变动的传递情况。

（3）基于向量误差修正模型的脉冲响应分析。

基于 VAR 模型的脉冲响应函数（impulse response function，IRF）可用来度量来自随机扰动项的一个标准差冲击对各变量当前和将来取值的影响。它可以用来分析 VAR 模型中任意一个变量的扰动如何通过模型影响其他变量，最终又反馈到自身的过程。如果模型中随机扰动项是相关的，它们将包含一个不与任何特定变量相联系的共同成分。通常，共同成分的效应归属于 VAR 系统中第一个出现的变量。

三、实证分析

本节选取稻谷、小麦、玉米、大豆作为分析对象，这四类粮食作物是我国目前居民消费最主要的粮食品种。研究中的数据均为月度数据，时间期限为 2001 年 1 月~2015 年 12 月，时间序列样本数量为 180。模型估计中的国内价格、进口数量、国际价格、CPI 指数等变量均用对数进行处理，处理后的变量名称依次为 LNPRICE、LNIMPORT、LNGPRICE、LNCPI。

1. 我国稻谷国内价格影响因素的实证分析

本节选择分布滞后模型，对我国稻谷自 2001 年以来的时间序列数据进行实证估计。

从估计结果可知，进口数量、国际价格、CPI、汇率变动对稻谷国内价格的短期传递弹性分别为-0.04、0.41、3.24、-0.09，其中进口数量和汇率的绝对值远小于 1，说明稻谷进口数量和汇率对进口价格的短期传递是不完全的，而 CPI 对国内稻谷价格的弹性大于 1，且 T 统计量显著，说明国内稻谷价格受国际价格和国内 CPI 指数的影响较为明显，汇率估计系数的 T 统计量（−1.26）并不显著，说明从短期看，汇率并不是显著影响稻谷进口价格的主要因素。稻谷进口价格影响因素的 DLM 估计如表 6-2 所示。

表 6-2　稻谷进口价格影响因素的 DLM 估计

变量	系数	标准差	T 统计量	Prob.
LNIMPORT	−0.039 686	0.014 484	−2.740 050	0.006 9
LNGPRICE	0.405 140	0.121 207	3.342 550	0.001 1
LNCPI	3.238 249	1.486 205	2.178 871	0.030 9
E（−1）	−0.091 979	0.072 841	−1.262 740	0.208 7
C	−10.074 63	6.985 238	−1.442 274	0.151 4
AR（1）	0.671 917	0.061 526	10.920 82	0.000 0
R 平方	0.847 015	因变量均值		6.138 328
调整的 R 平方	0.841 776	因变量标准差		0.305 684
回归标准误	0.121 593	赤池信息量准则		−1.337 601
残差平方	2.158 590	施瓦兹准则		−1.218 237
对数似然函数值	107.657 7	汉南−奎因准则		−1.289 111
F 统计值	161.668 9	德宾−沃森统计值		2.144 538
F 统计量的概率	0.000 000			
转制 AR 特征根	0.67			

对稻谷时间序列数据的所有变量（LNPRICE、LNIMPORT、LNGPRICE、LNCPI、E）进行平稳性检验，得出这些变量的时间序列均为不平稳时间序列。进行一阶差分后，ADF 检验显示，DLNPRICE、DLNIMPORT、DLNGPRICE、DLNCPI、DE 的 T 统计量分别为−12.818、−6.498、−8.449、−9.108、−13.381，所有的一阶差分序列均平稳，可以进行协整检验。

用迹统计量和最大特征值似然比统计量来确定各变量之间的协整关系时，统计结果均显示，在 5%的显著性水平上，国内价格、进口数量、国际价格、CPI 指数、汇率之间存在两个协整方程。通常情况下，当变量间存在一个以上协整关系时，第一个协整方程比较准确地反映了变量间的长期关系。标准化后的协调方程如表 6-3 所示。

表 6-3　标准化后的协整方程

DLNPRICE	DLNIMPORT	DLNGPRICE	DLNCPI	DE
1.000 000	−0.307 425	0.400 991	165.171	−0.128
	（0.070 28）	（0.322 46）	（19.666 7）	（0.189 14）

注：括号内是相应变量估计系数的标准误

根据协整分析的结果，从长期看，稻谷国内价格与进口数量、汇率负相关，而与国际稻谷市场价格、CPI 指数正相关。国内价格对汇率的长期弹性（绝对值）为 0.128，说明从长期看稻谷进口价格对汇率的变动不太敏感，而 CPI 指数对国内价格的长期弹性较大（165.171），说明 CPI 指数是影响国内稻谷长期价格的重要因素。

向量误差修正模型的脉冲响应结果如图 6-6 所示。

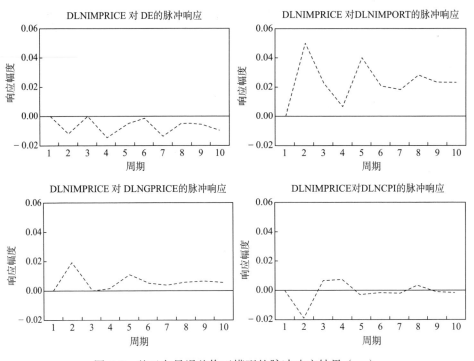

图 6-6　基于向量误差修正模型的脉冲响应结果（一）

从图 6-6 可知，稻谷国内价格对汇率、国际价格、CPI 指数冲击的响应表现并不明显，其变化值始终在 0 附近波动。图 6-6 中，从汇率、进口量、国际稻谷价格、CPI 指数对稻谷国内价格的影响来看，对稻谷国内价格冲击最为显著的是进口量的影响。

2. 我国小麦国内价格影响因素的实证分析

对我国小麦自 2001 年以来的时间序列数据进行实证估计，从估计结果可知，CPI、国际价格、汇率变动对小麦国内价格的短期传递弹性几乎为 0，说明这些因素对小麦进口价格的短期传递效应微乎其微，而主要影响小麦国内价格的是进口数量。从汇率估计系数的 T 统计量看，CPI、国际价格、汇率变动的影响并不显著，说明从短期看，这些因素并不是显著影响小麦国内价格的主要因素。小麦进口价格影响因素的 DLM 估计如表 6-4 所示。

表 6-4　小麦进口价格影响因素的 DLM 估计

变量	系数	标准差	T 统计量	Prob.
DLNCPI	2.89×10^{-16}	4.94×10^{-16}	0.586 153	0.558 7
DLNGPRICE	-3.33×10^{-17}	5.70×10^{-17}	$-0.583\ 736$	0.560 3
DLNIMPORT	1.000 000	1.75×10^{-17}	5.72×10^{16}	0.000 0
DE（-1）	1.20×10^{-16}	1.58×10^{-16}	0.755 720	0.451 0
C	0.000 000	4.38×10^{-18}	0.000 000	1.000 0
R 平方	1.000 000	因变量均值		0.004 646
调整 R 平方	1.000 000	因变量标准差		0.221 424
回归标准误	4.72×10^{-17}	残差平方		3.28×10^{-31}
F 统计值	8.31×10^{32}	德宾-沃森统计值		2.899 129
F 统计量的概率	0.000 000			

对小麦时间序列数据的所有变量（LNPRICE、LNIMPORT、LNGPRICE、LNCPI、E）进行平稳性检验，得出的结论是这些变量的时间序列均为不平稳时间序列。进行一阶差分后，平稳性检验显示，DLNPRICE、DLNIMPORT、DLNGPRICE、DLNCPI、DE 的一阶差分序列均平稳，可以进行协整检验。

用迹统计量和最大特征值似然比统计量来确定各变量之间的协整关系时，统计结果均显示，在 5% 的显著性水平上，国内价格、进口数量、国际价格、CPI 指数、汇率之间存在两个协整方程。通常情况下，当变量间存在一个以上协整关系时，第一个协整方程比较准确地反映了变量间的长期关系。标准化后的协整方程如表 6-5 所示。

表 6-5　标准化后的协整方程

DLNPRICE	DLNIMPORT	DLNGPRICE	DE	DLNCPI
1.000 000	−0.400 492	7.963 075	3.058 741	3 215.625
	（1.053 57）	（13.632 1）	（5.157 46）	（501.814）

注：括号内是相应变量估计系数的标准误

根据协整分析的结果，从长期看，小麦国内价格与小麦进口量负相关，而与汇率、国际小麦市场价格、CPI 指数正相关。国内价格对国际价格、汇率、CPI 指数的长期弹性（绝对值）均大于 1，说明从长期看小麦国内价格对国际价格、汇率、CPI 指数的变动较为敏感。

向量误差修正模型的脉冲响应结果如图 6-7 所示。

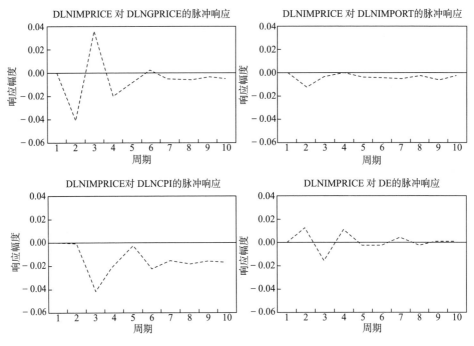

图 6-7　基于向量误差修正模型的脉冲响应结果（二）

从图 6-7 可知，小麦国内价格对汇率冲击的响应相较于其他因素，表现并不明显，其变化值在 0 附近波动，进口价格在第 2 期达到正向最大，在第

3 期达到负向最大，在随后的时间中波动变化但范围很小，到第 9 期以后逐渐趋于零。从脉冲响应图来看，汇率冲击发生的第 2 期、第 4 期以及第 7 期对小麦进口价格的影响最大。从汇率、进口量、国际小麦价格、CPI 指数对小麦国内价格的影响来看，对小麦国内价格冲击最为显著的是国际价格和 CPI 指数的影响。

3. 我国玉米国内价格影响因素的实证分析

对我国玉米自 2001 年以来的时间序列数据进行实证估计，从估计结果可知，玉米进口数量、国际价格、汇率变动对玉米国内价格的短期传递弹性均较小，说明上述因素对玉米国内价格的短期传递影响较小。从进口数量估计系数的 T 统计量看统计显著，说明从短期看，进口数量是显著影响玉米国内价格的主要因素。玉米进口价格影响因素的 DLM 估计如表 6-6 所示。

表 6-6　玉米进口价格影响因素的 DLM 估计

变量	系数	标准差	T 统计量	Prob.
DLNIMPORT	−0.399 566	0.039 060	−10.229 43	0.000 0
DLNGPRICE	0.276 083	1.135 594	0.243 117	0.808 3
DLNCPI	8.303 712	8.018 246	1.035 602	0.302 1
DE（−1）	−0.450 883	2.717 012	−0.165 948	0.868 4
C	0.000 636	0.071 705	0.008 864	0.992 9
R 平方	0.424 114	因变量均值		−0.003 012
调整的 R 平方	0.408 117	因变量标准差		0.986 218
回归标准误	0.758 736	赤池信息量准则		2.318 655
残差平方	82.897 93	施瓦兹准则		2.419 458
对数似然函数值	−167.739 8	汉南-奎因准则		2.359 610
F 统计值	26.512 39	德宾-沃森统计值		2.768 387
F 统计量的概率	0.000 000			

对玉米时间序列数据的所有变量（LNPRICE、LNIMPORT、LNGPRICE、LNCPI、E）进行平稳性检验，得出的结论是这些变量的时间序列均为不平稳时间序列。进行一阶差分后，平稳性检验显示，DLNPRICE、DLNIMPORT、DLNGPRICE、DLNCPI、DE 的一阶差分序列均平稳，可以进行协整检验。

用迹统计量和最大特征值似然比统计量来确定各变量之间的协整关系时，

统计结果均显示，在 5%的显著性水平上，国内价格、进口数量、国际价格、CPI指数、汇率之间存在两个协整方程（表6-7）。通常情况下，当变量间存在一个以上协整关系时，第一个协整方程比较准确地反映了变量间的长期关系。

表 6-7　标准化后的协整方程

LNPRICE	LNIMPORT	LNGPRICE	LNCPI	E
1.000 000	0.196 356	0.362 276	−186.695 4	0.461 303
	（0.079 74）	（0.713 23）	（36.400 1）	（0.552 68）

注：括号内是相应变量估计系数的标准误

根据协整分析的结果，从长期看，玉米国内价格与国内 CPI 负相关，而与汇率、国际玉米市场价格、玉米进口量正相关。国内价格对 CPI 的长期弹性（绝对值）为 186.7，说明从长期看玉米国内价格对 CPI 的变动较为敏感。向量误差修正模型的脉冲响应结果见图 6-8。

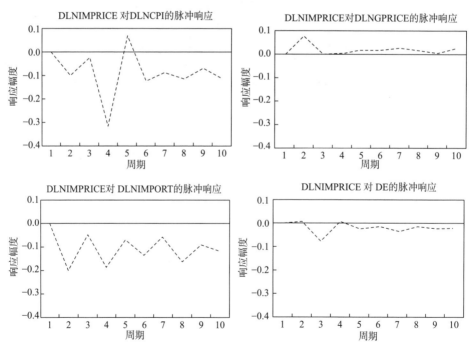

图 6-8　基于向量误差修正模型的脉冲响应结果（三）

从图 6-8 可知，玉米国内价格对汇率冲击的响应相较于其他因素，表现并不明显，其变化值在 0 附近波动，对国内价格的冲击在第 3 期达到负向最大，在随后的时间中有波动变化但范围很小，到第 4 期以后逐渐趋于零。图像反映，CPI 指数对玉米国内价格的冲击影响最大，到第 4 期波动达到了负向最大，这与玉米产品的多元化用途有关，与稻谷、小麦相比，玉米的用途最为广泛，除作为食用粮食外，还能作为饲料，以及加工成各种轻工业品，与国民经济的联系最为紧密，所以国内消费价格指数的轻微波动都将显著影响玉米国内价格。

4. 我国大豆国内价格影响因素的实证分析

对我国大豆自 2001 年以来的时间序列数据进行实证估计，从估计结果可知，进口数量、国际价格、汇率变动、CPI 对大豆国内价格的短期传递弹性较小，说明上述因素对大豆国内价格的短期传递影响较小。从估计系数的 T 统计量（绝对值）看，大豆国际价格统计上较为显著，说明从短期看国际大豆市场价格才是显著影响大豆国内价格的主要因素。大豆进口价格因素的 DLM 估计如表 6-8 所示。

表 6-8　大豆进口价格影响因素的 DLM 估计

变量	系数	标准差	T 统计量	Prob.
DLNIMPORT	−0.006 916	0.005 269	−1.312 528	0.191 5
DLNGPRICE	−0.088 549	0.033 817	−2.618 504	0.009 8
DLNCPI	0.323 146	0.261 105	1.237 609	0.217 9
DE（−1）	0.041 982	0.142 321	0.294 982	0.768 4
C	0.005 708	0.008 420	0.677 922	0.498 9
AR（1）	0.752 906	0.084 918	8.866 244	0.000 0
AR（2）	−0.098 410	0.084 822	−1.160 197	0.247 9
R 平方	0.453 132	因变量均值		0.005 363
调整的 R 平方	0.429 861	因变量标准差		0.045 616
回归标准误	0.034 443	赤池信息量准则		−3.852 863
残差平方	0.167 274	施瓦兹准则		−3.711 103
对数似然函数值	292.111 9	汉南−奎因准则		−3.795 266
F 统计值	19.472 01	德宾−沃森统计值		2.070 986
F 统计量的概率	0.000 000			

对大豆时间序列数据的所有变量（LNPRICE、LNIMPORT、LNGPRICE、LNCPI、E）进行平稳性检验，得出的结论是这些变量的时间序列均为不平稳时间序列。进行一阶差分后，平稳性检验显示，DLNPRICE、DLNIMPORT、DLNGPRICE、DLNCPI、DE 的一阶差分序列均平稳，可以进行协整检验。

用迹统计量和最大特征值似然比统计量来确定各变量之间的协整关系时，统计结果均显示，在 5%的显著性水平上，国内价格、进口数量、国际价格、CPI 指数、汇率之间存在两个协整方程。通常情况下，当变量间存在一个以上协整关系时，第一个协整方程比较准确地反映了变量间的长期关系。标准化后的协整方程如表 6-9 所示。

表 6-9　标准化后的协整方程

LNPRICE	LNIMPORT	LNGPRICE	LNCPI	E
1.000 000	0.175 590	1.279 993	−34.640 55	0.250 234
	（0.057 57）	（0.136 72）	（5.856 49）	（0.065 73）

注：括号内是相应变量估计系数的标准误

根据协整分析的结果，从长期看，大豆国内价格与 CPI 负相关，而与汇率、国际大豆价格、大豆进口量正相关。国内价格对国际价格、CPI 的长期弹性（绝对值）较大，说明从长期看大豆国内价格对国际价格、CPI 较为敏感。向量误差修正模型的脉冲响应结果如图 6-9 所示。

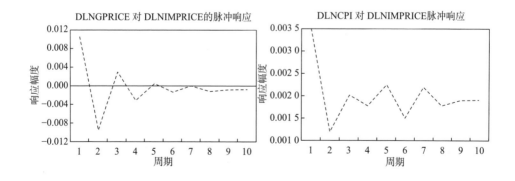

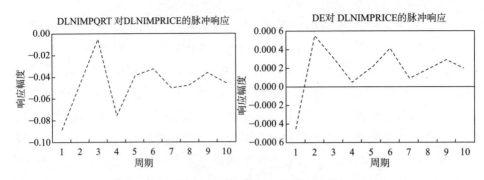

图 6-9　基于向量误差修正模型的脉冲响应结果（四）

从图 6-9 可知，大豆国内价格对国际价格、CPI、进口数量、汇率冲击的响应波动均较为明显。图像反映，CPI 指数、国际大豆市场价格、大豆进口量对大豆国内价格的冲击较之其他粮食品种要明显，这与现实情况基本相符，大豆是我国对外依存度最高的农产品，每年的进口量达到 8 000 万吨以上，所以与进口相关的各种因素均会对其价格产生一定程度的影响。

四、实证结果分析

本节使用月度数据，研究了进口数量、国际价格、汇率变动、CPI 对我国稻谷、小麦、玉米、大豆四类粮食品种国内价格的传递效应。通过基于向量误差修正的脉冲响应函数，研究了上述因素对四类粮食作物国内价格的影响。总的来说，进口数量、国际价格、汇率变动、CPI 对四类粮食作物的国内价格都具有一定程度的影响，但这种影响存在一定的时滞效应。如果进口价格低于国内价格，发生价格倒挂，则国内产品的销售将受到进口冲击。所以，分析上述因素对国内粮食价格的影响，将有利于科学判断国际市场变化对国内价格的相关影响。

从本节的实证结果出发，可以得出以下结论。

第一，从进口数量、国际价格、汇率变动、CPI 对稻谷、小麦、玉米、大豆四类粮食作物国内价格的短期传递弹性来看，分布滞后模型方法估计出来的弹性系数具有较大程度的差异。估计结果说明，从短期看，国内稻谷价格受国际市场价格和国内 CPI 指数的影响较为明显，进口数量是影响小麦和玉米国内价格的重要因素，国际大豆市场价格是显著影响大豆国内价格的主要因素。汇率变动对玉米国内价格的短期传递效应最大，对小麦最小，近乎为零。说明人民币升值或贬值将在短期内显著影响玉米国内价格，所以当人民币升值时，玉米的进口价格将增加，国内玉米价格具有竞争优势，需求增加；而国内以进口玉米为原料或中间产品的物品价格将上涨，需求下降。反之亦然。稻谷、小麦国内价格对汇率变动的传递效应不太明显，说明我国目前的粮食自给率较高，进口粮食占我国粮食消费量的极少数，汇率变动对我国这两类粮食进口价格的传递效应并不明显。

第二，协整分析的结果表明，从长期看，稻谷国内价格与进口数量、汇率负相关，而与国际稻谷市场价格、CPI 指数正相关，CPI 指数是影响国内稻谷长期价格的重要因素；小麦国内价格对国际价格、汇率、CPI 指数的变动较为敏感；玉米国内价格对 CPI 指数的变动较为敏感；大豆国内价格对国际价格、CPI 指数较为敏感。综合来看，CPI 指数对我国稻谷、小麦、玉米、大豆等粮食作物的国内市场价格的长期影响较大，说明我国粮食价格与通货膨胀之间存在着一定的关系，这在很多研究中已经得到证实。此外，国际粮价对我国粮价的影响也客观存在，小麦、大豆均属此类。

第三，基于向量误差修正模型的脉冲响应结果表明，对稻谷国内价格冲击最为显著的是进口量，对小麦国内价格冲击最为显著的是国际价格和国内 CPI 指数，对玉米国内价格冲击最为显著的是 CPI 指数，而大豆国内价格对国际价格、CPI 指数、进口数量、汇率冲击的响应波动均较为明显。这充分说明大豆是四大粮食作物中对国际市场依赖程度最高的商品，国际市场的波动将显著影响大豆的国内价格。由于大豆进口量占国内大豆需求量的80%，进口价升高，将显著减少国内大豆的总需求，并提高以大豆为原料的企业成本，从而在短期内减少供给。所以当人民币升值时，短期内大豆进口价格将对国内大豆价格产生较为强烈的冲击。反之亦然。

五、粮食期货变化对国内市场影响的实证分析

芝加哥农产品期货交易所是全球农产品期货交易所的"鼻祖"，是当前世界上最具代表性的农产品交易场所。国外学者从期货市场角度对农产品价格的国际传递进行的研究非常多，普遍的观点是 CBOT 期货价格对在

农产品期货市场中的信息传递上起决定性的作用，其他各国的期货价格变动基本上都依赖于 CBOT 价格。中国的农产品期货市场在国际农产品期货市场的定价权还较弱，但是其与国外的期货市场的信息流通性较强。我国期货市场大部分期货品种与国际期货价格有长期均衡关系，国内期货市场会受国际期货市场影响，但因国内政策与管制程度的不同，各个品种受影响的程度会有不同。我国期货市场近年来显现出较高的效率，价格发现功能基本得到学者们的肯定，我国大豆、小麦、玉米、稻米期货市场都存在对现货市场的引导作用。

1. 大豆

我国大豆对外依存度已高达 80%多，国内现货价格受国际期货价格影响较大。CBOT 大豆期货是目前国际上最权威的大豆期货品种，其价格不仅是美国农业生产、加工的重要参考价格，而且也是国际农产品贸易中的权威价格。大量的文献已经证明美国的大豆期货市场主导了全球大豆期货定价体系，也直接影响国际现货市场价格，进而影响国内现货市场价格。CBOT 大豆期货与中国大豆产业联系紧密，中国则是最大的大豆进口国和压榨国，中国大豆贸易商或油厂从美国进口大豆多采用点价方式，即以 CBOT 大豆期货价格为基础加上一定升贴水。2015 年黄大豆 1 号期货内外盘和现货市场价格相关性如表 6-10 所示。

表 6-10　2015 年黄大豆 1 号期货内外盘和现货市场价格相关性

价格选择	相关系数
大商所连续价格与 CBOT 连续价格	0.60
大商所连续价格与现货市场价格	0.31

资料来源：中国期货市场年鉴（2015 年度），中国证券监督管理委员会、中国期货业协会编

2. 小麦

我国小麦期货在郑商所上市交易，小麦品种的自给率较高，并且国内管制程度较高、补贴较多，所以小麦在期货和现货市场上的价格上都处于比较独立的状态，较少受到国际因素的影响。具体见表 6-11、表 6-12。

表 6-11　2015 年强麦期货内外盘和现货市场价格相关性

价格选择	相关系数
郑商所连续价格与 CBOT 连续价格	−0.14
郑商所连续价格与国内现货市场价格	−0.04

资料来源：中国期货市场年鉴（2015 年度），中国证券监督管理委员会、中国期货业协会编

表 6-12　2015 年普麦期货内外盘和现货市场价格相关性

价格选择	相关系数
郑商所连续价格与 CBOT 连续价格	−0.16
郑商所连续价格与国内现货市场价格	0.53

资料来源：中国期货市场年鉴（2015 年度），中国证券监督管理委员会、中国期货业协会编

3. 玉米

玉米品种的市场状态处于小麦和大豆之间，既没有极大地受制于国际市场，也没有独立起来，因此国际期货的影响也处于两者之间。一些研究表明，大商所玉米期货合约价格对国内现货价格影响显著，但是国际期货市场价格对国内现货市场价格影响微弱。2015 年玉米期货内外盘和现货市场价格相关性如表 6-13 所示。

表 6-13　2015 年玉米期货内外盘和现货市场价格相关性

价格选择	相关系数
大商所连续价格与 CBOT 连续价格	−0.05
大商所连续价格与现货市场价格	0.97

资料来源：中国期货市场年鉴（2015 年度），中国证券监督管理委员会、中国期货业协会编

4. 稻米

我国稻谷总体供需平衡，自产自销，在很大程度上受政府调控限制，虽然近年来进口量不断增加，但对国内价格总体影响有限，而全球约 90% 的大米产销集中在亚洲地区，美国稻米市场在全球比重很小，因此，CBOT 稻米期货价格对我国现货市场价格影响有限。具体见表 6-14、表 6-15。

表 6-14　2015 年早籼稻期货内外盘和现货市场价格相关性

价格选择	相关系数
郑商所连续价格与 CBOT 连续价格	− 0.04
郑商所连续价格与国内现货市场价格	0.04

资料来源：中国期货市场年鉴（2015 年度），中国证券监督管理委员会、中国期货业协会编

表 6-15 2015 年晚籼稻期货内外盘和现货市场价格相关性

价格选择	相关系数
郑商所连续价格与 CBOT 连续价格	−0.27
郑商所连续价格与国内现货市场价格	0.15

资料来源：中国期货市场年鉴（2015 年度），中国证券监督管理委员会、中国期货业协会编

综合来看，国内期货市场会受国际期货市场影响，但各个品种受影响的程度有所不同，大豆影响较大，小麦较为独立；国内粮食期货市场对国内现货市场的价格具有一定程度的指导作用，其中，对玉米的指导作用最为显著；国际大豆期货价格对国内现货价格影响较大，小麦、玉米、稻米国内现货价格受 CBOT 期货价格的影响均很弱。

第四节 主要结论和政策建议

1. 重视国际粮食价格和国内粮食价格的关系

在正确认识到国际粮食价格同我国粮食价格之间的关系后，就应该审时度势，根据国际粮食价格的变动特征，建立一套防范机制。首先，要从更高的层面上审视我国的粮食价格，仅仅局限于国内市场，希望利用政府的政策调控和国内生产，已经远远不能满足当前粮食市场的发展对我国粮食市场的要求，要合理地利用国际粮食价格的发展趋势，适时地引进来或者走出去。其次，粮食的商品属性已经发生非常大的变化，在制定相应的粮食价格预警机制时，不仅要考虑到国内的库存以及供给量和需求量，还要考虑粮食的能源属性和金融产品的属性，把当前国际能源市场的价格变化及国际金融市场的价格变动考虑到粮食价格预期走势的影响因素中。最后，减少国际粮食价格对我国粮食价格的影响，要提高我国粮食定价能力在国际上的影响力。例如，要在不断提高我国粮食产量的基础上尽可能多地建立粮食进出口贸易伙伴，形成一个稳定粮食价格的贸易合伙组织，依托国内的粮食库存和国际贸易伙伴的支持，共同提高该贸易组织在国际粮食市场上关于粮食定价的话语权。

2. 非传统因素对粮食市场的影响加大，国内外粮价波动性将进一步加剧

非传统因素对世界粮价的影响日益加深。一是极端天气事件增多，加大了粮食产量的不确定性。尽管极端天气对粮食产量的影响在方向上比较清晰，但在影响的程度上比较模糊，增加了粮食产量的不可预见性。二是出口限制事件增多，降低了国际粮食市场的稳定性。限制出口政策降低了国际市场粮食的可获性，容易使进口国产生"有钱也买不到粮"的恐慌从而进行抢购，加剧粮食市场的供求紧张态势。三是以网络媒体为主要形式的信息化浪潮提高了信息传递的便利化程度，在信息不对称的情况下，极易使市场参与者的预期和行为形成共振。随着互联网的普及，自然灾害的发生、市场信息的披露、出口政策的调整等会在极短时间内传递到地球每一个角落，引起众多市场参与者预期和行为的调整，对粮价变化形成"乘数"放大效应。四是金融资本对粮食市场的影响加大，增加了粮价的波动性。全球流动性的充斥降低了融资成本，经济全球化则降低了资本流动的门槛。由于粮食供需弹性低、交易规模小，粮食尤其是粮食期货成为金融资本青睐的投资品选项。而金融资本的流向非常容易因受到突发事件等偶然因素的影响而急剧变化，导致粮价大涨大跌。可以预期，在这些非传统因素的共同作用下，国内外粮价将呈波动幅度加大、波动频率增加的趋势。

3. 加强对我国粮食产业的保护和调控，防止国内粮食生产遭受外部冲击

在相继发生的粮食危机、金融危机以及国际粮价下跌中，由于关税配额政策的保护以及对外依存度较低，我国小麦、玉米、大米的国内价格保持相对稳定的态势，但缺乏有效调控手段，对外依存度高的大豆的国内价格经历了大幅波动：在低价时对国内大豆生产造成了较大冲击，在高价时使消费者遭受了巨大损失。随着劳动力、能源和资源价格的提高，我国粮食生产成本快速上升，粮食竞争力趋于下降。2010 年以来，国内主要粮食品种的价格普遍高于国际水平，进口动力增大，粮食生产遭遇大豆困境的可能性在增强。在国际粮食市场波动性、不确定性和风险不断增强的形势下，必须加强对粮食产业的合理保护和调控，避免进口对国内产业的打压，确保在开放中

保持国内粮食生产和市场的稳定，避免对国际市场形成过度依赖，维护消费者长远利益。考虑到我国农产品市场开放度高，在未来多双边贸易谈判中要特别重视和加强对目前已非常有限的政策空间的保护。

4. 在坚持立足国内保障基本供给、有效利用国际市场的原则下，切实加强对发展国内生产和利用国际市场的统筹

要根据不同粮食产品的需求结构、特点和趋势，及其在粮食安全中的地位，确定切实可行的阶段性自给率目标和合理的产业结构。要结合利用国际市场的可能和发展国内生产的潜力，优化粮食生产力布局，加强优势区域规划，加快优势产业带建设，确保粮食基本播种面积和基本供给能力。要研究建立必要的体制机制，有效统筹国内生产和进口需求，确保国内产业政策与贸易政策相衔接，国内生产力布局与充分利用国际市场相匹配，国内供需趋势与进出口调控相协调。

5. 针对国际粮食市场波动性、风险性和不确定性加剧的特点，强化对国际粮食市场的监测、研判和预警

要积极参与国际粮农事务，发挥我国在国际粮农事务中的作用，了解国际粮食市场动向。进一步强化对国际粮食市场的监测、研判和预警等基础性工作，对重点国家、重点市场、重点品种的供需和贸易情况进行监测，强化对国际市场价格、供需动态、贸易形势以及贸易政策等信息的收集分析、研究和预警，综合运用关税、关税配额、技术性措施、国营贸易等手段，对粮食贸易进行因时因势的有效调控，确保国内生产和市场的稳定。要进一步加强公益性公共服务，切实提高国内农业企业应对国际市场波动和风险的能力。

参 考 文 献

丁丽君. 2007. 国内玉米期货价格与现货及国外玉米期货价格的关联分析[J]. 理论探讨，
　　（5）：42-43.

董智勇，王双进. 2013. 粮食价格波动态势及调控对策[J]. 宏观经济管理，（7）：34-38.

耿晔强. 2008. 巴西农产品出口我国市场的影响因素分析[J]. 国际贸易问题，（11）：51-57.

何启志. 2010. 国际农产品价格波动风险研究[J]. 财贸研究，（5）：63-69.

华仁海，陈百助. 2004. 国内、国际期货市场期货价格之间的关联研究[J]. 经济学（季刊），3（3）：727-742.

黄太洋. 2013. 我国粮食期货市场与现货市场联动机理分析——基于对大豆、玉米、小麦、籼稻粮食品种的实证分析[J]. 价格理论与实践，（1）：77-78.

李先德，宗义湘，闫琰. 2011. 巴西农业支持水平及支持政策分析——基于OECD最新农业政策分析框架[J]. 财贸研究，22（2）：51-58.

刘李峰，武拉平. 2007. 中国与南美国家农产品贸易关系的实证研究——以巴西、阿根廷、智利为例[J]. 农业技术经济，（2）：37-42.

罗博克 S. 1977. 巴西发展探讨[R]. 里约热内卢.

罗峰，牛宝俊. 2009. 国际农产品价格波动对国内农产品价格的传递效应——基于VAR模型的实证研究[J]. 国际贸易问题，（6）：16-22.

罗孝铃. 2005. 基于粮食价格的我国粮食安全问题研究[D]. 中南大学博士学位论文.

罗永恒. 2012. 中国农产品价格波动对经济增长影响的研究[D]. 湖北农业大学博士学位论文.

苗珊珊. 2013. 大米价格波动及其效应研究[D]. 西北农林科技大学博士学位论文.

聂婷. 2013. 国内外期货市场对国内农产品现货市场的影响机制研究——以玉米期货市场为例[D]. 西南财经大学硕士学位论文.

曲亮，陈敏. 2010. 中国建立稻谷期货市场话语权研究——基于中、美、泰三国市场的实证分析[J]. 华中农业大学学报，（4）：37-42.

邵鲁. 2009. 我国粮食供求、价格波动与安全问题的实证分析[D]. 吉林大学博士学位论文.

王军. 2015. 中国粮食国际定价地位及其影响研究[D]. 浙江大学博士学位论文.

王强. 2007. 赴巴西农业科技考察报告[J]. 中国农村科技，（12）：58-71.

王淑艳. 2013. 我国粮食价格波动因素分析与预测研究[D]. 东北农业大学博士学位论文.

王小鲁. 2001. 中国粮食市场的波动与政府干预[J]. 经济学季刊，1（1）：171-192.

夏天，程细玉. 2006. 国内外期货价格与国产现货价格动态关系的研究——基于DCE和CBOT大豆期货市场与国产大豆市场的实证分析[J]. 金融研究，2：110-117.

尹靖华. 2015. 国际粮价波动对我国粮食贸易安全的影响研究[D]. 浙江大学博士学位论文.

张喜才，张利库. 2011. 外部冲击对中国农产品价格波动的影响研究——基于农业产业链视角[J]. 管理世界，（1）：71-81.

张屹山，方毅，黄琨. 2006. 中国期货市场功能及国际影响的实证研究[J]. 管理世界（月刊），4：28-34.

周世秀. 2001. 巴西历史与现代化研究[M]. 石家庄：河北人民出版社.

第 七 章

世界主要国家的粮食价格政策与经验借鉴

在经济发展过程中，世界各国对农业进行保护早已成为普遍共识，农业支持政策的实施已有百年历史。多年来，发达国家和发展中国家都对粮食产业的支持与保护尤为重视，积累了一系列粮食价格支持政策的实践经验，这对我国粮食价格政策的制定和完善具有重要的借鉴意义。因此本章详细梳理美国、日本等发达国家以及印度、巴西等发展中国家的粮食价格支持政策及其实施机制，探索总结有益的经验及其对我国的启示，为进一步调整与完善我国粮食价格支持政策提供经验借鉴。

第一节　美国粮食价格政策的发展及借鉴

一、基本情况

1. 农业生产条件

美国地处北美洲中部，北邻加拿大，南靠墨西哥湾，东濒大西洋，西临太平洋，国土面积 937 万平方千米，居世界第 4 位。美国自然资源丰富，矿产资源总探明储量居世界首位，煤、石油、天然气、铁矿石、钾盐、磷酸盐、硫黄等矿物储量均居世界前列。2013 年美国人口总数约为

3.16 亿，大部分集中在五大湖、密西西比河及太平洋、大西洋沿岸附近。总人口中约有 77% 的人居住在城市地区，其中近半数集中在 37 个大城市。大部分地区属于大陆性气候，南部属于亚热带气候。中北部平原温差很大。全国大部分地区雨量充沛且分布均匀，平均年降雨量约 760 毫米。土壤肥沃，海拔 500 米以下的平原占国土面积的 55%，耕地面积约占国土总面积的 20%，拥有永久性草地 2.4 亿公顷，森林和林地 2.65 亿公顷。耕地面积广阔，现有可耕地面积 1.52 亿公顷；人多地少，人均耕地面积 0.94 公顷；耕地质量较高，主要分布在密西西比河流域的中央大平原，该平原有肥沃的冲积土，非常适合农业的发展。

2. 经济发展水平

美国是当今世界上最发达的现代工业国，2013 年 GDP 总量为 16.20 万亿美元，居世界首位。美国的人口不足世界人口的 5%，经济产出却占全球 25% 以上。国际货币基金组织数据显示，2013 年美国人均 GDP 达到 51 248 美元，居世界 11 位。

美国工业体系完备，工业生产总值和就业人数约占 GDP 和总人口的 1/5。制造业在工业中占主导地位，产值约占美国 GDP 的 10%，是美国经济的重要基础支柱。

美国是世界第一大货物贸易国，2013 年，美国进出口货物贸易总额为 39 104.1 亿美元，同比增长 0.8%。其中进口额 23 315.2 亿美元，同比下降 0.2%；出口额 15 788.9 亿美元，同比上升 2.1%。贸易逆差在进入 21 世纪以后不断扩大，2013 年进出口货物贸易逆差 7 526.2 亿美元。加拿大、中国、墨西哥是其三大主要贸易伙伴，2013 年美国与三大贸易伙伴的贸易额为 17 299 亿美元，占其贸易总额的 44%。美国出口商品以工业制成品，尤其是密集型和高附加值产品为主，同时美国也是世界上最大的农产品出口国；主要进口商品是工业原料和消费品。

3. 农产品生产情况

美国是世界上重要的农业国之一，美国农作物以玉米、小麦、大豆、棉花为主，其次为烟草、马铃薯、燕麦、稻子、柑橘、甜菜等。粮食总产量约占世界总产量的 1/5，玉米、大豆、小麦产量分别位居世界第一、第一和第三位（仅次于中国和印度）。

美国农业生产以小型家庭农场为基础，目前美国农场总数超过 200 万个，农场的平均用地规模约 440 英亩[①]，其中 2 000 英亩以上的大农场平均规模为 6 308 英亩（宋洪远和赵海，2015）。美国农业生产的专业化程度很高，能够充分发挥各地区的资源优势，在不断发展的过程中形成了几个重要的农业产业带，分别是东北部和"新英格兰"的牧草和乳牛带、中北部玉米带、中部平原小麦带、南部棉花带和太平洋沿岸综合农业区。美国农业生产高度机械化，其发达的工业体系为农业提供了大量先进的农业科技装备，在大大提高农业生产效率、减少用工成本的同时，也使种子、农药、化肥等生产要素得到科学配置。美国农业具备较高的产业化发展水平，农产品的生产、加工、销售高度一体化，形成了一个完整的体系。

4. 粮食生产、消费和进出口情况

2014 年，美国小麦种植面积 5 624 万英亩，产量 5 464 万吨。玉米产量 3.5 亿吨，出口 4 870.3 万吨，国内消费 2.93 亿吨。大豆产量 3.69 亿吨，出口 1 047.8 万吨，国内消费 2.68 亿吨。

美国人少地多，农业生产效率较高，因此农产品在满足本国需求的同时仍有大量剩余可供出口。美国是世界上最大的农产品出口国，2014 年美国农产品出口总额达 1 504.7 亿美元，进口总额 1 117.3 亿美元，贸易顺差 387.3 亿美元。

二、美国粮食价格政策的形成背景和变化过程

早期美国政府对农产品市场的发展放任自由，不对其进行干预，仅通过对农业基础设施的投资来促进国内农业的发展。直至 1933 年，美国国会通过《农业调整法》，标志着美国开始通过实施农业价格政策管理农业。经过 80 多年的发展，美国政府不断出台新农业法案，至今共出台了 17 部农业法案（表 7-1），通过不断的调整和充实，已形成一个包含价格政策在内的完整复杂的农业政策体系。总体看来，美国农业价格政策可以分为三个阶段。

---

① 1 英亩=4 046.86 平方米。

表 7-1　美国 17 部农业法案汇总表

年份	法案（中文）	法案（英文）
1933	《农业调整法案》	*Agricultural Adjustment Act of 1933*
1938	《农业调整法案》	*Agricultural Adjustment Act of 1938*
1948	《农业法案》	*Agricultural Act of 1948*
1949	《农业法案》	*Agricultural Act of 1949*
1954	《农业法案》	*Agricultural Act of 1954*
1956	《农业法案》	*Agricultural Act of 1956*
1965	《食物与农业法案》	*Food and Agricultural Act of 1965*
1970	《农业法案》	*Agricultural Act of 1970*
1973	《农业与消费者保护法案》	*Agricultural and Consumer Protection Act of 1973*
1977	《食物与农业法案》	*Food and Agriculture Act of 1977*
1981	《农业与食品法案》	*Agriculture and Food Act of 1981*
1985	《粮食安全法案》	*Food Security Act of 1985*
1990	《食物、农业、资源保护及贸易法案》	*Food, Agriculture, Conservation, and Trade Act of 1990*
1996	《联邦农业提高与改革法案》	*The Federal Agriculture Improvement and Reform Act of 1996*
2002	《农业安全与农村投资法案》	*The Farm Security and Rural Investment Act of 2002*
2008	《食物、资源保护及能源法案》	*Food, Conservation and Energy Act of 2008*
2014	《食物、农场及就业法案》	*Food, Farm and Job Act of 2014*

1. 第一阶段：1933~1995 年

1933~1995 年，美国农业发展面临的问题主要来自国内市场，国际市场的农产品贸易对美国农业政策的影响非常小。联邦政府通过制定农产品目标价格、实行无追索权农产品贷款等支持方式，保证农场主收入稳定。市场价格支持政策是这一阶段美国农业支持政策的核心内容。这一阶段的美国农业支持政策以市场价格支持为基础，同时根据国内情况对农业支持政策进行自由调整。其间，美国政府主要实施的农产品价格政策有以下几种。

（1）休耕补贴。早期美国政府对农产品市场的不干预使国内农产品库存量持续快速增长，出现了农产品积压过多的局面。1933 年，美国政府推出农业限产计划，而休耕补贴正是该计划中的一项重要内容。其操作方式是，给农业生产者支付一定的补贴，使生产者自愿减少特定农产品的种植面积，以降低农产品市场上此类农产品的供应量，借此来实现对该农产品价格的调控。

1956 年，美国依据《农业法案》提出了自愿退耕计划，即土地银行计划。该计划要求农场将一部分耕地长期用于植树和保护土地，不再用来种植农作物，作为补偿，政府每年都给这部分农场主一定的补贴。该计划扩大了休耕补贴的规模，加强了当时的美国政府对农产品价格的调控力度。

1961 年美国政府继而推出了紧急饲料谷物计划，明确规定农场主应停耕至少 20%的耕地，且必须将这些耕地用于土壤保护，在此情况下，农场主才可获得停耕土地正常产量 50%的现金或实物补偿。

土地休耕政策的实施，不仅控制了美国国内的粮食产量，保证了市场粮价稳定，同时还起到了保持水土的作用，为环境保护做出了贡献。由于成功地把控制农产品生产、稳定农民收入和保护资源紧密结合起来，休耕计划得到了美国政府的大力推行，美国政府不断地完善相关的政策体系，如 1983 年开始实行实物补贴计划，1985 年正式提出土地休耕计划等。

随着国际贸易的快速发展，美国国内农产品出口量急速增加，1996 年克林顿签署的《联邦农业提高与改革法案》对休耕政策做出了较大调整，取消了对小麦、稻米、饲料粮和棉花种植减耕计划，解除了大部分作物种植限制。农场主可以根据市场需求，用 100%的土地种植除水果和蔬菜之外的任何作物。唯一没有较大变动的是，考虑到跟环境保护密切相关，美国政府非但没有削减 1985 年土地休耕计划的休耕补贴，反而增加了该计划的补贴数额。

（2）目标价格和价格差额补贴。为保障农场主收入的稳定，1973 年《农业与消费者保护法案》提出了农产品目标价格政策。目标价格是美国政府实施农产品价格干预时采取的一种支持性价格，它的高低由生产成本和生产者利润决定。差额补贴是指当年目标价格与实际市场平均价格之间的差额乘以该产品的当年销售量所得的积。享受差额补贴的农产品，主要是占收获面积绝大部分的小麦、玉米、花生、棉花及乳制品等基本商品。由于实施了休耕计划，控制了市场上农产品的价格，因此农场主的销售利润与预期利润不符，而差额补贴保障了农场主在收回成本的同时能够获得一定利润。如果相关农产品的实际市场价格低于目标价格，政府则将差额作为补贴直接发放到农民手中；若高于目标价格，则不予补贴。这是政府对生产者实行的目标价格保护。

（3）无追索权贷款。无追索权贷款是由农产品信贷公司给参加农产品计划的农场主提供为期 10 个月的短期贷款，以便农场主选择在市场价格较高的时候出售农产品，其间如果市场价格一直低于农场主的预期，农场主可以不归还信贷，而直接将其转为农产品公司贷款；相反，如果农场主愿意以市场价格出售农产品，需要在售完农产品后向信贷公司归还本息；当市场农产品的供给量超过需求量时，政府委托农产品信贷公司收购农场主过剩的农产品。

（4）扩大出口补贴。在农产品国际市场竞争激烈的形势下，为了降低农产品出口价格，提高农产品的国际竞争力，1985 年美国政府通过的《粮食安全法案》中规定，政府将补贴 10 亿美元用于增加美国农产品的出口，以获得国际农产品市场中的强势地位。通过农产品出口补贴和出口信贷形式，压低农产品出口价格，支持对外倾销，以控制农产品供给量，调节农产品价格。

2. 第二阶段：1996~2001 年

1996 年，美国政府颁布了《联邦农业提高与改革法案》，对原《农业法案》进行了部分调整，主要集中于对农产品价格支持的政策调整。将政府对农业的部分国内价格支持改为对农民收入的支持，并计划在新法案实施的 7 年期间给农户约 356 亿美元的收入补贴。这一阶段运用的主要做法有以下几种。

（1）取消目标价格和价格差额补贴，转为收入补贴。美国《联邦农业提高与改革法案》规定，取消目标价格和市场差价补贴，只保留最低保护价。农场主可以依据种植面积（减去 15%另有补贴的休耕面积）及最低保护价，计算好预期收入，农场主收入如果低于预期收入就可以获得政府的农业收入补贴。

（2）贷款差额支付。贷款差额支付是政府预期某种农产品的销售价格，农场主将没有收获的农产品作为抵押品，根据最低保护价格计算出来的金额向政府申请贷款。当市场价格高于最低保护价格时，农场主按照市场价格出售农产品，偿还贷款后剩余的部分归农场主所有；当市场价格低于最低保护价格时，农场主按照市场价格出售农产品，然后按照市场价格与贷款率之间的差额获得补贴。而农场主在偿还贷款额时不需要偿还全部。市场价格与最低保护价格之间的差额是政府通过直接支付的方式，按照加息贷款率和市场价格之间的差额来补贴农业生产者。

3. 第三阶段：2002~2014 年

1998 年起，由于国际市场农产品价格普遍下降，再加上美国农业政策刺激了农业的增长，农产品过剩加剧、价格下跌，农场主收入大幅度下降，原计划的政府补贴预算远不够实际补贴。农产品价格政策迫切需要改进以应对国内形势。

2002 年，美元大幅贬值，国际农产品价格急剧下跌，农场主收益下滑。2002 年 5 月，美国政府开始实施《农业安全与农村投资法案》，在 1995 年《农业法案》的基础上全面增加对农业的投资和补贴，以控制国内农产品的价格稳定。2008 年《农业法案》对销售援助贷款、贷款差额补贴、反周期补贴和平均收入补贴等做出了非常详细的规定，对 2002 年《农业法案》做了进一步的完善。

2014 年 2 月，美国国会通过了最新的农业法案——《食物、农场及就业法案》，其主要背景包括：一是美国政府预算紧张，需要对原有的农业法案的预算进行削减，而农产品价格高位运行为新农业法案缩减预算提供了可能。美国国会预测未来 5 年农产品价格仍将普遍高于目标价格，原有的直接支付、反周期支付、平均作物收入选择计划和补充收入援助付款计划等政策手段对保障农场主收入的作用减弱，因此在新农业法案中被取消并被新的农业收入风险保障项目所取代，这一变化每年约为财政支出节省资金 15 亿美元。加上环境保护项目和营养项目通过合并重组节省的约 8 亿美元财政支出，预计 2014 年《农业法案》每年将为已经巨额赤字的财政支出节省资金约 23.6 亿美元。二是 2008 年美国农业法案有许多内容与 WTO 规则相冲突。WTO 农业协定规定，成员国必须削减对贸易造成扭曲作用的国内补贴。而美国目标价格补贴属于 WTO 农业协定的"黄箱"补贴，过高的补贴会违反 WTO 的相关规定，引起相关诉讼，并遭到其他成员国的报复。三是美国近年来农业自然灾害增加，政府对农业保险的作用更加重视，且这一工具属于"绿箱"政策，是未来农业支持政策的主要方向。其调整的主要内容包括：

①取消直接补贴；②设立价格损失保障补贴和农业风险保障补贴；③强化农业保险的作用；④改革资源保护补贴。

三、美国主要粮食价格政策和措施

1. 价格损失保障

价格损失保障（price loss coverage，PLC）主要针对小麦、饲用谷物、水稻、油籽、花生以及豆类（覆盖的商品）。这种补贴首先设定一个参考价格，如果市场价格低于参考价格，则向生产者提供补贴。其支付标准如下：

支付标准=（参考价格−实际价格）×支付单产×85%×基础面积

其中，支付单产可以参考现有反周期支付政策的单产，或以 2008~2012 年作物收益的 90%作为标准。基础面积则使用以往在农场服务局（Farm Service Agency，FSA）登记的面积，或以每种作物 2009~2012 年的种植面积均值为标准进行一次性调整。

2. 农业风险保障

农业收入风险保障计划（agriculture risk coverage，ARC）是指，当农户种植的作物收入低于最近 5 年平均水平的 86%时，农业收入风险保障计划将开始为农民提供补贴，但补贴总额不应超过近 5 年平均水平的 10%。生产者可以在县农业风险保障和个人农业风险保障之间做出选择。个人农业风险保障的支付标准如下：

支付标准=（5 年平均收入×86%−实际收入）×65%×基础面积

县农业风险保障为：

支付标准=（5 年平均收入×86%−实际收入）×85%×基础面积

其中，5 年平均收入是根据移动均值法求得的 5 年平均历史单产和价格的乘积。单个农场的农业风险保障和县的农业风险保障的主要区别在于，单个农场的农业风险保障无法以单个农产品来获得补贴，只能将全部农作物纳入项目中。

3. 农业保险

2014 年美国农业法案新增了对棉花的收入保险计划和对其他作物的补充保险选择。新农业法案扩大了作物保险项目所覆盖的产品范围，增加了水果、蔬菜等园艺作物。预算资金也有所增加，主要是新增了对棉花的收入保险计划和对其他作物的补充保险选择，分别为购买保险的棉花和其他作物生产者提供更大的收入保障。

4. 资源保护补贴

2014年美国农业法案首先减少了休耕面积，将2014年的129.6万公顷逐步减少到 2017 年的 101.25 万公顷。其次废除了野生动物栖息地的激励计划，并新增巩固农业水资源的功能增强项目。

四、美国粮食价格政策的经验及启示

1. 完善农产品价格法律体系

自 1933 年美国第一部农业法案——《农业调整法案》出台以来，美国政府不断通过对农产品价格的相关立法，形成了完善的农产品价格管理法律体系，为本国农产品价格管理提供了强大的制度支撑。美国农业法案对政策目标、预算安排、实施方案、政府职责范围等政策执行有关的问题都做出了明确规定，从而保障了政策执行的效率和效果。同时随着宏观环境和政策目标的转变，美国国会每隔四五年都要讨论、出台新的农业基本法，平衡各方利益，并保证农业政策的与时俱进。

目前，我国农业法制建设相对滞后，许多农产品价格政策仍然靠政府文件的方式传达落实，缺少权威性，也影响了各项政策执行的效果和效率。因此，我国应借鉴美国经验，加强对各项农业法律和配套实施细则的制定，同时要加强对政策执行效果的评估，根据评估结论和政策目标不断调整现有的农业政策，以增强农业政策的适用性。

2. 重视市场机制在农产品价格体系中的作用

美国市场经济发达，市场机制在各个领域中得到充分发挥，在调节农产品供求和价格方面同样起着基础性作用。美国的农产品价格政策也以不打破农产品市场交易的正常秩序为前提，充分体现出对市场规律的尊重。例如，2014 年实行的价格损失保障计划，并没有对农产品的市场价格进行直接干预，而是立足于对农民收入的保障，在市场价格低于参考价格时，向生产者提供补贴以弥补其因价格降低产生的损失。作物保险项目的范围扩大同样体现了美国农产品价格政策市场化的改革方向。

目前，我国虽然制定了一系列的农产品价格支持政策，但往往是由政府主导，忽视了市场力量的发挥，因此政策的实施效果有一定影响。例如，我国现行的最低收购价制度和临时收储制度，打破了市场原有的运行规律，扭曲市场价格，导致市场价格的导向功能得不到发挥。因此，我国应重视市场机制，加快培育健全的农产品市场，使农产品价格能够准确反映市场的供求关系，减少政府对农产品价格的干预。增加市场化的调控手段和工具，完善重要农产品临时收储政策，积极推进目标价格改革和农产品价格保险试点。

3. 差异化的政策工具

美国的农产品价格支持政策丰富，有不同的商品计划供农业经营者根据自身情况进行自由选择，对不同的农作物也有针对性的支持政策，因此价格政策取得了较好的效果。而我国的农产品价格政策较为单一，以临时收储政策和最低收购价政策为主，目标价格制度也只是选取棉花和大豆两个品种进行试点，目前仍有许多需要完善的地方。未来我国应在综合考虑农业政策的目标、农业产业发展优先序、重要农产品不同发展特点的基础上，逐步完善现有的农产品价格政策体系，不断创新政策工具。在"谷物基本自给、口粮绝对安全"的国家粮食安全战略背景下，对种植面积大、种植区域分散、事关国家粮食安全的稻谷、小麦等重要农产品，要在确保稳定供给的情况下对最低收购价和临时储备制度进行改良。在总结新疆棉花、东北和内蒙古大豆目标价格改革试点经验的基础上，进一步扩大目标价格试点区域和试点品种。

第二节　日本农产品价格政策的发展及借鉴

一、基本情况

1. 农业生产条件

日本位于亚洲东部、太平洋西北部，由本州、四国、九州、北海道四大岛及 7 200 多个小岛组成，陆地面积约 37.8 万平方千米，总人口 1.27 亿。以温带和亚热带季风气候为主，海洋性特征明显，年平均气温在 10℃以上。大部分地区年降雨量在 1 000~2 000 毫米，降水充沛，水能资源丰富。地形以山地和丘陵为主，二者约占其国土面积的 71%。平原面积狭小，耕地十分有限。

2. 经济发展水平

日本工业高度发达，经济实力雄厚。2014 年 GDP 总量为 4.6 万亿美元，占全球总 GDP 的 6.5%，处于美国、中国之后，位居世界第三位。2014 年日本人均国民生产总值 3.62 万美元，在经济合作与发展组织（Organization for Economic Cooperation and Development，OECD）的 34 个成员中排名第 19 位。

日本国内资源匮乏，因此贸易对其经济发展至关重要。其贸易结构主要是进口粮食、原材料、能源等初级产品，出口高附加值产品。美国和中国是其最大的两个贸易国，在其贸易结构中占据重要位置。2014 年，日本进出口贸易总额 159 万亿日元（约合人民币 7.95 万亿元），其中进口 85.9 万亿日元（约合人民币 4.30 万亿元），出口 73.1 万亿日元（约合人民币 3.66 万亿元），贸易逆差 12.8 亿日元（约合人民币 0.64 亿元），创下了自 1978 年以来的最大逆差。

近年来，日本国内消费需求不足、出口增长疲软、投资需求减弱，导致日本经济复苏缓慢。但是日本国民教育发达，劳动力素质较高，科技实力雄厚，民间资本充裕，因此经济发展潜力巨大。

3. 农产品生产情况

日本农业发展受到自然条件的约束。日本只有 12% 的土地是可耕地，且土壤贫瘠，主要为黑土（火山灰）、泥炭土以及泛碱土，大部分冲积土已被开垦为水田，形成特殊的水田土壤。根据地理位置、气候、土壤条件和生产特点，日本可划分为北海道、东北、北陆、东海、近畿、四国、九州、关东和东山九个农业区。

由于农业资源匮乏，日本政府鼓励小规模耕作，并特别注重开发推广适用的农业技术和装备，从而使农业生产效率不断提升，目前日本已成为世界上单位土地产量最高的国家。此外，日本对农业实行高保护政策，农业在日本是受到高补助与保护的产业。

2014 年，日本耕地面积为 453.7 万公顷。农业生产总值 8.47 万亿日元（约合人民币 4 235 亿元），其中，大米产值 17 807 亿日元（约合人民币 890.35 亿元），蔬菜业产值 22 533 亿日元（约合人民币 1 126.65 亿元），水果和坚果产值 7 588 亿日元（约合人民币 379.4 亿元）。总体来看，日本农业主要有以下特点。

（1）土地经营规模普遍较小，单产产值较高。日本平原面积狭小，耕地十分有限，且人口众多，因此农业用地十分紧张。2014 年，单个销售农户平均耕地面积为 2.017 公顷，而自给农户的耕地面积更少，远不及许多欧美国家大农场的经营规模。在自然资源条件受限的情况下，日本积极发展集约化的农业，通过较高的化肥和机械投入，提升农业的单位面积产值。

（2）农村劳动力减少，老龄化问题严重。一段时期以来，随着经济的发展和城市化水平的提升，大量农村劳动力向城市非农产业转移，同时由于近年来日本社会老龄化程度的不断加深，日本农业就业人数总量下降，同时在结构上老龄化问题严重，日本农业面临着后继无人的局面。截至 2014 年，日本农户数为 141.2 万户，与 1990 年相比减少了约 156 万户，从事农业生产的人中，65 岁以上的占 64%。

（3）兼业化经营比重较大。日本农户（本书所讨论"日本农户"指的是"销售农户"，即经营耕地面积 0.3 公顷以上或者农产品销售额在 50 万日元以上的农户）分为专业农户与兼业农户。专业农户是指家庭成员中没有一个人从事兼业的农户；兼业农户可分为两种，一种是指以农业收入为主要生活来源的农户，另一种是指以农业外劳动为主、农业为辅，并以非农业收入为主要生活来源的农户。日本农业兼业化比重较大，2014 年日本共有专业农户 40.6 万户，兼业农户 100.6 万户，兼业农户是专业农户的 2.5 倍，约占农户总数的 71%。在规模巨大的兼业农户中，又以第二兼业农户为主，总数达到 81 万户，占农户总数的 57%左右，意味着在日本，超过半数的农户并不依赖农业收入，第二兼业农户的大量存在为土地集中和规模经营增加了障碍，不利于土地综合利用水平的提升。

4. 粮食生产、消费和进出口情况

日本农业以水稻为主。2014 年，日本水稻种植面积达 160 万公顷，产量 870 万吨；麦类作物种植面积 27 万公顷，产量 99.5 吨。

日本是世界上最大的农产品进口国之一，粮食、肉类、水产品、蔬菜等都需要依赖进口来满足国内需求，是世界上最大的粮食进口国。2014 年日本谷物进口约为 2 488.3 万吨，出口量约为 10 万吨，其中，大米进口量约 83.3 万吨，出口约 10 万吨；小麦进口量约 573.7 万吨，玉米进口量约 1 463.7 万吨。进口来源地主要是美国、中国、澳大利亚、泰国等环太平洋国家和地区。

日本粮食主要用于直接食用，大米是日本民众的主食，据日本农林水产省统计，2014 年日本人均大米消费量约 58 千克。但是随着饮食习惯的西化，大米的消费量在逐渐减少。

二、日本粮食价格政策的形成背景和变化过程

日本的农业保护政策最早源于明治维新时期。当时的日本政府为了防止粮食进口对国内农业的冲击，采取了一系列的政策来扶持国内农业的发展。直至第二次世界大战期间，战争带来的物资短缺使食品问题再次被顶上了风口浪尖。第二次世界大战之后，日本被联合国军占领，占领军在占领期内实施的一连串政策彻底打破了战前日本的"军事化""半封建化"的社会结构，包含农业政策在内的改革推动了日本经济社会的改变。随着日本经济的恢复以及外部环境的变化，战后日本农业政策也经历了三次主要的改变。

1. 《农业基本法》制定以前：1945~1960 年

这个时期的基本政策目标是解决粮食不足，恢复和发展农业生产。农业政策的主要手段是进行农地改革，确保耕地归农业生产者所有。

第二次世界大战之后，日本经济遭到巨大破坏，农产品产量仅为战前水平的 60%，粮食供不应求，粮食问题成为日本政府面临的最大难题。因此在这一阶段日本农业政策的基本目标是解决粮食不足，恢复和发展农业生产。同时为了解决城市居民的食品短缺问题，实现经济复兴，日本政府采取了农业掠夺政策，具体表现在价格、购销、财政等多个方面。

在发展农业生产方面，日本政府在占领军政府的推动下先后两次提出农地改革案，以国家直接强制购买的方式从地主手中收购了大量土地，随后将其低价转让给佃农，从而使佃农摆脱了高额地租的束缚，减轻了农民负担，确保了土地所有权，提高了农业生产力。

在农产品价格方面，日本采取低农产品价格政策。日本政府先后在 1946 年和 1948 年颁布了《粮食紧急措施令》和《粮食确保临时措施法》，以低于市场均衡水平的价格向农民强制征购粮食，再以低价配给消费者。这一时期日本政府制定的生产者米价不仅低于生产成本，而且低于当时国际市场的价格。对农业和农户的掠夺政策为战后日本经济的恢复发挥了促进作用，但是却对农户的家庭收入造成了不利影响。

经过几年的恢复发展，日本的粮食供给状况有所缓和，以往的农产品管制政策逐步放宽并直至废止，在此背景下，日本政府制定实施了"二重米价制度"，即通过制定较高的政府购买价格（生产者米价）和较低的政府销售价格（消费者米价），来实现粮食增产和国民生活稳定的双重目标，两个价格之间的差额由政府来承担。通过这一制度的实施，日本粮食产量快速增长，农民收入也逐渐增加。

2. 1961 年《农业基本法》：1961~1998 年

20 世纪 50 年代，日本经济迅速发展，经历了"神武景气"和"岩户景气"等经济高速发展期，农业生产也已经恢复甚至超过了战前的水平；同时日本积极参与国际市场，先后于 1952 年和 1955 年加入了国际货币基金组织（International Monetary Fund，IMF）和关税与贸易总协定（General Agreement on Tarffis and Trade，GATT）。国内外发展环境的变化对日本农业的发展提出了新的要求，在此背景下，日本政府于 1961 年颁布了《农业基本法》（也称《旧基本法》）。《农业基本法》以提高劳动生产率与缩小工农收入差距为主要目标，集中体现了日本农业现代化的实现路径及农业政策制定的基本理念，提出了多项价格支持政策、财政支持政策和信贷支持政策。这项基本法一直延续了近半个世纪，保障了日本农业战后的迅速发展。在这一时期日本农业价格政策主要有以下几种。

（1）成本与收入补偿制度。成本与收入补偿制度主要是对稻米价格的支持。即对稻米的价格采用生产费补偿和平衡工农收入的计算方法，使农民获得与工人相差不多的劳动报酬。农民生产的大米由政府按制定价格全部收购。稻米价格推动了日本农产品价格的上涨，使日本农民收入迅速增加，农业再生产活动得到有力保障。与此同时，为了减轻消费者的负担，将消费者米价提高幅度控制到很小，由此产生了购销价格倒挂现象，这一现象的持续存在使日本政府背负了巨大的财政压力，直到 1986 年"前川报告"发表，日本农产品市场进一步开放之后该问题才得以解决。

（2）最低价格保证制度。政府对各种麦类和用于加工的土豆、甘薯、甜菜、甘蔗等农产品规定了最低价格标准。当市场价格低于政府规定的最低价格时，产品由政府有关机构按规定的保证价格收购。

（3）价格稳定带制度。政府对肉类等农产品，在自由贸易的前提下，以通过买进和卖出的方式，将农产品的市场价格稳定在一定范围内，由此形成了"价格稳定带"。

（4）价格差额补贴制度。政府规定了大豆和油菜籽等农产品的目标价格。当目标价格高于市场价格时，政府便将两者之间差额直接补贴给农民。

（5）价格平准基金制度。为了稳定市场粮价，日本政府制定了价格平准基金制度，即由都道府县有关部门、农民协会和生产者共同组织的资金协会规定蔬菜、蛋类和加工类水果等农产品的标准价格。当产品的标准价格高于市场价格时，由基金协会将差额支付给农民。价格平准基金与价格差额补贴的主要区别在于前者的资金来源更加多元。

（6）提供补贴限制农产品的生产。日本政府为解决20世纪60年代末价格支持导致的大米生产过剩的问题，开始采取限制生产措施，如在 1971 年制定的五年（1971~1975 年）调整计划中，通过发放改种和休耕补助金的方法，鼓励稻农改种旱作物或实行水田撂荒，达到减少水稻生产和平衡水稻供需的目的。并将每年的收买量、播种面积、水田改种其他作物面积都逐级下达，分配到各有关农户，采取国家不收买超计划生产农产品的方式，来限制大米的生产。政府还对一些蔬菜集中产区的某些蔬菜生产采取类似的办法。

（7）限制进口。日本政府为限制农产品进口，保护本国农业的发展，采取进口限额、征收关税等政策措施。日本的贸易伙伴国经常抨击日本在贸易活动中对农产品的进口实行数量控制这一内容。对牛肉和柑橘的进口限额被作为日本农业封闭性的象征。在贸易伙伴国的压力下，日本实行进口限额的农产品数目不断减少，从1962年的102种，减少到1970年的58种，再到1974年的22种；同时，非农产品实行进口限额的种类也从1970年的32种减少到1974年的7种。除了进口限额保护以外，某些农产品的进口受到政府机构或半官方性质政府机构的直接控制而得到保护，如粮食公司控制大米、小麦和大麦的进口，烟草公司控制烟叶的进口等。

（8）促进批发市场和期货市场的发展。日本政府建立和健全以农产品批发市场和期货市场为主的农产品流通体系，以此来克服生产与市场的矛盾。日本政府于1971年和1985年先后颁布《批发市场法》和《农产品期货贸易法》，以维护农产品市场公开、公正、合理、方便为原则，以消除各种不正当的市场竞争，对农产品流通市场进行有效的供求管理和稳定农产品的流通价格为目的，对农产品批发市场和期货贸易进行法治化管理。

3. 1999年《食品、农业、农村基本法》：1999年至今

1999年7月，日本国会通过了新的《食品、农业、农村基本法》（以下简称新基本法），同时废止了1961年制定的《农业基本法》（以下简称旧基本法）。新基本法的出台与日本农业发展内外环境的变化密不可分，从国内看，由于旧基本法实行的高保护政策，日本农业补贴居高不下，财政负担不堪重负；同时在新基本法时期，日本粮食自给率不断下降，由20世纪60年代的82%下降到20世纪90年代的27%，成为世界上最大的农产品进口国，引发了日本国内民众的普遍担忧。从国际上看，1994年"乌拉圭回合"谈判达成《乌拉圭农业协定》，世界农产品市场被纳入自由贸易的框架之中，而根据WTO的农业规则，日本政府对农产品的直接价格干预和补贴属于"黄箱政策"，应逐步削减，向"绿箱政策"转变，也就是禁止各国政府直接对农产

品进行生产补贴和价格干涉，要转向技术、环境、保险等方面。

随着国内外因素发生的巨大改变，旧基本法无法应对新的问题和挑战，日本必须对其农业政策进行调整。在此背景下，日本政府出台了新的基本法。新法案让市场机制的调节作用得到了更大的发挥空间，同时，对国内的粮食流通管理进行了重大调整，开始了由传统直接价格支持向间接收入支持的转变。在这一阶段，日本的农业价格政策在原有的基础上做出了进一步的调整完善。

2012 年，安倍上台后，在民主党执政时期推行的户别收入直接补贴政策基础上，正式提出了构建"日本型直接补贴政策"的农政改革思路，日本型直接补贴政策的构建，就是要调整原有的仅以稻米为对象的户别收入直接补贴政策，扩大补贴范围和补贴对象，综合调整国内既有的直接补贴政策，进一步加大对国内农业生产的扶持力度。但是，目前这项政策还处于框架设计阶段，尚未正式出台。对其影响现在也不能很好地做出判断。

三、日本主要粮食价格政策和措施

1. 征收高额关税

日本对 80%以上的农产品进口均征收高额关税，平均关税税率达到17.7%，是关税总水平的 2.8 倍。征税关税的农产品中 50%以上的税率超过15%，尤其是奶制品、淀粉、糖及其制品都受到高水平的关税保护。日本既使用从价税，又使用从量税，并且由于从量关税的税率较高，明显抬高了贸易门槛。日本还实行关税升级，即对农产品的初级品、半加工品、加工品采用不同税率。例如，小麦、大麦、裸麦等初级农产品的进口税率为 0 ~10%，玉米粉、马铃薯粉等初级加工品的税率为 15% ~ 25%，点心、饼干等面食加工品的税率为 25% ~ 34%，水果加工品的税率则高达 34% ~ 46.8%。

2. 非关税措施

日本主要通过立法禁止或限制进口，建立进口许可制度，进行数量和价格限制，反倾销，以特别管理壁垒、技术壁垒和社会壁垒等手段来控制农产品进口。例如，对来自美国的大米实行"即时买卖系统"管理办法，对进口农产品实行苛刻的检验检疫，除产品质量外，包装、标志、运输、消费、废弃物处理等过程均要达到一定的标准；对食品添加剂的限制一直高于国际标准，凡是日本国内没有的病虫害，严格禁止来自或经过其发生国家的寄生植物和土壤进口。此外，日本还把农业的多功能性、食品安全、农业状况等作为限制农产品贸易的因素。

四、日本粮食价格政策的经验及其启示

1. 价格支持的水平要合理

价格支持在促进农业生产、增加农民收入等方面都发挥着重要作用，但是粮食价格支持水平也应控制在适当水平，如不其然，则会对农业的持续竞争力产生不利影响。例如，日本为了保护本国农业、稳定农民收入，在较长时间内实行了米价的高保护政策，在此政策作用下，日本国内稻米产量和农民收入持续增加，但是日本政府也因此背负了巨大的财政负担。同时，这种粮食支持政策的存在，使农民无须担心收入问题，从而影响了其自身的积极性，不再努力提升生产效率、降低生产成本，造成日本粮食生产成本较高、竞争力下降，在市场开放后面临着国外产品的巨大威胁。因此，我国在制定农产品价格支持政策时，要科学确定农产品价格支持水平，使保障农民收入、促进农业生产等政策目标得到合理兼顾。

2. 价格政策的目标要科学

任何政策的制定出台都有其初衷，日本在经济社会发展的不同阶段制定了不同的农产品价格政策，如在战后恢复时期，通过低价从农户手中强制购买的方式来保障城市居民生活。此后，随着生产的发展和恢复，粮食供求紧张的局面得以缓解，日本政府通过制定生产者米价和消费者米价的方式，来提高农民收入，同时保障消费者的利益。农产品价格政策的调整体现了经济社会发展变化带来的新要求，取得了良好的政策效果，也部分实现了政府制定者的预期目标。由此可见，农产品价格的制定要适应国民经济发展的总体要求。当前，我国经济发展进入新常态，农业发展也面临新的问题和挑战，农业生产成本快速攀升，资源环境约束不断加强，主要农产品基础竞争力、农民种植收益有所下降，因此，我国农产品价格政策的制定和调整应体现当前社会经济发展的新形势和新变化，服务于实现中国特色农业现代化的大

局，切实发挥价格政策在增加农民收入、稳定农产品供给、提高农业生产效率等方面的积极作用。

3. 价格支持的方式要多样

从日本农产品价格政策的发展历程来看，日本根据不同农产品的地位、特点制定了差异化的价格政策。例如，在旧基本法时期施行的价格政策中针对稻米的管理价格制度，针对麦类、甜菜、甘蔗、薯类的最低价格保证制度，针对肉类、生丝、蚕茧及部分乳制品的价格稳定带制度，针对大豆、油菜籽和乳制品等加工原料的价格差额补贴制度，针对蔬菜、肉用育肥牛、鸡蛋、加工用果品的价格平准基金制度等。我国是农业大国，地域辽阔，资源丰富，农业生物种属繁多，但是主要的农产品价格政策仅包括最低收购价政策和临时收储政策，且两者的实质均为最低保护价，难以满足我国农产品价格支持的需求。因此，我国农产品价格政策的制定应考虑不同作物现状特点和优先次序，对不同发展次序的农产品采取和实行不同形式、不同程度的价格支持政策和价格支持力度。

第三节　印度粮食价格政策的发展及借鉴

一、基本情况

1. 农业生产条件

印度是南亚最大的国家，领土总面积 328.7 万平方千米，居世界第 7 位。其中，陆地面积 297.3 万多平方千米。陆地面积中，农业用地占 60.5%。耕地面积 1.799 亿公顷，居亚洲之首，人均占有耕地 0.13 公顷，约为我国的 1.6 倍。印度全境大致可分为四个部分：北部喜马拉雅高山区，约占国土面积的 11%；中部恒河平原区，约占国土面积的 43%；南部德干高原区和西部塔尔沙漠区、台地和缓丘陵、丘陵，约占国土面积的 36%。但印度的山地、高原大部分海拔不超过 1 000 米。低矮平缓的地形以及冲积土和热带黑土等肥沃土壤，使大部分土地可供农业利用。另外，印度大部分地区属热带季风气候，除高山区外，年均气温在摄氏 24~27℃，年温差较小，在 5~7℃，热季达 6~8 个月之久，农作物一年四季均可生长。大部分地区农作物一年可以两熟，南部地区一般一年三熟。年降水量 1 170 毫米左右，相对其他热带季风地区较少，特别是内陆，一般在 1 000 毫米左右，甚至在 600 毫米以下，只有西高止山和东北部山地西坡较多，可达 3 000 毫米以上。且降水季节分配不均，每年 6~10 月为雨季，约占年降水量的 80%以上，因此，一年中旱季和雨季十分明显，干旱和洪涝也成为制约印度农业发展的最大自然灾害。

2. 经济发展水平

印度人口一直快速增长，2014 年印度人口已达 12.67 亿，过去十年人口年均增长率超过 1.5%。据联合国统计，印度人口占世界总人口的 18%，根据印度目前的人口增长速度，预计 2030 年将超过中国，成为世界人口第一大国。

印度在独立初期，人均收入只有 150 美元，是当时世界上人均收入水平最低的国家之一。贫富差别悬殊，社会条件极差，全国有 54.1%的人口生活在贫困线以下。印度政府为了尽快改善国家和人民的经济和社会条件，于 1951 年起制订和实施了发展经济的计划。在过去的 50 多年里，印度国民经济有了较大发展，2005~2007 年，其 GDP 增长率均在 9%以上，其中，2006 年高达 9.8%。2008 年受国际金融危机的影响，实际增长率为 7.4%。2010 年 GDP 为 1.73 万亿美元，相对于 2009 年增长了 9.16%。2014 年 GDP 达到 2.07 万亿美元，增长了 11.0%。

印度是贸易净进口国家。2014 年进出口总额 7 796.6 亿美元，同比下降 0.4%。其中出口额 3 195.5 亿美元，出口增速为 1.4%。出口的主要产品为石油产品、宝石、机械、钢铁、化工、车辆、服装，主要贸易伙伴是阿联酋（11.8%）、美国（11.1%）、中国（5.9%）。2014 年进口额 4 601.1 亿美元，同比下降 1.7%，进口主要产品为原油、宝石、机械、化肥、钢铁、化工，主要贸易伙伴为中国（11.8%）、阿联酋（7.4%）、瑞典（6.5%）、美国（4.7%）、伊拉克（3.9%）、科威特（3.3%）、德国（3.3%）。

3. 农产品生产情况

印度农业生产结构以种植业为主，种植业又以粮食作物为主。种植业内部结构是：粮食产值占种植业总产值的 48.3%，油料占 12.7%，蔬菜和水果占 10.4%，棉花占 3.8%，烟草占 0.5%，其他占 24.3%。主要农作物有大米、小麦、玉米、高粱、小米、大麦、油籽等。印度目前是仅次于中国的世界第二大小麦和大米生产国，是仅次于美国、中国和巴西的世界第四大粗粮生产国，而且具备扩大农业生产的巨大潜力。

印度 2014 年粮食产量 25 042 万吨，其中大米 10 275 万吨，小麦 8 831 万吨，杂粮 4 208 万吨，豆类 1 728 万吨。鉴于在扩大种植面积上的限制，粮食增长的主要来源是单产的提高。2014 年粮食单产为 1 931 千克/公顷，比 2000 年的 1 734 千克/公顷增长了将近 200 千克/公顷。其中，大米单产由 2 079 千克/公顷提高到 2 239 千克/公顷，小麦由 2 762 千克/公顷提高到 2 989 千克/公顷。2000 年以来，油料、棉花的产量呈现较快增长态势。2014 年油料、棉花产量分别为 3 053 万吨、3 409 万吨。由于生产率的提高以及种植面积的扩大，油料作物生产快速发展。2008 年以来，甘蔗产量增长迅速，2014 年甘蔗的产量为 34 786 万吨，恢复到 2006 年的水平。2000 年以来，水果和蔬菜较快增长，特别是蔬菜的扩张速度超过水果，2014 年达到 1.5 亿吨，单产水平达到 17.42 吨/公顷，水果产量 0.8 亿吨，单产 1.78 吨/公顷。

随着人们收入水平的提高，印度畜牧业不断发展。畜牧业主要包括养牛业（占 32%）、养羊业（占 34%）、家禽业（占 24%）和养猪业（占 10%）。牛存栏量在世界上名列第二，仅次于巴西。2014 年度畜牧业占全国农业产值的 29.7%，是小型农民的主要收入来源之一。主要的畜产品包括肉类、蛋类、奶类、羊毛以及蜂蜜。从肉类产品构成来看，印度以牛肉为主，禽肉产量波动性大，奶业保持比较快的发展速度。

4. 粮食生产、消费和进出口情况

印度农业的社会经济结构特点是封建和资本主义的个体经济成分并存，小农经济占绝对优势，占主导地位的是大量的小规模农场。由于继承法规定所有的儿女都平等地享有继承权，因此，较大的农业庄园经过一代又一代人的划分，也都变成了小农场。农场总数达到 1.155 亿个，60%的规模不足 1 公顷，只有 1%的规模达到或超过 10 公顷，印度分散的土地利用格局不断深化。

2014 年印度粮食产量达到创纪录的 2.64 亿吨，其中稻米产量达到 1.06 亿吨，小麦产量达到 9 585 万吨，稻米和小麦产量创下历史最高水平，有助于提高国内库存。近年来，印度小麦种植面积不断增加，杂粮种植面积不断减小，稻米和小麦产量增幅最大，小麦单产增幅最为明显，超过 4 倍，稻米和玉米单产增幅也比较显著。虽然印度的粮食产量在世界上位居前列，单产提高也很快，但农作物生产整体水平偏低，单产水平仍低于世界均值。印度未来在稻米、小麦、玉米等粮食作物的单产上有很大的上升空间。

1991 年起，进行经济改革的前 10 年间，印度推行新政，鼓励出口，出口对经济增长的拉动作用明显。印度政府积极改进农产品进出口结构，促进农产品进出口，降低进口关税，简化和取消许可证制度，引导附加值高的农产品出口。20 世纪 90 年代，印度谷物可以自由出口，1994 年 10 月，小麦出口数量限制和最低出口价格被废除。由于政府管制，自 2007 年之后印度几乎没有小麦出口，特别是 2009 年全国大旱造成包括小麦在内的多数粮食作物减产，政府出于满足国内需求和粮食安全的考虑，继续限制小麦等农产品出口。印度稻米，特别是香米（Masmati）品质优良，在国际市场上供不应求。印度香米主要出口到沙特阿拉伯、科威特、阿联酋、也门等海湾地区和英国，虽然年度出口增减不一，但年均出口增长达 29%。为保障粮食安全，印度在 2006 年和 2007 年分别进口了 600 万吨和 179 万吨小麦用于粮食储备，其他年份很少进口小麦。

二、印度粮食价格政策的形成背景和变化过程

1965 年以前，印度粮食价格政策的思路是"以农养工"，为了保证城镇居民生活水平相对稳定，政府低价收购和卖出粮食。该政策使生产者利益受到极大伤害，造成了粮食生产发展缓慢、政府收购量无法增加而粮食进口剧增的后果。1965 年以后，印度粮食价格政策发生了转折性变化，把重点放在保护生产者利益上，以确保农民享受有利可图的粮食价格，从而实现增加粮食产量和提高农业生产力的目的，同时兼顾消费者利益，以期在全社会范围内形成合理的价格体系。

印度政府对粮食价格的干预可以追溯到英国殖民地时期。虽然价格政策

的干预目标和方式发生了变化，但政策一直围绕价格补贴，即实行最低价格支持计划而展开。印度对粮食的价格管理主要分为两个方面。首先，由农业成本与价格委员会来制定和实施对农产品的最低支持价格（minimum support prices，MSP）计划。各类农产品的最低价格一般会在播种前公布，这样既降低了农民面临的产品价格风险，鼓励农民引进新技术提高产量，也兼顾了消费者的利益。改革初期，受 MSP 保护的农产品有 20 种左右。2000年以来，更多的农产品被包括到计划中来，且所有农产品价格呈上升趋势。政府对制定 MSP 价格需要考虑几个因素：第一，同一种产品全国范围内支持价格一致；第二，整个市场年度内 MSP 价格不变；第三，不同种类农产品的支持价格随着需求模式的不同而不同；第四，支持价格只会维持不变或增加，不会减小。由于政府在制定最低价格时考虑了生产成本、生产要素成本、供求关系、国内外市场价格等因素，因此支持价格在不同年份会有波动。其次，印度政府对公共分配系统（public distribution system，PDS）中销售的大米、小麦和粗粮实行中央批发价格（central issue prices），这样既能把价格保持在一个合理的水平，又能帮助贫困农民或因遭受自然灾害侵袭而缺少粮食的地区的人们。在 PDS 系统中，许多公共和合作机构以市场价格购买农产品，并以固定价格在公共市场上销售农产品。

三、印度主要粮食价格政策和措施

粮食价格政策被认为是农业发展战略中不可分割的一部分，在实现粮食自给、消费者福利、改善经济、获得食物、影响国内贸易条件、经济增长以及就业和收入分配等社会经济中发挥了重要作用。粮食价格方面的主要政策措施有 MSP、市场干预价格（market intervention price，MIP）、PDS、分散采购政策、粮食储备政策。

1. MSP

（1）政策含义。1965 年，印度成立了农产品价格委员会（1985 年更名为农产品成本和价格委员会）。该委员会认为，农业生产成本包括农业生产投入、家庭劳动力价值和土地租金。因此，该委员会主要根据农产品成本，并考虑到工农产品比价、作物之间的比价及供需状况、农民的合理利润等因素，每年向政府提出关于农产品支持（收购）价格的建议，然后经政府确定并在收获前正式公布，该价格即 MSP。从其定义来看，MSP 是该农作物的底价，农民可以放心地把产品卖到这个价格。当市场价格高于 MSP 时，农民自由选择将农产品卖给政府的经营机构还是通过市场销售；当市场价格低于 MSP 时，政府相应机构向农民敞开收购以保护农业生产者利益，而在市场价格较高时，向市场抛售农产品以保护消费者利益。

（2）政策目标。自 1965 年以来，MSP 一直是农业政策的基石。MSP制定的目标是保证生产者有利可图，减少生产者面临的风险，促进农产品多样化和保证穷人的食品安全。对于生产者来说，价格政策具有双重目标：一是保护农民的收入，防止市场价格下降而造成农民收入下降；二是促进生产，因为较高的价格可以刺激农民的生产积极性。表 7-2 为2007~2011 年印度粮食产品最低支持价格。

表 7-2　2007~2011 年印度粮食产品最低支持价格（单位：卢比/公担）

商品		品种	2007 年	2008 年	2009 年	2010 年	2011 年	2011~2012 年比 2010~2011 年增长
秋收作物	稻谷	普通	645$$/850~	850$	950$	1 000	1 080	80（8.0）
		A 型	675$$/880~	880$	980$	1 030	1 110	80（7.8）
	高粱	杂交	600	840	840	880	980	100（11.4）
	玉米		620	840	840	880	980	100（11.4）
	大豆	黑色	910	1 350	1 350	1 400	1 650	250（17.8）
		黄色	1 050	1 390	1 390	1 440	1 690	250（17.4）
早春作物	小麦		1 000	1 080	1 100	1 120&	1 285	165（14.7）
	大麦		650	680	750	780	980	200（25.6）
	鹰嘴豆		1 600	1 730	1 760	2 100	2 800	700（33.3）
	兵豆		1 700	1 870	1 870	2 250	2 800	550（24.4）
	油菜籽和芥菜籽		1 800	1 830	1 830	1 850	2 500	650（35.1）

注：$表示除 MSP 外支付 50 卢比/公担的额外激励奖金；$$表示除 MSP 外支付 100 卢比/公担的额外激励奖金；~表示自 2008 年 6 月 12 日实施；&表示除最低支持价格（MSP）外支付 50 卢比/公担的额外激励奖金

资料来源：Directorate of Economics and Statistics，Department of Agriculture and Cooperation. 2012

（3）政策实施。当某种农产品的价格低于最低支持价时，政府则对其进行市场干预，通过印度粮食公司收购谷物，国家农业合作社（National Agricultural Cooperative）和营销联合会（National Agricultural Cooperative Marketing Federation，NAFED）收购豆类和油籽。目前享有 MSP 的有稻谷、玉米、粗粮（高粱、御谷）、豆类、棉花、花生、芝麻、小麦、大麦、菜籽/芥末、红花、葵花籽/芥末、红花、葵花籽、大豆、茯苓、椰干、去壳椰子（新增加）、黄麻、甘蔗和烟叶等 26 种商品。

（4）执行标准。自 2007 年以来，印度逐步上调 MSP 幅度。截至 2011年，除烟叶外其他产品的 MSP 均有不同幅度的上涨，其中豆类、棉花、花生、油菜籽等产品的增加幅度都较大。对某些品种在执行 MSP 时，还额外予以奖励。

（5）政策效果。MSP 是促进农业生产持续增长的一个主要因素。在最近几年，其对一些作物的影响更加明显。例如，相比 2006 年，2011 年小麦种植面积增长了 5%，产量增加了 13%；花生种植面积增加了 6%，产量增加了 55%；大豆种植面积增加了 15%，产量增加了 43%；棉花种植面积增加了 22%，产量增加了 48%，并且 MSP 政策的实施还使得印度农产品供应受国际市场冲击降低。例如，2005~2008 年国际市场上谷物价格飙升 150% 时，印度国内只有 20% 的涨幅。

总之，粮食价格政策的有效性在于让农民获得足够的利润，并促进了投资和技术进步，提高了农业生产能力，从而保证了国家粮食安全。

2. MIP

（1）政策目标。对于那些没有被 MSP 政策覆盖的园艺产品和其他易腐农产品，政府针对各邦的实际情况实施了市场干预计划（market intervention scheme，MIS）。在 MIS 下，当某种商品市场价格下降到生产成本之下，产品收购机构会以某一固定时期的价格作为固定的 MIP 进行收购。MIP 政策的目的是，避免在丰收时的销售高峰所出现的商品价格低于经济发展水平和生产者种植成本的亏本销售，以保护生产者利益。

（2）政策实施。MIP 实施的条件是，当与前一个正常年份相比至少有 10% 的产量增长，或者现行市场价格下降超过 10% 时，应邦政府的要求，可以实施 MIS。MIP 或互助协议价格的制定根据产品生产成本，并且要在政府相关部门之间进行详细的讨论。在政策实施过程中，中央机构和邦政府指定的 NAFED 以一个固定的 MIP 价格对事先确定的采购数量进行采购，直到市场价格高出 MIP 并保持一段时间的稳定。实施 MIP 的地区仅限于所涉及的邦。

由 MIP 的实施所带来的收购损失由中央政府和邦政府按 1 : 1 的比例分别承担（东北部的邦按照 3 : 1 比例分担）。

（3）政策范围。在 2010~2011 年度，已实施 MIS 的品种及地区包括马铃薯（北方邦，10 万吨）、棕榈油（安得拉邦，47 500 吨）。

3. PDS

（1）政策目标。长期以来，印度政府为了实现粮食安全目标而对粮食等基本消费品实行的分配制度叫做 PDS。粮食分配政策主要是在家庭层面上满足居民粮食经济上的可获得性，该项政策体现的更多是粮食流通问题，目标是通过储备、合理分配等流通环节的政策来解决粮食安全问题。

（2）政策实施。在粮食分配政策实施过程中，印度的粮食分配政策主要通过 PDS 来执行。具体来说，中央政府借助印度食品公司负责定购、储存以及把粮食从定购地点运送到中央仓库（central godowns），并按照低于收购价格的补贴价格批发（center issue prices，中央发行价格）给各邦政府，由其负责把粮食从中央仓库运出，并通过 40 多万个庞大的平价商店（fair-price shops）网络向消费者分配粮食。目前印度大概有 46.2 万个平价商店，其中 75%分布在农村。

1997 年 6 月开始，政府对 PDS 进行了改革，实施了定向公共分配系统（targeted public distribution system，TPDS），即把所有家庭分为低于贫困线（below poverty line，BPL）和高于贫困线（above poverty line，APL）两类，实行差别的价格对待。BPL 家庭可以通过 TPDS 以较低价格购买粮食；而 APS 家庭只能按照规定的价格购买粮食。从实际的执行效果来看，TPDS 的实施使那些贫困发生率较高的邦获得分配的粮食大量增加。所以，这项粮食政策的最大特点就是"补贴所有地区的贫困人口"，而不是"补贴贫困地区的所有人"，具有较强的针对性。

就分配粮食的数量而言，起初无论人口多少，每个 BPL 家庭都是每月平均分配 10 千克粮食（按照 5 口家庭计算，每人每月平均 2 千克粮食）。后来考虑到分配数量过少以及国家粮食库存不断增加的情况，从 2000 年 4 月开始分配粮食的数量提高到了每月 20 千克，价格相当于印度粮食公司经济成本的 50%左右，而同期对 APL 家庭分配的粮食数量基本不变。随后继续进行政策调整，允许每个 BPL 家庭每月购买 20 千克粮食或者每人每月 5 千克——取两者最高的数量。对 APL 家庭，粮食的购买数量不做限制。2001 年 6 月，每月向 BPL 家庭分配的粮食又提高到了 25 千克，价格为经济成本的 48%。同期 APL 家庭购买粮食的价格为经济成本的 70%。

（3）实施效果。TPDS 的实施，对于政府粮食安全策略来说具有里程碑式的意义。贫困人口获得了大量的价格补贴，而且那些 APL 家庭也在一定程度上获得了补贴。不过在向 TPDS 转型的过程中，许多邦还是碰到了麻烦。例如，需要花费大量时间来甄别 BPL 家庭以及向其发放新的食品配给卡。

4. 分散采购政策

（1）政策目标。截至 1997 年 10 月，印度政府通过印度食品公司进行粮食的集中采购和分销，经济成本和中央发行/平均价销售实现之间的差额以粮食补贴的形式偿还给印度粮食公司。1997~1998 年，政府为了在 MSP 下覆盖更多的农民和作物，同时提高粮食采购和公共分配系统的效率，鼓励在当地分散采购，以降低运输成本，从而扩大给当地农民 MSP 的利益。喀拉拉邦、古吉拉特邦、奥里萨邦、卡纳塔克邦、中央邦、恰蒂斯加尔邦、西孟加拉邦、泰米尔纳德邦和北阿肯德邦等已经采取了分散采购计划。

政策执行中，由印度州政府与中央政府协商采购，先明确储存和分配粮食的经济成本并将其固定下来，固定的经济成本和各种福利计划下的中央发行价格之间的差额以粮食补贴的形式偿还给各州。印度政府正在鼓励其他邦也采取这个计划。

（2）政策实施。2007 年以来印度各邦实施粮食分散采购的数量呈上升态势，2010 年已经接近总采购量的 1/5。

大米和小麦在实施分散采购政策中的采购趋势略有不同。数据表明，2006 年以来小麦的分散采购是增加的，主要是由于私人公司以接近消费市场价格积极购买。大米的分散采购量呈现逐年增加的趋势。

为了推进该项政策的实施，在高潜力的地区，如比哈尔邦、奥里萨邦、恰蒂斯加尔邦、阿萨姆邦、西孟加拉邦、中央邦、拉贾斯坦邦等增加分散采购政策的范围和规模。然而，由于大多数的州市场基础设施很差以及私营部门贸易不发达，在这些地区应该努力创建市场基础设施，同时扩大作物的覆盖范围。实施分散采购政策的各邦采购量如表 7-3 所示。

表 7-3　实施分散采购政策的各邦采购量（单位：卢比）

项目	2007~2008 年	2008~2009 年	2009~2010 年	2010~2011 年	2011~2012 年
印度粮食公司	27 759.680	36 744.100	46 867.1412	50 729.560	36 000.000
中央邦	41.596	1 101.810	1 434.320	2 013.760	1 533.970
北方邦	1 625.618	2 875.640	5 368.600	2 485.340	124.050
西孟加拉邦	269.020	657.400	1 103.170	1 241.070	818.050
恰蒂斯加尔邦	621.000	842.830	1 007.510	1 923.480	887.220
北阿肯德邦	68.650	98.050	229.880	299.360	141.340
泰米尔纳德邦	272.210	592.240	672.430	1 501.030	773.400
古吉拉特邦			40.260	20.150	59.620
奥里萨邦	503.480	724.820	1281.960	2 243.970	1 515.660
卡纳塔克邦	0.590	0.000	0.000	0.000	0.000
喀拉拉邦	97.840	31.190	237.180	471.840	167.320
各州总计	3 500.004	6 923.980	11 375.310	12 200.000	6 020.630
各州+印度粮食公司总计	31 259.684	43 668.080	58 242.451	62 929.560	42 020.630

5. 粮食储备政策

（1）政策实施。印度为了保障粮食安全而实施了粮食（主要指小麦和大米）储备政策（缓冲库存政策）。印度粮食公司负责粮食储备（buffer stocks of food grains），对调节性库存储备做季节性的调整，以确定加速粮食收购还是实施粮食进出口限制等措施。

（2）实施标准。从 2005 年中到 2008 年初，实际粮食储备低于调节性库存储备标准，需要大量进口小麦，尤其是 2006 年。2008 年 1 月，粮食储备标准为 2 000 万吨，是 2007~2008 年度印度粮食产量的 9.1%，实际储备为

1 920 万吨，包括 770 万吨小麦和 1 150 万吨大米。2008 年，印度采购大米和小麦的数量超过了库存储备标准，缓解了 2008~2009 年 TPDS 和出口对粮食需求的压力。2009 年以来，印度的实际库存基本上都是最低缓冲标准的 2 倍。但是，印度国内粮食价格开始高于逐渐下降的国际粮食价格，出口预期降低，给印度政府在 MSP 上采购粮食带来了财政压力。2007~2012 年印度粮食缓冲库存标准和实际库存量如表 7-4 所示。

表 7-4 2007~2012 年印度粮食缓冲库存标准和实际库存量（单位：10 万吨）

日期	小麦		大米		总计	
	实际库存	最低缓冲标准	实际库存	最低缓冲标准	实际库存	最低缓冲标准
2007-04-01	47.03	40	131.73	122	178.75	162
2007-07-01	129.26	171	109.77	98	239.03	269
2007-10-01	101.21	110	54.89	52	156.10	162
2008-01-01	77.12	82	114.75	118	191.87	200
2008-04-01	58.03	40	138.35	122	196.38	162
2008-07-01#	249.12	201	112.49	98	361.61	299
2008-10-01	220.25	140	78.63	52	298.88	192
2009-01-01#	182.12	112	175.76	138	357.88	250
2009-04-01	134.29	70	216.04	142	350.33	212
2009-07-01	329.22	201	196.16	118	525.38	319
2009-10-01	284.57	140	153.49	72	438.06	212
2010-01-01	230.92	112	243.53	138	474.45	250
2010-04-01	161.25	70	267.13	142	428.38	212
2010-07-01	335.84	201	242.66	118	578.50	319
2010-10-01	277.77	140	184.44	72	462.21	212
2011-01-01	215.40	112	255.80	138	471.20	250
2011-04-01	153.64	70	288.20	142	441.84	212
2011-07-01	371.49	201	268.57	118	640.06	319
2011-10-01	314.26	140	203.59	72	517.85	212
2012-01-01	256.76	112	297.18	138	553.94	250

注：#表示含粮食安全储备，包括自 2008 年 7 月 1 日开始的 300 吨小麦储备及从 2009 年 1 月 1 日开始的 200 吨大米储备

资料来源：Annual Report 2011-12，Department of Food and Public Distribution，Government of India

粮食价格政策始终被认为是印度农业发展战略中不可分割的一部分。近年来印度农产品价格支持水平不断上升，得到农民的肯定和欢迎，扩大价格支持的品种覆盖范围以及覆盖区域的需求日益强烈。随着印度国民经济实力不断增强，为了强化粮食安全和增加农民收入的政策目标，农产品价格支持政策还将作为一项重要政策工具执行较长时间，并且将在更多品种和更广区域内有效延伸。

四、印度粮食价格政策的经验及其启示

印度在加入 WTO 后，改变了掠夺农业的发展策略，转向对农业的扶持，而且支持水平呈较快的上升趋势。对于粮食的生产，政府采取了多种支持政策，其中最为重要的是价格政策和投入品补贴政策。而且，农民几乎没有税收负担。政府在一般服务中，特别重视农业科研投入，使农业科研对农产品产出和反贫困发挥了重要作用。作为 WTO 成员，印度积极参与贸易规则制定，并充分利用 WTO《农业协议》中针对发展中国家的优惠措施，建立了弹性很大的关税措施，保护了国内农产品的生产。今后，我国在农业政策改革及调整中应该重视以下方面。

1. 农业国内支持政策要更细化

印度的农业支持政策比较明确和具体化，如仅农业物资的补贴就细化为化肥、电力、灌溉、农用柴油、种子等各方面补贴。我国的农业支持政策在加大支持力度的同时，应借鉴印度的经验，使各项支持政策的目标更加明确，实施方案更加细化，规则更加具体化，便于对政策的实施效果进行有效评价和跟踪研究，也便于不断修正无效条款。

2. 粮食安全支持政策要更强化

作为人口大国，印度在保障粮食安全政策方面有着很多可供我国借鉴的经验。一方面，持续稳定的粮食 MSP 政策以及对农业生产投入补贴政策的实施，有力地调动了农民生产积极性，增加了粮食产量。另一方面，农业科技、农业教育与推广、旱作农业支持等公共服务政策的实施，不断加强了解决增加粮食生产的客观物质和技术基础问题的能力，增强了粮食生产能力。因此，我国应当通过有效的政策措施，通过市场机制或补贴机制，提高农民

粮食生产的主观积极性，并且在储备、合理分配等流通环节的政策之外，要高度重视农业科技、农业灌溉等方面政策的强化，不断提高粮食综合生产能力。只有提高国内的生产能力，以充足的粮食供应作为保障，才能从根本上解决粮食安全问题。

3. 农业科技支持政策要更突出

印度农业之所以发展得这么快，是因为农业科技进步发挥了关键作用。其中，具有重要影响的是五次农业领域的科技革命。第一次"绿色革命"通过大面积推广优良品种，增加使用化肥、农药、灌溉系统和农业机械，从而使印度在 20 世纪 70 年代中期实现了粮食自给。在印度政府启动的以提高农业总体效益为主要目标的"第二次绿色革命"中，农业科技仍是其核心和关键。印度农业科技在农业发展中的重要作用主要归功于比较完善的农业科技体制和有效的运行机制。印度的农业科技运行机制的最大特点是中央和地方的各种研究、教育、推广机构，既有明确分工又有紧密合作，运行效率较高。并且对从事农业研究和推广的科研机构实行政府全额拨款，经费主要来源于中央政府和邦政府的财政预算。我国在农业科技支持政策的改革中，应该借鉴印度经验，首先，明确农业科技机构的公益性质，发挥政府在农业科技发展中的主导地位。其次，借鉴印度设立农业研究理事会的做法，理顺科技管理体制，加强部门间合作，实现国家对农业科技的统筹管理和协调。最后，支持农业高等院校发展，探索科研、教育、推广三结合的有效模式。农业部可以在省部共建的农业高等院校中，借鉴印度农业教育经验，加强对教学环节、科研环节、实践环节的指导与监督。

第四节　巴西粮食价格政策的发展及借鉴

一、基本情况

巴西位于南美洲东南部，北邻法属圭亚那、苏里南、圭亚那、委内瑞拉和哥伦比亚，西连秘鲁、玻利维亚，南接巴拉圭、阿根廷和乌拉圭，东濒大西洋，海岸线长约 7 400 千米。巴西的国土面积广阔，总面积达 851 万平方千米，居世界第五位，占南美洲总面积的一半。国土的 80%位于热带地区，最南端属亚热带气候。

1. 农业生产条件

巴西的内陆水域面积为 555 万公顷，陆地面积为 8.46 亿公顷。2010 年，巴西的人口为 1.91 亿，居世界第五位。森林覆盖率为 62%。木材储量 658 亿立方米。水力资源丰富，拥有世界 18%的淡水，人均淡水拥有量为 29 000 立方米，水利蕴藏量达 1.43 亿千瓦/年。

巴西农业生产具有土地资源丰富、温度适宜、水源充足等得天独厚的自然资源优势。巴西 80%的国土位于热带，北部的亚马孙平原属于热带气候，年均气温 27~29℃；南部地区属于亚热带气候，年平均气温 16~19℃；两地的气候条件均非常适合农业生产。根据 FAO 发布的数据，巴西的农业用地面积有 2.64 亿公顷，其中耕地面积 5 950 万公顷，占国土面积的 7.03%；永久性草地和牧场 1.97 亿公顷，占 23.29%；森林面积 4.71 亿公顷，占 55.67%。巴西的可耕地资源高达 5.27 亿公顷，土地开发潜力极大。

巴西的水资源极为充沛，年均降雨量达到 1 782 毫米，境内有亚马孙河、巴拉那河和圣弗朗西斯科河三大河系，亚马孙河横贯西北部，巴拉那河流经西南部，圣弗朗西斯科河流经东北部，为发展农业生产提供了丰富的灌溉水源，人均淡水拥有量高达 2.9 万立方米。根据巴西的数据，目前农业灌溉用水占用水量的 70%，而总用水量仅占水资源总量的 1%，因而农用水资源开发利用仍存在巨大的潜力。

2. 经济发展水平

1967~1974 年，巴西的经济年均增长率高达 10.1%，被誉为"巴西奇迹"，跻身新兴工业国行列。20 世纪 80 年代，受高通货膨胀困扰，巴西经济出现停滞甚至严重衰退。从 20 世纪 90 年代开始，巴西向外向型经济模式转轨。2003 年，卢拉执政后采取稳健务实的经济政策，推出"经济加速增长计划"等一系列刺激经济发展措施，巴西经济开始走上稳定发展道路。巴西经济总量居拉美首位，经济结构合理。工业基础雄厚，门类齐全，石化、矿业、钢铁、汽车工业等较发达，服务业产值占 GDP 近六成，尤其金融业较发达，经济结构接近发达国家水平。

2013 年，巴西名义 GDP 为 24 767 亿美元，占拉丁美洲和加勒比海地区总 GDP 的近 40%。但 GDP 年增长率明显放缓，仅为 2.7%，巴西经济发展波动较为剧烈。人均 GDP 为 12 594 美元，比 2010 年增长近 20%，属于拉美地区发展水平较高的国家之一。但是巴西宏观经济也面临一些问题，突出表现为失业率较高、物价水平上升较快和收入分配差距拉大。2013 年通胀率达 6.6%，为 2013~2015 年的最高水平。此外，巴西政府负债水平较高，近年来中央政府总负债占 GDP 比重的 55%左右，对宏观经济的稳定也产生了一定程度的影响。

虽然巴西未来的经济和政治背景仍存在不确定性，但得益于出口多元化战略和中国初级产品需求增长，巴西商品尤其农产品出口势头仍然强劲，出口对巴西经济的贡献非常大。近年来巴西商品和服务总出口占 GDP 比重的 12%左右。2013 年，巴西商品进口总额达 2 262.4 亿美元，出口总额为 2 560.4 亿美元。其中，农产品出口约 818 亿美元，占巴西全部商品出口总额的 1/3。可见，农产品出口贸易受国内政治经济影响较小，对巴西经济的发展仍具有巨大的推动和贡献作用。

3. 农产品生产情况

巴西是农业大国，农业是巴西国民经济的支柱产业。巴西以国土面积、可耕地资源、气候特点等优势以及世界对农产品的需求增长为依据，确定"以农立国"的可持续发展战略。得益于巴西得天独厚的农业资源优势以及政府对农业生产和出口的支持政策，巴西已成为世界重要的农产品生产国和出口国之一，很多农产品在国际市场上都占有重要地位。

巴西农业在国民经济中的比重并不高，2013 年仅为 5%。其农业人口比重和农业吸纳的就业人口比重基本相同，约为 16%。虽然农业在巴西国民经济中的重要程度有所降低，但是近年来，巴西对农业生产的重视不断加强，利用得天独厚的自然资源和农业生产条件，农产品生产规模不断扩大。一方面，农业生产面积明显增加。巴西农业用地占国土面积的 31.3%，而这一比重在 20 世纪 80 年代初仅为 26.5%。近 30 年来，巴西农业生产面积不断增加。另一方面，农产品产量显著增长，如大豆、豆油、肉类产品、棉花等作物，产量在 20 年间均成倍增长；2013 年巴西农作物生产指数为 126.2，较

2004~2006 年的平均水平增幅较大。

4. 粮食生产、消费和进出口情况

2012 年巴西谷物种植面积 4 900 公顷，2013 年谷物种植面积达到 5 130 万公顷，其中大豆种植面积增长 3.5%。2013 年巴西谷物总产量为 1.85 亿吨，谷物生产仍然以大豆和玉米为主，这两种农作物的产量约占巴西谷物总产量的 80%，特别是巴西大豆产量增长势头强劲，出口增加，有望取代美国，成为世界第一的大豆生产和出口国。得益于大量适宜生长的可耕地，2000 年以来，巴西大豆种植面积不断扩大，总产量在近 10 年内翻了一番，大豆出口也迅猛增长。尤其 2012 年，巴西大豆产量高达 8 100 万吨，达历史最高水平，居世界第一，占世界总产量的 30%；出口 3 740 万吨，居世界第一，占世界出口总量的 38%。

2014 年巴西谷物播种总面积达到 5 721 万公顷，比上年增长 11.5%。大豆种植面积的增幅最大。2014 年巴西谷物总产量达到 2.02 亿吨，实现产量持续增长，增幅主要集中在大豆和玉米，其中玉米产量 2373 万吨、大豆产量 4 263 万吨。巴西东北地区的农业产量增幅最大，该地区包括马拉尼昂州、托坎廷斯州、皮奥伊州和巴伊亚州。

二、巴西主要粮食价格政策和措施

巴西对特定农产品提供多样的价格支持措施（price support programmes，PSP），如玉米、棉花、牛奶、大米、橡胶、高粱和大豆。其政策目标，一是保持农业的国际竞争力；二是确保农民收入不低于城市居民收入，维持社会的稳定。PSP 经历了由原来的政府直接购买向产品售空计划和期权合约补贴的转变过程。主要包括政府最低保证价格（policy of guaranteed minimum prices，PGMP）、产品售空计划（premium for product outflow and outflow of product value，PEP 和 VEP）和公开期权（public option contracts，POC）等。

PGMP 是巴西最重要的价格支持政策。政府根据不同地区的生产成本，每年调整最低保证价格，这些价格都以法令的形式发布。2007 年巴西 PGMP 计划达 21 亿雷亚尔，涵盖产品包括木薯粉、淀粉、棉花、豆类、咖啡、大蒜、黄麻、牛奶、大米、橡胶、蚕丝、剑麻、大豆和高粱。其中大豆于2005

年首次被纳入 PGMP 政策。

　　PEP 和 VEP 的目的是政府通过向代理商支付"差价（premium）"补贴的方式来支持农产品价格。不同的产品有不同的参考价格。当市场价格低于参考价格，巴西国家商品供应公司对市场运营商从生产者或合作社购买的产品支付参考价格与市场价格之间的差价。参考价格既可以是官方的最低价，也可以是期权合约中所固定的价格。相当于政府提供产地与消费地之间的运费补贴。当中西部的农民把产品提供给南部的加工企业或批发商时，政府将两地之间的价差（主要是运费）补贴给后者，鼓励他们到内陆地区收购农产品，从而为内陆地区农民提供价格支持。由于该计划的额度有限，仅为产量的 5%，政府通过公开拍卖的方式来分配额度，额度内提供补贴，额度外则不提供补贴。虽然所有产品都可以参加 PEP，但它只被用于少数产品，主要是棉花、玉米、小麦、豆类、大米和酒。VEP 与 PEP 目标相同，但仅用于处置政府库存。巴西对农业生产者价格支持的政策工具及目标如表 7-5 所示。

表 7-5　巴西对农业生产者价格支持的政策工具及目标

支持工具	政策措施	政策目标
政府最低收购价	政府根据地区确定收购价格，然后根据公布的价格直接从生产者手中购买农产品	保证农民基本收入
POC	巴西食品供应公司提前宣布将提供期权合同的农产品名称、数量和执行价格，期权持有者决定执行合同时食品供应公司负责购买所有农产品	稳定农民收入
生产者价格保护	政府支付农产品销售者保证价格和拍卖价格之间的差额	支持农产品价格，保护生产者积极性
PEP 和 VEP	政府向加工企业或批发商支付市场价格与政府最低购买价格之间的差价	支持农产品价格
政府采购计划	当期权所有者决定执行期权合同时，私人代理商负责购买农产品	稳定农民收入

　　资料来源：根据"OECD review of agricultural policies，chapter of Brazil（2009）"中数据整理得出

　　POC 由巴西国家商品供应公司运作，先为下一个收获季节确定一个"执行价格"（最低价格加上存储和财务费用），一定时期的期权价格，符合条件的产品（大米、玉米、小麦、棉花、高粱和咖啡）可以按此价格出售给政府。巴西国家商品供应公司按期权价格（溢价）拍卖出售期权合约给农业生产者和合作社。生产者因此能够从农村信贷基金获得贷款。巴西国家商品供

应公司可以在合同期满前按其义务购买产品，在这种情况下，生产商将得到"执行价格"与市场价格之间的差额，或者巴西国家商品供应公司可以转让其购买义务给其他公司。这样起到了两个作用：一是在一定程度上稳定了农民收入；二是可以减少政府直接以保护价格收购形成的储备。不过，由于市场价格往往比期权价格高，实际中这种办法并不常被采用。

三、巴西粮食价格政策的经验及其启示

自 1975 年巴西调整农业发展政策，加强国家对农业的干预和调节，注重农业发展开始，巴西政府在制定政策时就注重向农业倾斜，支持水平上升较快。虽然从 2005 年以后，农业总体支持水平上升速度减缓，但农业的发展速度并没有降低。在巴西各项农业支持政策中，除了通过各种传统方式（价格支持、政府直接购买、优惠信贷）为农业发展提供大量资金外，巴西农业政策还具有很多特点，如重视对小型农户的支持和帮助、制定有针对性的农业政策、注重现代生物技术在农业中的应用、重视农业可持续发展等。这些特点对于同样作为农业大国的中国具有借鉴意义。

一是巴西在农业支持政策制定中注意结合本国实际，有选择地区别对待。巴西政府鼓励大规模的农场经营，放开市场让大农场到国际市场上去竞争；而对处于弱势的中小农场进行补贴，有专门的政策—家庭农业支持计划，对其进行支持，包括更低利率的信贷支持、农业保险、价格支持等。这样，对农业生产者进行区分，能够更有针对性地保护生产者的利益，同时保证了社会稳定，大大提升了巴西农产品的国际竞争力。

二是区分家庭农户，重视对中小农户生产能力和收入水平的信贷支持。巴西政府在制定农业政策时，特别注重对中小农户的保护和支持。通过设立和制定各种特殊的、针对性强的政策和计划，对处于弱势的中小农场和家庭农户提供信贷补贴和贷款，保证其收入和发展。每项计划中不仅有针对中小农户的子项目，如农业家庭价格保护计划、家庭农业支持计划、家庭农业保险等，也有针对中小农户的特别条款。这些措施确保了中小农户的基本收入，增加农村就业机会，抑制农村人口过快地向大城市流动，不仅促进了农业发展，而且对农村稳定、农民增收有重要意义。

　　三是强化对应用新技术、转变农业生产方式的支持。巴西政府重视现代技术的开发和研究，努力推进科技在农业生产中的应用，不仅设立专门的农业科研机构，提供专项基金，支持、鼓励和开发新的农业科技产品，而且还制定特殊的政策，给从事高科技含量的农业生产者提供更优惠的条件，如增加生物燃料生产贷款，对使用可再生能源技术、环境保护技术生产方式的农户提供信贷支持补贴等，以鼓励其进一步发展。我国在注重传统农业发展的同时，也可采取金融信贷支持方式，鼓励农民采用农业新技术、转变农业生产方式；同时加大国家对农业的科技投入，提高科技在农产品中的应用率。

　　四是重视农业的可持续发展。巴西一直注重实施农业的可持续发展战略，出台了一系列发展绿色经济、减少农业碳排放、维护生物多样性的相关政策。相较而言，我国的农业可持续发展政策非常有限，大部分并未落实到具体政策，如应对气候变化、保护生物多样性等目标的详细措施还未出台；部分政策或还处于起步或摸索阶段。在这一点上，我国应吸取巴西的相关经验，开展农业可持续发展政策实施的经验交流，尽快落实相关政策。

第五节　主要结论和政策建议

　　目前我国粮食价格支持政策在保障粮食生产、提高农民收入等方面已取得了一定的效果。但是，我国农业基础仍然薄弱，最需要加强；农村发展仍然滞后，最需要扶持；农民增收仍然困难，最需要加快。长远来看，保障粮食安全，确保主要农产品基本供给，促进农民增收仍是我国农业现代化建设不可逾越的历史任务，是保持国民经济健康发展的战略需要。因而未来一段时间我国农业政策目标仍应以保障粮食等重要农产品的有效供给为主，兼顾农民收入。进一步加大农业补贴力度，扩大支持范围，强化农业发展基础，不仅对实现"保供给、促增长"的农业支持政策核心目标，也对今后实现农业可持续发展的长远目标具有重大意义。这需要遵从 WTO 规则，进一步设计出适合我国国情的政策体系，提高农业国内支持政策的实施效果，以促进农业可持续发展的实现。现阶段我国可构建以价格支持为基础、以直接补贴为主体的农业国内支持政策框架体系，进一步完善现有措施，建立新的补贴支持机制，探索新形势下强农惠农的新思路、新方法和新途径。

1. 合理利用粮食价格支持政策

价格支持措施对调动农民积极性、促进农业生产、增加农民收入作用最直接，影响最显著。因而未来我国农业支持政策仍应以价格支持政策为基础，但是在产业选择、支持方式以及政策细节上应进一步完善。

完善最低收购价政策，合理确定最低收购价水平。继续完善最低收购价政策，应逐步提高最低收购价格水平。统筹考虑生产成本、利润水平、市场供求、不同品种之间比价及国际市场价格等多种因素，合理确定最低收购价格，保证最低收购价提价幅度高于生产成本上涨幅度。坚持实行单一政策执行主体，明确执行主体的权利和责任，防止多元主体带来的利益争夺与责任推诿。建议充分发挥中央储备粮垂直管理体系的优势以及保障能力与执行能力，将国家调控粮源集中纳入垂直管理体系的直接控制之下，提高政策执行效率。加快建立制度化的政策启动与退出机制。例如，在新粮上市期间，当市场平均价格低于国家规定的最低收购价格时，即启动最低收购价收购；当市场价格回升至最低收购价格水平之上时，则要求政策执行主体必须自动停止或及时退出收购；此外，如果最低收购价收购量达到市场流通商品量的30%~40%，有关部门应及时发出预警信号，结合市场价格走势等情况，放缓或退出最低收购价收购，尽可能地给其他市场主体预留足够的商品粮，消除部分企业抢购或囤积的动机。

促使重要农产品的临时收储政策逐渐向目标价格补贴政策和目标价格保险政策过渡。在临时收储政策的基础上，对大豆、玉米、食糖、棉花等受国际市场影响大、市场波动剧烈的产品，实行稳定价格带措施。其基本作用机制为，当市场价格低于政府确定的最低保证价格时，为维护农民利益、保护农民生产积极性，政策执行机构按照最低保证价格挂牌收购农民交售的农产品；当市场价格高于最高干预价格时，为保证市场平稳运行，政策执行机构将农产品储备投放市场，增加供给、平抑价格；当市场价格处在稳定价格带以内，政府对价格不采取干预措施，由市场机制自发调节价格；如政府掌握的储备不足，可以通过紧急进口等措施增加市场供给，使价格稳定在可控范围内。

实现各项价格支持政策的协调统一。第一，合理确定调控价格水平。统筹考虑经济发展、消费者以及上下游产业的承受能力和成本收益等因素，合理确定最低保证价格和最高干预价格。要注重与市场调节机制有机结合，充分发挥市场配置资源的基础性作用。第二，抓紧建立重要农产品价格预警系统。建议建立中国粮食等主要农产品价格预警监测信息系统，及时发布重要产品的供求、价格等信息，合理引导市场预期。第三，明确政策执行主体。最低保证价格收购与价格平抑调控互为一体，建议由同一政策执行主体承担。第四，建立粮食等重要农产品调控储备。借鉴目前粮食专项储备、政策性临时储备的经验，探索建立重要农产品调控储备，专门用于稳定市场价格。需要注意的是，调控储备量不宜掌握过多，避免形成市场不稳定预期，以免加剧价格波动。第五，注意保持各项政策的基本稳定，以免造成政策冲突。

2. 进一步加强直接支付政策措施

必须意识到，在 WTO 规则的约束下，我国价格支持的空间可能已经不大；且国际经验也表明，各国普遍开始从价格支持向直接支付转变。因而未来我国农业政策重点应该放在直接补贴政策上，在补贴资金规模的扩大以及直接支付政策的设计和方式选择上多下功夫。

加强现有直接补贴措施。在政策执行上，要进一步完善补贴操作办法，加强政策执行的监督与管理，加大对违规违纪行为的处罚力度，确保农民成为真正的受益主体。具体来看，对于粮食直补政策，要进一步增加其补贴资金总量，以刺激农户生产积极性。对于农资综合补贴，按照"价补统筹、动态调整、只增不减"原则，实施动态调整机制，新增补贴资金应重点向粮食主产区倾斜，着力提高主产区种粮农民的补贴强度。针对良种补贴，应着力提高重点品种补贴力度，逐步取消差价供种的补贴方式，全部采用直接现金补贴农户的办法，尽快与实际种植面积有效挂钩。对于农机购置补贴，应重在完善补贴操作办法，探索申请补贴、选机购机、补贴报销相互分离的操作方式，切实加强补贴执行的管理和监督；并充分考虑农机具存量结构与分布，使补贴资金向农机动力不足的粮食主产区倾斜，使之更具有针对性。

稳步推进差价补贴措施试点工作。对东北主产区的大豆，以及长江中下游等主产区的油菜籽产区，试点实施差价补贴措施。即政府预先确定大豆、油菜籽的目标价格，农民按市场价格随行就市进行销售。其实施机制为，若市场价格低于目标价格，按两者之间的差价给予农民补贴；若市场价格高于目标价格，则不启动该政策。如果试点取得成功，建议逐步推广到水稻以及具有类似特点的棉花、食糖等农产品，探索建立目标更加清晰、作用更加直接、操作更加简便、效果更加显著的新型农业价格支持与补贴政策体系。

探索新的专项直接补贴措施。研究设计针对重要农产品、关键环节的专项补贴措施，以及鼓励生产的政策支持新机制，缓解农产品供需矛盾。第一，水稻专项补贴。建议以水稻作为试点，抓紧研究与农民种稻面积或交售商品粮数量挂钩的水稻专项直接补贴。可考虑采取如上所述的差价补贴，或价外加价等办法，与已有的最低收购价、种粮补贴相配套实施，建立鼓励水稻生产的政策支持新机制，缓解水稻供需紧张矛盾。第二，专业农户补贴。对粮食主产区经营耕地面积在一定范围内（如 30~150 亩，需要科学合理地确定），且主要从事粮食生产的农户，按粮食实际种植面积给予补贴。种植规模较大的商业化农户（如 150 亩以上），由于能够获得高于平均水平的利润，因此可不纳入补贴范围。第三，农业金融信贷利息补助支持。建议采取项目申请的方式，对专业农户用于农田水利等基础设施建设自主投资给予定额的直接投资补助；对商业化种粮大户，给予信贷利息补贴或者提供低息贷款。第四，建立农业环保专项补贴。以粮食主产区的专业农户为补贴支持对象，鼓励农户采用资源节约、环境友好低碳技术等生产方式，并对导致的损失给予一定的奖励或补贴。

3. 加强农产品国际贸易政策与国内相关产业政策的统筹协调

当国内农产品供给充足、农业产业发展情况良好时，要切实发挥边境保护措施的"门槛"作用。充分利用关税、关税配额管理以及非关税措施等加强对大宗农产品的合理保护，避免进口对国内价格的严重打压。当国内确实供不应求，且国内外价格差较大时，要借鉴其他国家的调控经验和管理办法，对进口进行合理调控，在满足国内需求的同时兼顾国内产业发展。例如，针对当前大宗农产品全面净进口的情况，应尽早研究制定谷物等超配额进口关税政策和管理办法。在考虑到配额内外关税差异较大的基础上，采取既能确保产业安全，又有利于贸易的平稳发展的过渡性办法。针对国际农产品市场波动性、不确定性和风险性加剧，以及我国农产品生产成本快速增长的现实，应在多双边农业贸易谈判中为国内农业支持政策提供保护空间。

参 考 文 献

本间正义. 2010. 现代日本农业的政策演变过程[M]. 东京：日本庆应义塾大学出版会股份有限公司.

胡国晖. 1998. 美国农产品价格制度及其对我国的启示[J]. 财贸研究，（4）：13-15.

黄正多，李燕. 2007. 印度农业合作经济组织发展中的政府作用[J]. 南亚研究季刊，（4）：21-25.

林岳云. 2000. 美国农产品价格政策及其对我国的启示[J]. 商业经济文荟，（1）：56-58，62.

宋洪远，赵海. 2015. 中国新型农业经营主体发展研究[M]. 北京：中国金融出版社.

徐宁. 2009. 试论印度绿色革命[J]. 西华大学学报（哲学社会科学版），（6）：35-40.

杨永平. 2011. 尼赫鲁时期印度的农业政策和粮食问题[J]. 经济导刊，（2）：12-18.

中国驻美大使馆. 2014-01-22. 美国农业概况[EB/OL]. http://us.mofcom.gov.cn/article/zxhz/hzjj/201401/20140100468500.shtml.

宗义湘. 2007. 加入WTO前后中国农业政策演变及效果[M]. 北京：中国农业科技出版社.

WTO. 2011. Trade Policy Review，Report by INDIA[R].

第　八　章

我国粮食价格、食品价格与 CPI 变动关系分析

农产品价格波动与通货膨胀之间的关系，从 20 世纪 90 年代中期以来就是我国农业经济和宏观经济学术界和决策层关注的一个重点。二者之中，究竟哪个是"因"，哪个是"果"，曾经是争论的焦点。

早期的研究者多是基于对农产品价格和通货膨胀数据的描述，得出农产品价格上涨会引发通货膨胀的结论（戴根有，1995；温桂芳，1995）。这一观点得到了部分实证研究的支持，王秀清和钱小平（2004）运用投出产出法计算了农产品价格上涨对国民经济其他部门的波及效应，发现 20 世纪 80 年代到 90 年代中期农产品价格上涨对其他部门价格上涨有传导作用。这种观点为以往的学术界和决策层所普遍接受，并且成为农产品价格政策制定的依据（卢锋，1999）。

另一些研究者则认为，农产品价格上涨和通货膨胀之间的关系，可以用货币学派代表人物弗里德曼的一个经典的论断来澄清："通货膨胀无论何时何地都是一种货币现象"（易纲，1995）。一系列基于时间序列分析的实证研究表明，通货膨胀是农产品价格上涨的原因，而农产品价格上涨对通货膨胀没有反向作用。最早的实证研究主要应用格兰杰因果检验，为这一观点提

供经验性支持。卢锋和彭凯翔（2002）进一步运用向量误差修正模型，对格兰杰因果检验这一统计学结果进行了内生性检验，结果发现：虽然粮食价格与通货膨胀之间有长期均衡的关系，但是粮食价格波动不会对通货膨胀产生反向的影响。近年来，研究者使用了多种时间序列分析方法对农产品价格和通货膨胀的关系进行了研究。无论是向量自回归模型（李敬辉和范志勇，2005），还是二元 GARCH 模型（赵留彦，2007），都进一步支持了通货膨胀引发农产品价格上涨这一论断。

尽管学术界对农产品价格与通货膨胀关系的实证研究已经很多，但是对相关研究进行考察，可以发现：在现有的实证研究中，模型变量往往将通货膨胀与农产品价格作为一个系统进行考察，忽略了外生变量对二者的影响。进一步考察现有文献，还会发现：这些实证研究所聚焦的阶段以 2000 年之前为主。21 世纪以来，尤其在中国加入 WTO 之后，市场机制已经成为农产品的价格形成的主要机制。一些外生变量已经可以通过市场机制打通的渠道对农产品价格产生非常显著的影响。

农产品价格与通货膨胀之间的关系研究取得了非常显著的成果，为本章提供了比较坚实的研究基础。本章首先在时间序列分析中加入外生变量，研究了宏观经济、气候变化以及国际市场等外生变量对农产品价格造成的影响，从而形成对农产品价格波动影响因素及其与通货膨胀关系的新理解；其次对农产品价格与通货膨胀关系之间的误解进行澄清，提出关于农产品价格波动原因的新观点。

第一节　粮食价格变动与 CPI 波动的因果关系检验

通货膨胀通常是指物价水平的全面持续上涨。一般采用 CPI 和生产者价格指数（producer price index，PPI）来衡量。在我国主要用 CPI 反映物价水平的变化，作为观察通货膨胀的指标。我国 CPI 统计的八大类商品中，食品、烟酒、衣着三大类都是农产品及其加工品。在 CPI 指数编制过程中，食品价格被赋予了较高的权重，大体占 34%，远高于其他类商品。可见，农产品价格和 CPI 之间是部分和整体的关系，农产品价格上涨将会导致 CPI 这一表征变量走高。

然而，通货膨胀本质上是一种货币现象，是由货币的过度发行所导致的。广义货币供应量扩张速度超越真实经济的增长速度，是通货膨胀的根本原因。20 世纪 80 年代中期，我国有学者曾提出把货币流通量与商品量的比例关系作为衡量通货膨胀的标志（杨继生，2009）。基于省级动态面板数据的计量研究表明，我国准货币的流动性过剩水平与通货膨胀率之间存在着极其明显的正向关系。

2008 年下半年国际金融危机爆发以来，我国出台了刺激经济的一揽子政策，实施了 4 万亿元的投资计划，对缓解国际金融危机影响，促进我国经济复苏发挥了重要的作用。但适度宽松的货币政策也带来了流动性过剩。到 2009 年末，我国广义货币总量达到 60.6 万亿元，同比增加了 27.6%，远高于我国 GDP 8.6%的增长速度。2010 年以来 CPI 的走高，在一定程度上是前期货币过量发行带来的结果。

为了更好地分析农产品价格上涨和通货膨胀之间的因果关系，笔者利用格兰杰因果检验和向量误差修正模型相结合的方法对近期农产品价格与 CPI 的关系进行分析。在说明数据来源之后，笔者所采用的实证研究方法具体步骤如下：首先，对农产品价格和通货膨胀进行单位根检验和协整检验；其次，对农产品价格和通货膨胀进行格兰杰因果检验；最后，在上面两步的基础上，再加入外生变量，对农产品价格和通货膨胀这一时间序列系统构建向量误差修正模型，对农产品价格的影响因素进行实证分析。

一、数据来源

根据数据可得性和研究需要，本节所使用的时间序列数据的样本量应尽可能涵盖更多的时间点。因此，样本期包括 2004 年第一季度到 2015 年第四季度。通货膨胀用 CPI 来衡量，其中 CPI 经过处理成为季度数据。而粮食价格的季度数据，目前比较完整的是粮食价格指数。所以，农产品生产价格指数被纳入格兰杰因果检验和向量误差修正模型的协整系统中，作为衡量农产品价格的变量。CPI 的数据和粮食价格指数数据均来自国家统计局公布的数据。为了研究需要，对二者均以 2004 年第一季度作为基期进行了指数化处理，粮食价格指数则进一步剔除了通货膨胀因素。

为了研究宏观经济、气候变化等外生变量对农产品价格变动的影响，笔者选取部分外生变量放入向量误差修正模型。首先，将马氏 K 指数（Marshallian K）作为衡量流动性过剩程度的指标。参考杨继生（2009）对马氏 K 指数这一指标的定义和测度，该指标就等于货币供应量增长率与实际 GDP 增长率之差。将城镇家庭人均可支配收入作为需求拉动的衡量指标。季度货币供应量（M2）、季度 GDP 以及城镇家庭人均可支配收入都来自中经网统计数据库。其中，季度 GDP 经过剔除通货膨胀因素成为实际 GDP，城镇家庭人均可支配收入也经过剔除通货膨胀因素成为城镇家庭人均实际可支配收入。为了研究需要，对城镇家庭人均可支配收入以 2004 年第一季度作为基期进行了指数化处理。对于气候变化的指标，笔者选择每个季度的平均温度与该季度常年平均温度的离差百分比来衡量。其中，常年温度为该年度前三年该季度平均温度的均值。各季度平均气温的计算主要依赖于《中国统计年鉴》中的数据。首先，对全国 28 个主要城市月度平均气温求平均值，之后再对该季度三个月的全国平均气温求平均值。尽管这是在全国季度平均气温很难得到的情况下所采取的一种次优选择，但是，经过与各年度有关平均气温的新闻报道进行核对，笔者发现在变动趋势上，笔者所构造的这一变量基本符合新闻报道的描述。国际农产品价格用国际食品价格代替，其来源为 FAO 统计数据库，并且以 2004 年第一季度作为基期对其进行了指数化处理。

二、协整关系检验

根据前文中对以往文献的回顾，农产品价格和通货膨胀之间存在着相似的变化增长和变化趋势，二者可能存在协整关系。本节采用的实际验证方法为 Engle-Granger 两步法。第一步是对两个序列分别进行单整检验，即验证其是否是一个 d 阶差分平稳过程，其中，d=1，2，3，……为了减小序列中高阶相关的影响，选择 ADF 检验进行时间序列平稳性检验。第二步则是对两个时间序列做简单一元回归，对回归的残差进行 ADF 检验。EG（Engle-Granger）两步法的实证检验结果如表 8-1 所示。

表 8-1 EG 两步法的实证检验结果

		截距	序列	t 统计量	1%临界值	5%临界值
第一步	通货膨胀	有	原序列	−0.071 5	−3.592 5	−2.931 4
		有	一阶差分	−3.446 5	−3.615 6	−2.941 2
	粮食价格	无	原序列	0.865 0	−2.622 6	−1.949 1
		无	一阶差分	−2.274 8	−2.622 6	−1.949 1
第二步	回归残差	无		−2.686 2	−2.622 6	−1.949 1

注：1%临界值指的是，在低于 1%的水平上拒绝"序列平稳"原假设的 MacKinnon 临界值；5%临界值指的是，在低于 5%的水平上拒绝"序列平稳"原假设的 MacKinnon 临界值

表 8-1 的第二行和第三行表明，二者原序列都没有通过 ADF 检验，也就是说，二者原序列都不是平稳过程。而一阶差分之后，ADF 检验全部通过，表明二者都是一阶差分平稳序列，也就是都为一阶单整过程。EG 两步法的第二步，农产品价格对通货膨胀进行一元回归之后，其残差通过了 5%显著性水平上的 ADF 检验。EG 两步法的结果表明：农产品价格与通货膨胀之间存在协整关系。也就说，农产品价格和通货膨胀之间存在着长期稳定的关系。

为了进一步强化 EG 两步法的结论，我们对农产品价格与通货膨胀两个时间序列进行了 Johansen 协整检验。实证检验的结果如表 8-2 所示。可以看到，Johansen 协整检验的结论表明：二者之间不存在协整关系的原假设被拒绝。这强化了上述 EG 两步法的结论，即农产品价格与通货膨胀之间存在协整关系。

表 8-2 农产品价格与通货膨胀的 Johansen 协整检验（滞后 1 期）

假设存在协整关系的个数	特征根	迹统计量	5%临界值	p 值
没有	0.262 054	14.927 61	12.320 90	0.017 9
最多存在一个	0.050 229	2.164 463	4.129 906	0.166 6

注：5%临界值指的是，在低于 1%的水平上拒绝"系统存在协整关系个数"原假设的似然比取值；p 值指的是，5%显著性水平上拒绝"系统存在协整关系个数"原假设的概率

三、确定滞后期

对 CPI 和粮食价格指数构成的 VAR 模型进行预估，通过比较 5%水平检验的序列修正后的对数似然比（logistic regression，LR）、最终预测误差

（final prediction error，FPE）、AIC 准则和 SIC 准则、汉南-奎因准则（Hannan-Quinn Criterion，HQC），找出半数以上的准则选择滞后阶数，从而可以定义 VAR 模型的滞后阶数。最终结果如表 8-3 所示，选择滞后 3 期。

表 8-3 滞后期选择

滞后期	对数似然值	LR	FPE	AIC	SIC	HQ
0	−271.334 7		6 065.118	14.386 04	14.472 23	14.416 70
1	−132.496 6	255.754 5	5.023 858	7.289 294	7.547 860*	7.381 290*
2	−129.844 9	4.605 534	5.406 347	7.360 258	7.791 202	7.513 585
3	−122.947 4	11.253 77*	4.666 989*	7.207 760*	7.811 081	7.422 417
4	−119.361 8	5.472 850	4.816 985	7.229 567	8.005 266	7.505 555
5	−115.486 5	5.506 924	4.925 626	7.236 133	8.184 210	7.573 452
6	−111.993 1	4.596 669	5.178 510	7.262 793	8.383 247	7.661 442

*表示根据该统计指标选择这一滞后期

四、格兰杰因果关系检验

在证明原序列不是平稳过程，但是一阶差分平稳之后，可以采用格兰杰因果检验对二者之间的统计学因果进行分析。格兰杰因果检验具体模型为

$$\text{GPI}_t = \alpha_0 + \alpha_1\text{GPI}_{t-1} + \cdots + \alpha_k\text{GPI}_{t-k} + \beta_1\text{CPI}_{t-1} + \cdots + \beta_k\text{CPI}_{t-k}$$

$$\text{CPI}_t = \alpha_0 + \alpha_1\text{CPI}_{t-1} + \cdots + \alpha_k\text{CPI}_{t-k} + \beta_1\text{GPI}_{t-1} + \cdots + \beta_k\text{GPI}_{t-k} \quad （8.1）$$

式中，k 是最大滞后阶数。在上文的分析中，根据表 8-3 滞后阶数选择 3 期。GPI（genuine progress indicator，真实发展指数）和 CPI 分别表示粮食价格指数和 CPI 指数。计量分析结果如表 8-4 所示。

结果表明，粮食价格随着 CPI 的波动而波动，CPI 却不会随粮食价格波动，粮食价格变动不是通货膨胀变动的统计学原因。这与前人研究取得了一致。宋国青等（1999）的实证分析发现，通货膨胀通过改变农户存粮行为影响粮食价格。卢锋等（2002）的研究表明，无论是从长期还是从短期看，通货膨胀都领先于粮价变动，也就是说通货膨胀是粮食价格上涨的重要原因。

五、向量误差修正模型

需要特别说明的是，格兰杰因果检验只是提供了一种统计学意义上的因果关系。为了验证这种统计学意义上的因果关系是否具有经济学意义，进一

步分析宏观经济、气候变化等外生因素对农产品价格波动的影响，采用向量误差修正模型对 2004 年第一季度到 2015 年第四季度的农产品价格上涨因素进行分析。向量误差修正具体模型为

$$\nabla \text{GPI}_t = \beta_0 + \beta_1 \nabla \text{CPI}_t + \lambda \text{vecm}_{t-k} + E_t + \nu_t \qquad (8.2)$$

式中，GPI 表示农产品生产价格指数；CPI 表示 CPI 指数；E 表示外生变量，包括货币发行量、气候、需求等因素。货币发行量指标为马氏 K 指数；气候变化指标为全国气温变化离差；需求因素用城镇居民人均实际可支配收入指标代替；国际农产品价格用国际食品价格指数代替，计量分析结果见表 8-4。

表 8-4　通货膨胀变动和粮食价格变动的格兰杰因果检验

滞后期	原假设	F 统计量	p 值
3 期	粮食价格变动不是通货膨胀变动的格兰杰原因	1.783 41	0.168 9
	通货膨胀变动不是粮食价格变动的格兰杰原因	2.385 44	0.086 3

表 8-5 的第二列第 3 行和第 4 行提供了农产品价格和通货膨胀的协整关系，即二者之间的长期稳定的均衡关系。从数值上看，衡量这种长期稳定均衡关系的统计系数为 0.851，二者之间是一种正相关的关系。统计学上，这一系数在 99% 的水平上是显著的。也就是说，通货膨胀食品每增加 1%，会带动粮食价格上升约 0.851%。

表 8-5　向量误差修正模型的估计结果

协整关系：		
GPI（−1）	1.000	
CPI（−1）	0.851^{***}	
	（5.358）	
误差修正：		
误差修正项	D（GPI）	D（CPI）
	-0.127^{***}	0.007
	（−2.491）	（0.292）
D（GPI（−1））	$0.324\ 07^{**}$	$-0.164\ 934^{**}$
	（1.808 45）	（−1.878 64）
D（GPI（−2））	$0.321\ 439^{**}$	$-0.038\ 471$
	（1.895 13）	（−0.462 95）

续表

D（GPI（-3））	0.217 955	0.163 715**
	（1.195 62）	（1.833 08）
D（CPI（-1））	0.232 119	-0.013 617
	（0.743 22）	（-0.088 99）
D（CPI（-2））	-0.519 181*	0.436 527**
	（-1.363 57）	（2.340 11）
D（CPI（-3））	0.218 414	-0.213 843
	（0.557 31）	（-1.113 73）
外生变量：		
马氏 K 指数	0.021 554	0.033 106***
	（0.917 79）	（2.877 37）
温度离差	0.001 155	-4.86×10^{-5}
	（0.433 71）	（-0.037 23）
城镇居民人均实际可支配收入	-0.074 139***	0.064 829***
	（-2.776 52）	（4.955 54）
国际食品价格	0.017 15**	0.002 049
	（2.227 61）	（0.543 36）
调整后 R 平方	0.886	0.547
F-statistic	16.591	3.416

*、**、***分别表示 t 检验在 90%、95%、99%的水平上显著
注：括号内为 t 值

可以看到：D（GPI）的系数为-0.127，且 t 检验在 99%的统计学水平上是显著的；D（CPI）的系数为 0.007，且 t 检验的显著性水平很低。这说明，农产品价格自身的波动会对农产品价格与通货膨胀的短期偏离做出调整，而通货膨胀却不会形成对这种偏离的显著性误差修正。也就是说，短期内，农产品价格如果出现了与通货膨胀之间长期均衡状态的偏离，农产品价格会发生向长期均衡状态的回调，从而实现长期均衡关系对短期波动的修正。然而，如果通货膨胀出现了与农产品价格长期均衡关系的偏离，通货膨胀不会做出向二者长期均衡状态的回调。用举例的方式，结合数字加以描述就是：如果短期内，出现了供给冲击，如农产品减产或者游资炒作大宗商品，使农产品价格发生了 1%的变动，下一期的农产品价格会比长期均衡的

调整减少 0.127%，从而逐步回到粮食价格与通货膨胀的长期均衡状态。然而，如果通货膨胀在短期内由于货币供给量增加，发生了 1%的变动，那么下一期通货膨胀不会发生显著的回调，从而它不会做出适应与粮食价格均衡关系的修正。明确一点说，就是时间序列分析的结果表明，长期内，粮食价格会随着通货膨胀的变动而变动，而通货膨胀却不会随着粮食价格的变动而发生变动。误差修正模型的结果在经济学的意义上强化了格兰杰因果检验的结果。于是，格兰杰因果检验的结论——长期内通货膨胀率上涨会引发粮食价格上涨，而粮食价格上涨长期内不会引发通货膨胀率上涨——不再是一个统计学意义上的因果关系，而是具备了经济学意义。

外生变量检验的结果表明，城镇居民人均可支配收入和国际食品价格对粮食价格具有显著影响。以 2004 年第一季度为基期，城镇居民人均可支配收入每增加 1%，粮食价格水平下降 0.07%；国际食物价格每上升 1%，国内粮食价格水平上升 0.02%。这表明需求拉动和国际食品价格对粮食价格变动具有正向影响。城镇居民人均可支配收入和国际食品价格通过作用于粮食供求，而对粮食价格产生影响。作为比较，宏观经济因素——货币流动性对通货膨胀则有促进作用。实际上，货币流动性过剩程度提高，就会提高整个国民经济中各部门的价格，从而对粮食价格上涨起根本性的作用。气候变化对粮食价格的影响较小，极端性天气变化，尤其是低温的影响，尽管会导致粮食减产预期，但是作用并不显著。

第二节　关于粮食价格和通货膨胀关系的讨论

早期研究者之所以产生农产品价格上涨会引发通货膨胀这样的误解，主要是由于农产品自身属性、社会属性、时代局限以及统计指标选取存在不同。首先，大宗商品往往会在国家层面和企业层面保有大量库存，货币供给和利率导致大宗商品价格波动幅度超过通货膨胀（李敬辉和范志勇，2005）。其次，农产品价格比非农产品价格对货币供给变化的反应更为敏感（Orden and Fackler，1989；Robertson and Orden，1990；赵留彦，2007），于是表面上看起来是农产品价格上涨先于通货膨胀。最后，在农业占国民经济比重较大且农业关联产业技术不发达的时代，农产品价格上涨对其他部门的价格波及效果较大（王秀清和钱小平，2004）。此外，还有一个原因可能是统计指标选取的原因，过去农产品价格在衡量通货膨胀的指标 CPI 中占有很大的份额。于是，农产品价格的上涨，会对 CPI 在数量上上涨的表现产生直接影响。例如，以肉类为主的农副产品价格上涨是新一轮物价上涨的直接因素（高铁梅等，2008）。

尽管学界对农产品价格波动与通货膨胀之间的关系存在一些误解，但是农产品价格上涨引发通货膨胀的担忧并非是没有依据的臆测。这种担忧有时代的背景也有现实意义。在 20 世纪 90 年代中期，农产品消费仍然在居民消费支出中占有很大的比重。在对农产品价格与通货膨胀关系讨论极为热烈的 1995 年，我国城镇居民恩格尔系数为 50.1，农村居民恩格尔系数为 58.9。这个时期，消费冲击是通货膨胀周期性变化的主要来源（Oppers，1997），农产品价格上涨会导致厂商和家庭形成通货膨胀预期，理性预期学派代表人物卢卡斯及其追随者发现通货膨胀预期能够对通货膨胀造成推动作用（杨继生，2009）。而且，当时多数农产品价格正处于计划管理放开的过程中，粮食等大宗农产品市场中国家垄断的力量仍然居于主导地位。所以，国家调整粮食价格会引发农产品价格以及其他部门价格的一系列反应。

进入 21 世纪，市场机制已经逐渐成为农产品价格形成的主要机制。蔬菜、畜产品、水产品等产品的市场流通已经完全放开，基本上实现了市场形成价格、买卖双方决定供求的局面；棉花也基本实现了购销的政企分开，其价格形成机制也不断向市场化过渡；粮食价格形成机制几经反复，市场的作用已经成为主力，而且粮食流通体制改革的市场化方向已经不可逆转。市场机制的打通，使外生变量对粮食价格的影响更为畅通。经过 30 多年的经济高速增长，我国居民收入水平迅速提高，食品消费在居民消费支出中的比重不断下降。20 世纪 90 年代中期以前，我国城镇家庭恩格尔系数在 50 以上，农村家庭恩格尔系数在 55 以上。2004 年以来，我国城镇家庭恩格尔系数一直在 35~37 波动，农村家庭恩格尔系数则基本保持下降趋势，2014 年已经降低到了 37.66。粮食价格上涨，引发居民食品支出增加，从而引发强烈通货膨胀预期，这样一个因果链条已经弱化。与此同时，很多新因素对农产品供求的影响开始凸显。流动性过剩导致能源等大宗商品价格波动，从而在成本、资源方面对农产品生产造成了一定压力，推动了农产品价格上涨（石敏俊等，2009）。气候变化对农产品生产的影响已经显现，甚至对农民农产品种植结构产生了很大的影响（Wang et al.，2008）。在国内，我国居民收入提高带来了食物消费结构升级（黄宗智和彭玉生，2007）。随着农产品市场的不断开放，由于国内外市场之间和各种产品市场之间的整合关系，通过贸易传导和产品间价格传导，国际农产品价格对我国国内农产品价格产生了很大的影响（丁守海，2009）。本节对这些新变化都进行了系统的探讨，进一步在数据模型分析的基础上得到了经验证据，并与理论相连接。

第三节 农产品价格上涨与农业增产和农民增收的关系

2000 年以来，农产品价格稳中趋升的格局，对农业增产和农民增收贡献显著。尤其是粮食价格的上涨，对粮食连年增产和农民持续增收起到了重要作用。本节对 2000 年以来的粮食价格与粮食产量和农民增收的关系进行了定量分析。结果表明，粮食产量变动与粮食价格变动的相关系数为 0.698，农民人均纯收入增加与粮食价格上涨的相关系数为 0.474。例如，对近年来主产区玉米播种面积与玉米批发价格之间的关系进行回归分析，结果表明主产区玉米播种面积与玉米批发价格的相关性较为明显。2007~2014 年主产区玉米批发价格对播种面积的弹性系数达到了 0.338，而 2006 年玉米批发价格对播种面积的弹性系数达到了 0.315。

从农民收入的来源构成看，农产品价格上涨对农民收入的贡献有所上升。以粮食为例，随着粮食价格的上涨，出售粮食收入对农民增收的贡献出现了回升。2015 年出售粮食收入在农民纯收入中的份额由 2006 年的 13.4% 下降到 10.5%，下降了 2.9 个百分点，对农民增收的贡献由 2007 年的 9.1% 变为−15.4%（表 8-6）。

表 8-6　2006~2015 年农民人均纯收入及出售粮食收入情况

年份	农村居民家庭人均年纯收入/元	人均粮食收入/元	人均粮食收入占纯收入比例	粮食增收对农民纯收入增长的贡献
2006	3 556.70	476.24	13.4%	
2007	4 045.20	520.75	12.9%	9.1%
2008	4 654.88	622.52	13.4%	16.7%
2009	5 045.35	739.38	14.7%	29.9%
2010	5 781.20	835.00	14.4%	13.0%
2011	6 907.80	922.30	13.4%	7.7%
2012	7 884.60	1 031.80	13.1%	11.2%
2013	8 706.60	1 049.30	12.1%	2.1%
2014	9 740.20	1 202.20	12.3%	14.8%
2015	10 418.70	1 097.60	10.5%	−15.4%

资料来源：根据《全国农产品成本收益资料汇编》和《中国统计年鉴》数据整理计算

第四节　主要结论和政策建议

一、主要结论

（1）宏观经济对农产品价格的影响日趋增强。随着我国经济市场化、国际化程度的日益加深，经济增长、货币政策和资本市场等宏观经济因素对农业和农产品市场的影响更加直接和明显。农产品价格的周期性波动，不仅反映了自身供求关系的变化，也越来越多地反映宏观经济环境特别是资本市场的变化。

（2）农产品市场和价格波动更加剧烈。一方面，随着生物质能源发展和农产品深加工技术的发展，农产品需求影响因素更加复杂；另一方面，随着极端气候发生频率增加，农产品供给的不确定性大大增加。供需关系及其影响因素的新变化，增大了农产品价格波动的频率和幅度。

（3）农产品价格适度上涨对于农业增产农民增收具有显著作用。近年来国家不断加大对农业，特别是对种粮农民的补贴力度，对于提高农民种粮积极性起到了积极作用，但农产品价格依然是影响农业生产发展和农民增收的最为重要的因素，对近年来粮食持续增产和农民持续增收发挥了重要作用。

二、政策建议

（1）更加注重对宏观经济的调控。调控农产品价格，不仅要关注农产品供给和需求的变化，还要关注宏观经济因素对农产品市场的影响，通过调控来改善宏观经济环境，实现农产品价格的平稳运行。特别是在当前通货膨胀预期增强的背景下，调控 CPI 不能把重点放在农产品价格上，应该更加关注货币流动性过剩、资本市场影响等宏观因素，防止经济过热、货币发行过多、资本市场异动引发农产品价格过快上涨，保持宏观经济稳定，实现国民经济又好又快发展。

（2）允许农产品价格合理波动。农产品市场影响因素复杂多变，决定了农产品价格波动的常态化。农产品市场调控，应在注重长期稳定的同时，允许农产品价格短期的适度波动。特别是在主要农产品供求处于紧平衡的形势下，保持农产品价格适度上涨，对于调动农民生产积极性、保障农产品有效供给、促进农民增收有积极作用。

（3）完善农产品价格调控体系。不同时期农产品价格上涨的表现和原因是不同的，不同农产品价格上涨的影响因素也是不同的。农产品价格调控，既要关注农产品价格总水平的变化，更要关注不同品种农产品价格的变化；既要关注国内市场变化，也要关注国际市场影响。对于关系国计民生的重要农产品，国家应通过完善最低收购价政策、储备制度和进出口调控等手段稳定市场，调节供求和价格。对于个别农产品价格的不合理上涨，国家有关部门应在及时发布供求信息引导市场的同时，打击市场投机和炒作行为，稳定市场和价格。

（4）进一步提高农业综合生产能力。针对极端气候变化加剧的问题，国家应重点加强高产稳产田建设和农田水利设施建设，改善农业生产条件，提高农业综合生产能力。同时，农业部门要加强与气象部门的合作，完善天气灾害预报预测预警体系，增强农业抗风险能力，降低农业灾害损失。

参 考 文 献

戴根有. 1995. 1994 年通货膨胀特点及原因分析[J]. 财贸经济，（6）：19-22.

丁守海. 2009. 国际粮价波动对我国粮价的影响分析[J]. 经济科学，（2）：60-71.

高铁梅，李颖，陈飞，等. 2008. 我国物价波动特征和成因的实证分析[J]. 经济学动态，
（1）：14-20.

黄宗智，彭玉生. 2007. 三大历史性变迁的交汇与中国小规模农业的前景[J]. 中国社会科
学，（4）：74-88.

李敬辉，范志勇. 2005. 利率调整和通货膨胀预期对大宗商品价格波动的影响——基于
中国市场粮价和通货膨胀关系的经验研究[J]. 经济研究，（6）：61-68.

卢锋. 1999. 三次粮食过剩（1984-1998）——我国粮食流通政策演变过程的备择解释[J].
北京大学中国经济研究中心讨论稿系列，No.C 1999003.

卢锋，彭凯翔. 2002. 中国粮价与通货膨胀关系（1987—1999）[J]. 经济学（季刊），
（3）：821-836.

彭凯翔. 2002. 通货膨胀、存粮和粮价形成的关系[D]. 北京大学中国经济研究中心硕士
学位论文.

石敏俊，王妍，朱杏珍. 2009. 能源价格波动与粮食价格波动对城乡经济关系的影响——
基于城乡投入产出模型[J]. 中国农村经济，（5）：4-13.

宋国青. 1999. 未来 10 年中国经济增长的预测[J]. 管理世界，（1）：17-19.

王秀清，钱小平. 2004. 1981~2000 年中国农产品价格上涨的波及效应[J]. 中国农村经
济，（2）：12-15.

温桂芳. 1995. 农业、农价与治理通货膨胀[J]. 管理世界，（2）：41-48.

杨继生. 2009. 通胀预期、流动性过剩与中国通货膨胀的动态性质[J]. 经济研究，
（1）：106-117.

易纲. 1995. 中国的货币供求与通货膨胀[J]. 经济研究，（5）：51-58.

赵留彦. 2007. 通货膨胀预期与粮食价格动态[J]. 经济科学，（6）：30-42.

Ardeni P G，John F. 2002. The Macroeconomics of Agriculture//Rausser B L. Handbook of
Agricultural Economics[C]. Holland：North Holland.

Oppers S E. 2013. Macroeconomic cycles in China[J]. IMF Working Paper，97：135.

Orden D，Fackler P L. 1989. Identifying monetary impacts on agricultural prices in VAR models[J]. American Journal of Agricultural Economics，71（2）：495-502.

Robertson J C，Orden D. 1990. Monetary impacts on prices in the short and long run：some evidence from New Zealand[J]. American Journal of Agricultural Economics，72（1）：160-171.

Wang J，Mendelsohn R，Dinar A，et al. 2008. How China's farmers adapt to climate change[J]. World Bank Policy Research Working Paper，（28）：1-28.

第 九 章

我国主要粮食作物的供需贸易发展趋势 与政策建议

　　改革开放四十年来，农业 GDP 年均增长 4.6%，粮食产量实现了"十二连增"，但也面临着耕地减少、水资源短缺、劳动力成本提高等一系列新的挑战。随着消费水平的提高和城市化的发展，我国居民对农产品需求结构、数量和质量安全也提出了更高的要求（Huang et al., 2010；Bai et al., 2010；陈锡文，2011）。

　　在过去三十多年里我国大部分时期是农产品净出口国，但近期已转变为净进口国。从 20 世纪 80 年代初到 21 世纪初，我国食物自给率一直保持在 100%以上，食物出口额大于进口额，但从 2004 年开始我国从农产品净出口国转变为净进口国，而且农产品贸易逆差有逐渐扩大的趋势。2008 年我国的粮食自给率已经下降到 95%以下，2015 年更下降到 84.9%[①]。近期，我国主要粮食作物进口主要为大豆和玉米，2015 年上述产品的净进口量分别为 8 156 万吨和 472 万吨（海关总署，2015）。同时，畜产品进口也显现上升趋势。本章将概括近年来我国主要粮食作物生产、消费以及贸易概况，并建

---

　　① 笔者根据国家统计局（2016）的粮食生产、海关总署（2015）的粮食贸易数据和笔者估计的粮食消费数据计算而来。

立模型预测未来我国主要粮食作物需求变化，进而针对分析结果提出相应的政策建议。

第一节　我国主要粮食作物生产概况

一、总产实现"十二连增"，玉米超越稻谷成为第一大粮食作物

2004~2015 年，我国粮食生产实现了连续十二年丰收，这是 1949 年以来的第一次，打破了延续多年的"粮食三年一减"的不稳定周期。自 2007 年开始，粮食产量连续九年保持在 50 000 万吨（1 万亿斤）以上，2014 年达到 60 703 万吨，超过了《国家粮食安全中长期规划纲要（2008-2020 年）》设定的 2020 年粮食综合生产能力达到 5 400 亿公斤（54 000 万吨）的目标；2015 年全国粮食再度增产 2.4%，创造了 62 144 万吨的历史最高纪录。三大主粮（稻谷、小麦、玉米）的总产量在 2015 年超过了 55 000 万吨，粮食人均占有量也达到 904 斤的新水平（粮食安全标准线是人均 800 斤）。2004~2015 年，我国粮食累计增产 15 197 万吨，年均增幅 2.7%；三大主粮累计增产 16 172 万吨，年均增产幅度平均达 3.4%。三大主粮在粮食总产量中的比重发生了明显变化。稻谷、小麦、玉米的比重由 2004 年的 38%、20%、28%变为 2015 年的 34%、21%、36%，玉米所占比重提高了 8 个百分点，成为增产最迅速、产量最高的粮食作物。2004~2015 年，玉米累计增产 9 434 万吨，年平均增幅为 6%，对粮食增产的贡献率达 62.1%，即粮食增产中有超过一半来自于玉米产量的增长。

二、播种面积稳步回升，玉米面积连续九年稳居第一

由于种植结构调整，1999~2003 年我国粮食播种面积大幅下降，从 11 316 万公顷降至 9 941 万公顷，降幅达 12.2%，导致同期粮食总产也下降了 15.3%。2004 年以后，随着国家各项惠农政策的出台，粮食播种面积呈现稳步回升的趋势。2015 年粮食播种面积恢复至 11 334 万公顷，超过了 1995 年的水平，但离 1998 年的最高值还差 44 万公顷（图 9-1）。2004~2015 年粮

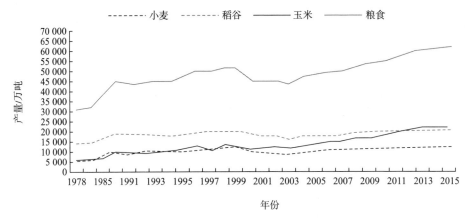

图 9-1 1978~2015 年我国主要粮食品种产量变化

资料来源：1979~2016 年《中国统计年鉴》

食播种面积年均增长 0.96%，是改革开放以来我国粮食播种面积增长最稳定的时期。三大主粮在粮食总播种面积中的比例逐渐恢复，由 2004 年的 74.3% 升至 2015 年的 81.6%，为 1978 年以来的最高水平。在三大主粮中，玉米播种面积的增长最为迅速，由 2004 年的 2 545 万公顷增至 2015 年的 3 812 万公顷，增幅达 50%，占粮食播种面积的比例由 25% 升至 33.6%。从 2007 年开始，玉米超过稻谷，成为我国种植面积最多的农作物（图 9-2）。

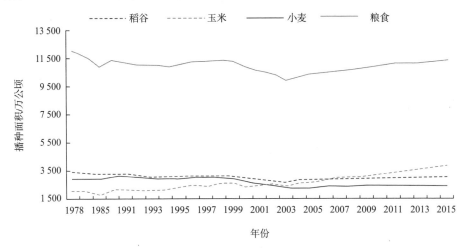

图 9-2 1978~2015 年我国粮食播种面积变化

资料来源：1979~2016 年《中国统计年鉴》

三、粮食单产提升加速，小麦提升最为明显

随着国民经济的发展及城市化进程的加快，1978 年以来我国粮食播种面积整体呈下降趋势。2004~2015 年，虽然粮食播种面积连续十二年回升，但仍未达到 20 世纪 90 年代后期的水平。2004~2015 年，我国粮食产量的增长主要依靠单产水平的提高。尤其是 2004 年以来，我国粮食单产提升速度明显加快，由 308 公斤/亩增至 2015 年的 365.5 公斤/亩，增长了 18.7%，年均增幅为 1.5%，是 1949 年以来单产提高最快的时期之一。2004~2015 年，全国因单产提高而增产粮食 8 748 万吨，单产提高对增产的贡献率达到 57.6%。三大主粮中，小麦单产水平最低但增长幅度最大，2004~2015 年由 283 公斤/亩增至 360 公斤/亩，增幅 27.2%，年均增长 2.2%；其次是玉米，由 341 公斤/亩增至 393 公斤/亩，增幅为 15.2%，年均增长 1.3%，；稻谷单产最大但增幅最小，由 421 公斤/亩增至 460 公斤/亩，增幅为 9.3%，年均增长 0.8%，低于粮食平均水平（图 9-3）。

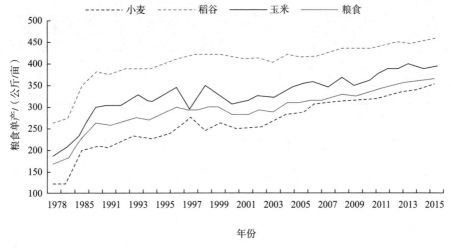

图 9-3　1978~2015 年我国粮食单产变化

资料来源：1979~2016 年《中国统计年鉴》

四、部分粮食品种品质结构矛盾较为突出

虽然我国粮食 2004~2015 年连续十二年丰收，在总量上基本能够满足国内

需求，但部分粮食品种的品质结构矛盾仍较为突出。以小麦为例，主要表现为在小麦产量较大幅度增长的同时，小麦的专用品质性状却有劣化的趋势。虽然自 1996 年以来我国优质专用小麦面积逐年上升，2010 年上报面积 2.6 亿亩，优质率达 72.6%。然而实际种植的优质麦品种很少，且优质达标的品种更少。从农业部历年对各地生产小麦质量检测报告看，小麦主要品质性状指标测定值近年已明显下滑（表 9-1）。据 2015 年小麦质量鉴评暨小麦质量提升研讨会的质量检测报告，小麦整体质量稳定，但优质麦的结构出现明显变化。检测达标小麦中，强筋小麦仅占 3%，弱筋小麦占 1%。强筋小麦和弱筋小麦作为面包和蛋糕专用小麦，一方面由于产量低于中筋品种，农业部门推广积极性下降；另一方面由于不能优质优价，农民种植积极性下降。不仅如此，弱筋品种的蛋白质与湿面筋含量以及稳定时间都出现较高状态，导致多数难以达标。

表 9-1 历年小麦质量状况

项目	蛋白质		湿面筋		稳定时间/分钟	
	变幅	平均值	变幅	平均值	变幅	平均值
1982~1984 年	9.7%~17.7%	13.4%	13.1%~34.5%	24.3%	1.2~4.5	2.3
2006 年	9.12%~17.32%	13.83%	17.9%~39.6%	30%	0.6~46.6	6.6
2007 年	8.46%~19.06%	13.89%	14.1%~42.9%	30.6%	0.6~39.6	6.2
2008 年	9.18%~20.26%	14.03%	14.8%~44.6%	30.3%	0.7~44.8	6.8
2009 年	9.19%~17.52%	13.58%	15.4%~39.5%	29.9%	0.8~35.4	5
2010 年	8.66%~18.90%	13.97%	14.6%~40.4%	29.8%	0.7~53.5	4.8

资料来源：王志敏（2011）

五、粮食主产区逐渐向中部和东北地区集中

从粮食区域布局上来看，2000 年以来我国东部和西部地区粮食生产的集中度[1]下降较为明显，粮食主产区逐渐向中部尤其是东北地区转移[2]。目

---

[1] 本书粮食集中度的度量主要通过构造集中化指数（I）来计算。具体来说，就是按照省级行政单位粮食产量的大小，将各省（区）从小到大排列，然后将各省的粮食产量连接成产量曲线。集中化指数（I）的计算方法为：$I = [A/(A+B)] \times 100\%$，I（$0<I<1$）的数值越大，则表明粮食产量的区域集中化程度越高。

[2] 本书将按照省份的地理位置将我国分为东部、中部、西部三大区域。其中，东部地区包括北京、天津、河北、辽宁、上海、江苏、浙江、福建、山东、广东、广西、海南 12 个省、自治区、直辖市；中部地区包括山西、内蒙古、吉林、黑龙江、安徽、江西、河南、湖北、湖南 9 个省、自治区；西部地区包括重庆、四川、贵州、云南、西藏、陕西、甘肃、宁夏、青海、新疆 10 个省、自治区、直辖市。

前，中部地区粮食产量约占全国的一半，特别是黑龙江、河南、吉林等省粮食生产集中度的上升幅度较大（表 9-2）。分品种看，稻谷生产的集中度有所上升，其中东部地区，如广东、浙江等省下降幅度较大；中部地区的稻谷产量已达到全国的一半以上；东北地区的稻谷生产集中度上升趋势尤为明显，如黑龙江省目前的产量已占到全国产量的 10%以上。小麦生产的集中化趋势在三大主粮作物中最为明显，2015 年前十大主产省的小麦产量已占全国的 90%以上。2006~2015 年，东部地区的小麦生产集中度逐渐下降，而中部地区上升势头强劲；到 2015 年，中部地区的集中度已超过东部，其中河南、安徽等省上升幅度较大。玉米生产的集中化趋势逐渐加强，2015 年已超过稻谷。这主要归功于中部省份生产集中度的提升，目前该区域玉米总产量占全国的一半以上；东北地区如黑龙江、吉林的生产集中度明显提高，已跃居全国前两位。

表 9-2　主要粮食品种生产集中度变化

| 排名 | 粮食 | | | | 稻谷 | | | |
| | 2000 年 | | 2015 年 | | 2000 年 | | 2015 年 | |
	省份	集中度	省份	集中度	省份	集中度	省份	集中度
1	河南	8.87%	黑龙江	10.18%	湖南	12.73%	湖南	12.70%
2	山东	8.3%	河南	9.76%	江苏	9.59%	黑龙江	10.56%
3	四川	7.3%	山东	7.58%	四川	8.7%	江西	9.74%
4	江苏	6.72%	吉林	5.87%	湖北	7.97%	江苏	9.38%
5	湖南	5.99%	江苏	5.73%	江西	7.94%	湖北	8.70%
6	河北	5.52%	安徽	5.69%	广东	7.57%	四川	7.46%
7	黑龙江	5.51%	四川	5.54%	广西	6.53%	安徽	7.01%
8	安徽	5.35%	河北	5.41%	安徽	6.5%	广西	5.46%
9	湖北	4.8%	湖南	4.83%	黑龙江	5.55%	广东	5.23%
10	广东	3.81%	内蒙古	4.55%	浙江	5.27%	云南	3.17%
合计		62.17%		65.14%		78.35%		79.41%
区域	东部	36%	东部	29.73%	东部	36.93%	东部	29.33%
	中部	42.09%	中部	50.72%	中部	44.78%	中部	54.54%
	西部	21.91%	西部	19.55%	西部	18.29%	西部	16.12%

续表

排名	小麦				玉米			
	2000 年		2015 年		2000 年		2015 年	
	省份	集中度	省份	集中度	省份	集中度	省份	集中度
1	河南	22.44%	河南	26.89%	山东	13.84%	黑龙江	15.78%
2	山东	18.67%	山东	18.03%	河南	10.14%	吉林	12.49%
3	河北	12.12%	河北	11.02%	河北	9.38%	内蒙古	10.02%
4	江苏	7.99%	安徽	10.84%	吉林	9.37%	山东	9.13%
5	安徽	7.1%	江苏	9.02%	黑龙江	7.46%	河南	8.25%
6	四川	5.34%	新疆	5.36%	内蒙古	5.94%	河北	7.44%
7	陕西	4.2%	陕西	3.52%	辽宁	5.2%	辽宁	6.25%
8	新疆	4.01%	四川	3.27%	四川	5.16%	山西	3.84%
9	甘肃	2.67%	湖北	3.23%	云南	4.47%	四川	3.41%
10	湖北	2.35%	甘肃	2.16%	陕西	3.9%	云南	3.33%
合计				86.89%		93.34%		74.86%
区域	东部	41.39%	东部	39.07%	东部	34.43%	东部	26.47%
	中部	37.31%	中部	44.53%	中部	41.62%	中部	54.97%
	西部	21.3%	西部	16.41%	西部	23.95%	西部	18.56%

资料来源：通过历年《中国统计年鉴》计算

第二节　我国主要粮食作物消费情况

一、粮食：消费总量突破 6 亿吨，三大主粮占比有所下降

1991 年以来，我国的粮食消费总量稳步增长，但各阶段增长速度不尽相同（图 9-4）。1991~2003 年是我国粮食市场化改革时期，粮食消费总量平稳增长，年均增速为 1.74%；2001~2015 年，我国粮食市场逐步全面放开，由于饲料用粮和工业用粮的增加，我国粮食消费总量增长提速，年均增速达到 2%。2015 年，我国粮食总消费达到了 6.57 亿吨，创造了 1978~2015 年的最高纪录。

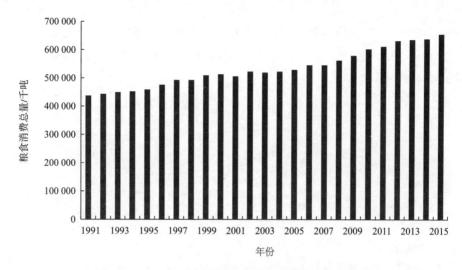

图 9-4　1991 年以来我国国内粮食消费总量变化趋势

资料来源：主要粮食作物（稻谷、小麦、玉米和大豆）的消费数据来自布瑞克数据库，其他粮食作物（红薯、土豆、其他杂粮）的消费数据来自中国科学院 capsim 数据，粮食总消费由主要粮食作物消费和其他粮食作物消费加总得到

从品种构成上看，2000 年以来三大主粮中稻谷和小麦的消费比重逐渐下降，分别由 2000 年的 40%和 22%降至 2015 年的 30%和 17%。玉米消费比重逐年上升，由 22%增至 28%。但由于大豆消费量的迅速增加（2000~2015 年增长了 2.1 倍），三大主粮消费总量在粮食中的比重略有下降，由 2000 年的 84%降至 2012 年的 76%。

二、稻谷：消费总量先降后升，饲料消费降幅明显

2000 年以来，我国稻谷消费总量呈现先降后升的趋势，以 2007 年为分界点，之前小幅下降，之后稳步回升，但总体保持在 2 亿吨左右。2015 年，我国稻谷总消费量为 1.9 亿吨，比 2007 年增长了 7.5%。从消费结构看，稻谷食用消费占总消费的比例一直维持在 80%以上，2006 年之前食用消费量以年均 0.5%的速度下降，之后以年均 1.9%的速度增长，2012 年以后以年均 0.4%的速度下降，2015 年达到 1.69 亿吨，比 2000 年增长 9.5%；由于稻谷价格上涨使其饲用比价效益下降，稻谷饲料消费在 2003 年以后呈现波动下滑的趋势，从 2003 年的 1 986 万吨降至 2015 年的 900 万吨，下降了 54.7%，

饲料消费占稻谷总消费的比例也由 10%左右降至 4.5%；稻谷工业消费量小幅上升，由 800 万~900 万吨增至 2015 年的 1 020 万吨，占稻谷总消费量的 5.4%（图 9-5）。

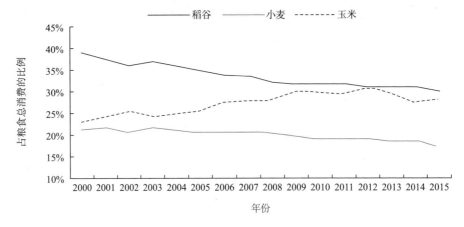

图 9-5　2000~2015 年我国三大谷物消费占粮食总消费的比例变化

资料来源：主要粮食作物（稻谷、小麦、玉米和大豆）的消费数据来自布瑞克数据库，其他粮食作物（红薯、土豆、其他杂粮）的消费数据来自中国科学院 capsim 数据，粮食总消费由主要粮食作物消费和其他粮食作物消费加总得到

从品种结构上看，籼米消费持续下降，粳米消费不断上升。随着我国人口流动规模的扩大和物流设施的完善，居民大米消费习惯逐渐改变，传统上"南籼北粳"的格局被打破。高质量粳米的消费区域不断扩大，消费数量不断增加。由于南方省份稻米产量下降，主要依靠南方籼米供应的北京、天津、上海、浙江等地现在只能依靠东北黑龙江、吉林、辽宁等稻米主产区的粳米供应，西北的许多地区，也开始批量销售东北粳米，东北粳米消费区域"南移西扩"势头明显（吴乐和邹文涛，2011）。籼米在大米消费中的比例持续下降，由 1991 年的 85.5%（朱希刚，2004）下降到近年的 70%左右。

三、小麦：消费总量波动趋涨，饲料和工业消费大幅上升

近年来，我国小麦消费总量波动较为明显，但总体上呈逐渐上涨的态势。2012 年国内小麦消费量超过 1.2 亿吨，比 2000 年增长 14.6%，年均增

长 1.1%，但之后小幅回落，2015 年国内小麦消费量为 1.13 亿吨。从消费结构上看，制粉消费一直比较稳定，占总消费量比重的 75%左右；由于养殖业快速发展对饲料需求的增加，2000 年以来我国小麦的饲用消费量迅速增长，2007 年首次突破 1 000 万吨，占总消费量的比例由 7.8%升至 12.8%。尤其是 2010 年以后，随着玉米价格大幅上涨，小麦玉米价格出现倒挂，在饲料生产中小麦替代玉米的现象逐渐增多，进一步刺激了小麦饲用消费的增长。2011 年小麦饲用消费约为 2 800 万吨，占小麦总消费量的 24.1%，为历史最高水平；2012 年以后由于玉米价格回落，小麦饲用消费降至 1 050 万吨，占小麦总消费量的 9.3%。由于谷朊粉、工业酒精、麦芽糖等行业的快速发展，我国小麦工业消费量增长也较为明显，由 2000 年的 778 万吨增至 2013 年的 1 300 万吨，占总消费量的比例也由 7.4%上升至 10.9%；2013 年以后出现回落，到 2015 年，小麦工业消费量降至 900 万吨，占总消费量的 8%。

四、玉米：消费总量刚性增长，工业消费比重逐年提高

21 世纪以来我国玉米消费总量持续增长，到 2015 年已达到 1.9 亿吨，比 2000 年增长近一倍，年均增幅为 3.5%。其中，饲用消费量稳步上升，但占消费总量的比重逐渐下降。由于畜牧业的持续发展，饲用玉米的消费量由 2000 年的 7 961 万吨增至 2015 年的 1.06 亿吨，累计增长 33.1%，年均增长 1.9%。饲用消费虽然是玉米消费的主体，但由于深加工业的快速发展，饲用消费占玉米消费总量的比重已由 74.4%下降到 57%，平均每年约下降 1 个百分点；近年来在粮食能源化、用途工业化的影响下，产业链最长、产品类最多的玉米深加工业发展迅速，产能快速扩张。玉米工业消费量由 2000 年的 1 279 万吨增至 2015 年的 5 350 万吨，累计增长超过 2 倍，年均增幅 19.9%，占玉米总消费的比重由 12%增至 28.7%，超过了 2007 年国家发改委《关于促进玉米深加工业健康发展的指导意见》中规定的将深加工用粮规模占玉米消费总量的比例控制在 26% 以内的目标。

第三节　我国主要粮食作物贸易情况

一、国内粮食贸易及其在全球的地位

1. 粮食净进口量大幅提升

从中华人民共和国成立到 20 世纪 60 年代以前，我国是粮食净出口国；20 世纪 60 年代以后粮食有进有出；20 世纪 70 年代以后成为粮食净进口国（韩俊和徐小青，2009）。20 世纪八九十年代，我国粮食进口和出口量呈现此消彼长的态势，虽然大多数年份为净进口国，但也有个别年份为净出口国（图 9-6）。但自 2003 年以来，我国粮食净进口量逐年大幅攀升，2010 年达到高点 6 420 万吨，2011 年降至 6 102 万吨，2015 年升至 12 318 万吨，创造新的历史纪录；而粮食出口量却逐年下滑，2012 年以后仅为 200 万吨左右。粮食进口大幅增加的主要原因是大豆进口激增，1996 年我国首次由大豆净出口国转为净进口国，此后进口量逐年攀升，2015 年达到创纪录的 8 169 万吨，约是国内大豆产量的 7.43 倍，占我国粮食总进口量的比重达到 65.4%。

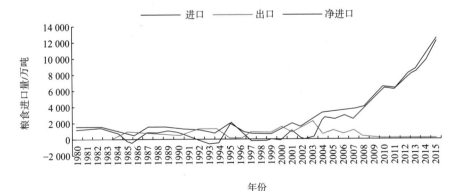

图 9-6　1980~2015 年我国粮食进出口情况

资料来源：1980~2012 年数据来自国家粮食局《中国粮食发展报告 2013》，2013~2015 年数据来自国家农业部《中国农产品贸易发展报告 2014》《中国农产品贸易发展报告 2015》《中国农产品贸易发展报告 2016》

2. 粮食进口结构发生重大变化

传统上我国参与国际粮食贸易主要是为了调节供求关系和进行粮食品种的调剂，多年来形成的基本格局是出口稻谷和玉米，进口小麦和大豆[①]。但近年来，随着国内粮食生产和消费形势的变化，我国粮食贸易的品种结构发生了很大变化。首先，进口的主要粮食品种由小麦转为大豆。1995 年以前，由于我国优质小麦产不足需，高度依赖国际市场，小麦进口量占粮食进口总量的 80%以上。1995 年以后，随着国内优质小麦生产的快速发展，小麦进口大幅下降，多数年份仅在 100 万吨左右，2012 年以后，小麦进口量略有上升。2000 年以后，大豆逐渐成为我国粮食进口的主要产品，占粮食总进口量的比重均在 70%以上。其次，玉米和稻谷由净出口变为净进口。我国是玉米和稻谷生产大国，也是这两个产品传统的出口国。但近年来，由于国内供需形势的变化及国际市场价格的优势，我国玉米的进口量逐年增加，从 2010 年开始成为净进口国；稻谷的出口量逐年减少，2011 年转为净进口。从占世界贸易量的比重来看，2015 年世界玉米和稻谷的总进口量分别为 13 883 万吨和 5 200万吨，我国玉米和稻谷的进口量约占世界总进口量的 3.41%和 6.5%，已经超过了我国传统进口产品——小麦占世界总进口量的比重（1.8%）。最后，三大主粮净进口总量逐年攀升。目前，我国三大主粮均为净进口，且净进口量逐年增加，由 2009 年的 18.6 万吨增至 2013 年的 1 024 万吨，增长了 54 倍。2014 年三大主粮进口量有所回落，但 2015 年又迅速增长至 1 070 万吨，同比增长 41%，是 1996 年以来的最高值。其中，小麦净进口量为 289 万吨，同比增长 2.8%；玉米净进口量为 472 万吨，同比增长 82.9%；稻谷和大米净进口量为 309 万吨，同比增长 43%，为历史最高值（图 9-7）。

3. 主要谷物进口的国别结构发生明显变化

我国谷物的进口来源地主要是美国、澳大利亚和泰国，出口市场主要是亚洲周边国家和地区。近年以来，受国内外谷物价格优势和供需结构变化等因素影响，小麦和大米进口的国别结构发生明显变化。美国和乌克兰成为我国玉米进口的主要来源地。我国曾经是传统的玉米出口国家，2003 年以前年

---

① 贸易中的小麦、稻谷、玉米分别为小麦产品、稻谷产品和玉米产品。

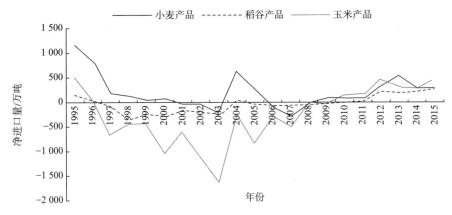

图 9-7　1995~2015 年我国三大主粮净进口情况

资料来源：1995~2012 年数据来自国家粮食局《中国粮食发展报告 2013》，2013~2015 年数据来自国家农业部《中国农产品贸易发展报告 2014》《中国农产品贸易发展报告 2015》《中国农产品贸易发展报告 2016》

出口玉米量达到 1 000 万吨以上，进口玉米的数量很少，2009 年以前每年不到 10 万吨，主要来自老挝和缅甸，约占我国玉米进口总量的 80%；2010 年以后，我国玉米进口量大幅上升，一跃成为玉米净进口国，进口主要来源地为美国，约占我国玉米进口总量的 90%以上；2013 年开始，乌克兰成为我国又一个玉米主要来源地，2015 年，对乌克兰玉米的进口量超过美国，占我国玉米总进口量的 81.4%。从澳大利亚进口小麦的比重上升。2010 年以来我国从澳大利亚进口的小麦占总进口量的比例大幅提升，尤其是 2012 年，由于小麦饲用消费的增加，澳大利亚饲料级小麦在价格上具有明显优势，从澳大利亚进口的小麦占 65.7%，2012 年以后，澳大利亚进口小麦占比有所回落，到 2015 年，从澳大利亚进口的小麦占比为 41.7%；而从美国进口的用于品种调剂的硬质小麦所占比例下降较为明显，从 2013 年的 68.9%降至 2015 年的 20%。越南、巴基斯坦等国的低端大米成为泰国大米的主要竞争对手，并冲击国内市场。由于国内大米价格显著高于国际，进口大米的销售利润较高，2012 年以来我国大米进口量激增。海关统计数据显示，2015 年我国累计进口稻米 337.7 万吨，同比增长 31%。其中尤以越南（占进口总量的 53.2%）和巴基斯坦（占进口总量的 13.1%）低端大米进口增长最为明显（表 9-3）。虽然这些国家的大米从食用口感上并不比泰国大米，甚至国产米好，但其外观好、价格低。这种进口米用于加工南方传统食品米粉时，与国产早籼米没有明显品质差别。低价的进口大米拉低了南方籼米价格，对广东、福建等部分销区的大米市场造成严重冲击，也挤压了部分大米加工企业的盈利空间。

表 9-3　2009~2015 年小麦进口国别结构对比

年份	澳大利亚	美国	加拿大
2009	30.9%	42.6%	4.7%
2010	62.2%	10.6%	23.2%
2011	52.7%	35.6%	5.6%
2012	65.7%	17.4%	10.9%
2013	11.10%	69.40%	15.80%
2014	46.80%	29.00%	13.80%
2015	41.90%	20.00%	33.00%

资料来源：中国海关

4. 我国粮食贸易在全球的地位日益提升

我国粮食贸易在国际粮食市场上占有重要的地位。从贸易量上看，在 2008 年以前的大部分年份中，玉米、小麦、稻谷的进口总量是低于出口的，但 2009 年以后，出口大幅减少而进口迅速增加，进口总量开始高于出口，且差距不断扩大。从进口来看，2000~2015 年，我国主要粮食品种玉米、小麦、大米的进口量占世界进口量的比重平均为 1.79%，近三年进口所占比重逐年提高，平均占比为 3.79%，高于过去 16 年的平均水平。

分品种看，玉米在 2009 年之前一直是净出口，年出口占世界出口总量的比重一度达到 10%左右。2010 年以后，我国玉米出口迅速下降，进口迅速上升，2015 年净进口量达到 472 万吨，占世界总进口量的比重为 3.41%。小麦是我国传统的进口粮食品种，2004 年进口量占世界进口总量的 7%左右。随着近年来我国小麦生产的连续丰收，进口量缩减至 100 万吨左右，占世界进口量的比重不足 1%。2012 年由于国际小麦价格下跌，国内外差价扩大，小麦进口量增至 371 万吨，但占世界小麦进口总量的比重仅为 3%，2015 年有所回落，占世界比重为 1.8%。稻谷也曾经是我国主要出口的粮食品种，2003 年以前我国稻谷出口量占到世界出口总量的 10%左右。但近年来稻谷进口量迅速增加，2011 年我国成为稻谷净进口国，2014 年进口激增至 337.7 万吨，占世界稻谷进口总量的 6.5%，是三大粮食品种里占比最高的（图 9-8）。

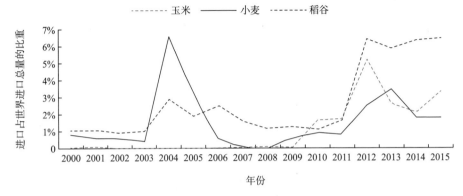

图 9-8 2000~2015 年我国主要粮食品种进口占世界进口总量的比重

资料来源：进口数据源自 Wind 数据库，世界进口总量数据源于美国农业部

二、对目前我国主要粮食自给率的计算

粮食自给率是判断一个国家粮食安全的重要指标之一。多数经济学家认为，粮食自给率达到 95% 或以上时，即达到了足够高的粮食安全水平；自给率在 90%~95%，即达到了可以接受的粮食安全水平；自给率小于 90% 时，则为不安全；而要追求 100% 的粮食自给率目标，会付出高昂的经济代价，牺牲经济发展效率。本书参考国际经验中粮食自给率的确定方式，即按照谷物类粮食计算自给率水平，包括稻谷、小麦和玉米。

我国谷物自给率先升后降，但整体水平接近 100%，目前远在安全线之上。从图 9-9 可以看出，2000 年以来我国谷物的自给率呈现先升后降的走势，2008 年以前自给率都在 100% 以上，2008 年以后自给率开始降低，2015 年谷物自给率为 95%。分品种看，稻谷的自给率最为稳定，基本维持在 100% 左右。小麦的自给率在谷物中的波动幅度较大，2004 年仅为 93.7%，是谷物中最低的，2006~2011 年保持在 100% 左右。2013 年由于饲用消费猛增，小麦自给率降至 95.86%，成为谷物中自给率最低的品种。但随后，小麦饲用消费量明显下降，自给率升至 97.8%。2000 年以来，我国玉米的自给率总体呈下降趋势，但都维持在 95% 的水平以上，其中 2003 年为最高值 116.5%。由于深加工消费的迅速增加，2012 年玉米自给率下降至 97.65%，之后一直稳定在 98%左右。

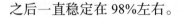

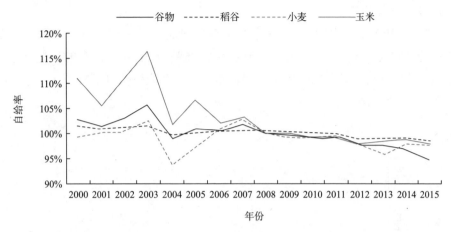

图 9-9 2000~2015 年我国谷物自给率变化情况

资料来源：当年产量来自《中国统计年鉴》，进出口数据来自 Wind 数据库

三、国内外粮食价格比较

1. 国际价格波动日益加剧

2000 年以来，国际粮食价格波动加剧，经历了两次大的上涨之后持续走低。

第一次大幅上涨是在 2008 年粮食危机前后。小麦带头上涨并最先达到最高点，2007 年 6 月开始上涨，当月涨幅就达到了 11.8%，到 2008 年 3 月达到最高点 445 美元/吨，较初期（2007 年 6 月）上涨 95.7%；大米是最后上涨但上涨幅度最大的，2008 年 1 月才开始大幅上涨，但 2008 年 5 月就达到了最高点 873 美元/吨，较初期上涨了 1.35 倍。

第二次大幅上涨是在 2010 年下半年至 2011 年上半年。这次主要是食糖价格上涨最快，带动了全球食品价格的上涨。分品种看，小麦依然是全球粮价的领跑者，且累计涨幅达到 61.6%；玉米的上涨时间最长，且是唯一超过上次危机时最高价格的粮食品种；大米在本轮上涨中的走势显著区别于玉米和小麦，在 2011 年下半年玉米和小麦价格进入下降渠道时，大米价格又开始了一轮大幅上涨，半年内累计涨幅达到 22%。主要原因是泰国、越南等主要出口国大米价格大涨和东南亚洪涝灾害。此后大米价格经历了长达 18 个月的高位震荡格局，直至 2013~2014 年度全球大米丰收，才从 2013 年 7 月开始步入下降趋势。

2014 年开始，随着全球谷物供应不断增加、国际能源价格下跌，国际粮价持续走低，到 2015 年底，国际粮价已经跌至 2010 年以来的最低点。与 2014 年初相比，国际玉米价格、大米价格、小麦价格分别下降了 17%、19% 和 31%（图 9-10）。

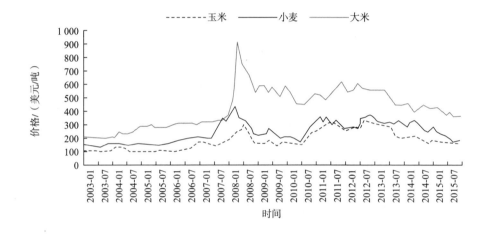

图 9-10　2003~2015 年国际粮食价格变化情况

资料来源：世界银行商品价格数据库。玉米国际价格为美国墨西哥湾 2 号黄玉米平均离岸价，小麦国际价格为美国墨西哥湾硬红冬麦（蛋白质含量 12%）平均离岸价格，大米国际价格为泰国曼谷大米（5%破碎率）平均离岸价格

2. 国内粮食价格稳中有涨

2003 年以来国内粮食价格基本维持稳中有涨的局势（图 9-11）。从波动趋势来看，基本可以划分为四个阶段：第一阶段是恢复性上涨时期（2003~2004 年上半年），由于连续减产等因素影响，各品种粮食价格摆脱了 20 世纪 90 年代中期以后的低位徘徊局面，在几个月内迅速上涨后，进入一个较高价位的平稳时期。第二阶段是平稳调整时期（2004 年下半年~2008 年上半年），这一时期各品种粮食价格进入了一个小幅波动的平稳时期，玉米和大米先后经历了先降后升的过程，但波动幅度基本在 5% 以内，小麦价格最为平稳，大部分月份的波动幅度在 1%~2%。第三阶段是小幅回调时期（2008

年下半年~2010 年上半年），这一阶段开始时受国际粮食价格大幅上涨影响，国内各品种粮食价格先后开始上涨，但由于国内外粮食市场的隔离性，国内粮食价格的波动幅度远小于国际。第四阶段是高位平稳期（2010 年下半年至 2015 年），这个阶段以小麦价格最先开始上涨，随后带动玉米上涨，大米最后上涨但涨幅最大。推动粮食价格上涨的主要原因，一是生产成本推动，尤其是劳动力和土地成本；二是最低收购价及临储价格上调。由于国内粮食市场受国内政策的影响较为明显，国内粮食价格比国际平稳得多。

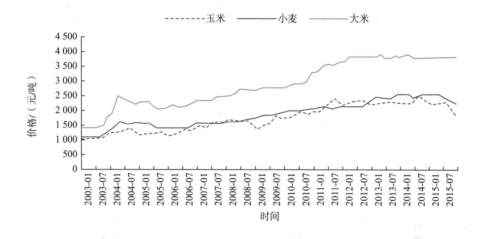

图 9-11　2003~2015 年国内粮食价格变化情况

资料来源：Wind 数据库。玉米价格为国内黄玉米平均价（2 等），小麦价格为国内白小麦平均价（2 等），大米价格为国内大米平均价（标一早籼米）

3. 国内外主要粮食作物价格比较

国内农产品价格持续上涨，多数农产品价格已经远高于国际市场价格。近几年来尤其是 2012 年以来，国内三大主粮的市场价格均高出国际市场的价格，且国内市场与国际市场的"价格差"呈现出继续上涨的态势（图 9-12~图 9-14）。2012 年以来，国际市场上大米、小麦和玉米等主要粮食作物价格波动下跌，而国内的价格却持续上升，导致国内外价格倒挂、价差巨大。

图 9-12   稻米国内外价格变化趋势比较

资料来源：国际粮食价格来自世界银行商品价格数据库；国内粮食价格来自 Wind 数据库；汇率数据来自
国家统计局

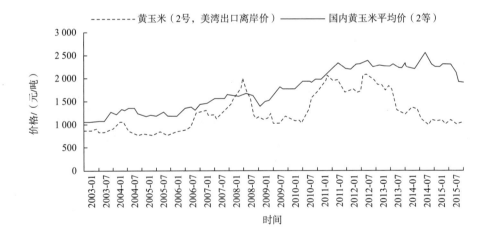

图 9-13   小麦国内外价格变化趋势比较

资料来源：国际粮食价格来自世界银行商品价格数据库；国内粮食价格来自 Wind 数据库；汇率数据来自
国家统计局

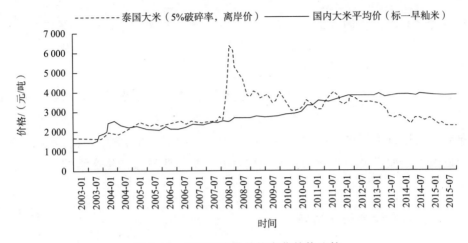

图 9-14　玉米国内外价格变化趋势比较

资料来源：国际粮食价格来自世界银行商品价格数据库；国内粮食价格来自 Wind 数据库；汇率数据来自国家统计局

第四节　我国主要粮食作物需求变化及未来发展趋势预测

一、研究方法及模型假设

本节采用 CAPSiM 模型分析预测 2015~2030 年我国农产品供需变化。CAPSiM 是 CCAP 自主开发的农业部门均衡模型，主要用于分析各种政策和外界冲击对我国各种农产品的生产、消费、价格、市场和贸易的影响，以及预测未来我国农产品供给、需求、贸易和市场价格变动趋势。这些政策和外界冲击包括国民经济的宏观政策、人口政策（计划生育政策和城镇化发展政策等）、国家投资政策（科研投资、技术推广投资、水利投资等）、农产品市场和价格政策、农业生产资料价格政策、贸易政策以及各种部门的和产品的政策等。

目前，CAPSiM 的生产模型中包括的农作物产品有水稻、小麦、玉米、红薯、土豆、其他粗粮、大豆、棉花、油料作物、糖料作物、蔬菜、水果、瓜果和其他作物等 14 种；畜产品和水产品分为 9 类，它们分别为猪肉、牛肉、羊肉、家禽、蛋类、奶类、鱼、虾和其他水产品。在需求系统中，消费品分成 23 类，它们分别为大米、小麦、玉米、红薯、土豆、其他粗粮、大豆、食用油、食糖、蔬菜、水果、瓜果、猪肉、牛肉、羊肉、家禽、蛋类、奶类、鱼、虾、其他水产品、其他食品和所有非食品。

模拟分析中，我们对影响我国主要农作物生产的可能因素，如耕地面积、水资源约束、劳动力成本变化、机械化发展、技术进步等，都根据相关研究结果进行了假设。同时，对影响主要农作物需求的因素、贸易政策等都予以考虑，如居民收入增长、城镇化发展、畜牧业发展和生产结构变化、关税变化等。

二、模型预测分析结果

我国粮食需求增长在未来 15 年将显著高于国内生产增加，自给率不断降低。如表 9-4 所示，在给定的经济增长速度、城镇化率、收入变化、农业科技进步和资源约束等变化条件下，我国粮食总需求将由 2015 年的 5.2 亿吨，增长到 2020 年的 6.7 亿吨和 2030 年的 7.0 亿吨；人均粮食消费量（包括口粮直接消费和饲料粮间接消费）将由 2015 年的 383 千克，提高到 2020 年的 479.3 千克和 2030 年的 491.0 千克，相对 2012 年将分别增长 96.3 千克和 108 千克。然而，我国粮食产量增长将显著低于需求。根据预测，在 2020 年和 2030 年我国粮食总产量将分别达到 5.68 亿吨和 5.63 亿吨。粮食自给率将不断下降，将从 2015 年的 84.9%下降到 2020 年的 84.3%，进一步降至 2030 年的 80.4%。

表 9-4　我国不同作物在 2015 年、2020 年和 2030 年的供需平衡

项目	粮食[1]	主要谷物			
		大米	小麦	玉米	大豆[2]
2015					
播种面积/千公顷	106 363	29 885	24 136	38 133	5 294
产量/千吨	545 003	145 772	130 247	225 000	10 800
库存变化量/千吨	124 966	24 501	28 940	54 139	29 140
进口/千吨	98 680	3 340	3 060	4 730	87 550
出口/千吨	1 484	270	161	19	715
净进口/千吨	97 196	3 070	2 899	4 711	86 835
总需求/千吨	517 234	124 340	104 206	175 572	68 495

续表

项目	粮食[1]	主要谷物			大豆[2]
		大米	小麦	玉米	
2015					
食物需求/千吨	262 695	92 896	70 016	9 070	66 531
人均食物需求/千克[3]	383	67.8	51.1	6.6	48.5
饲料粮需求/千吨	133 379	10 140	12 000	105 010	614
种子需求/千吨	11 152	2 179	5 656	1 843	489
工业需求/千吨	88 407	13 010	11 677	51 260	786
浪费/千吨	21 601	6 115	4 857	8 390	74
自给率	84.9%	97.9%	97.8%	97.9%	11.1%
2020					
播种面积/千公顷	101 968	24 953	21 536	33 561	7 424
产量/千吨	568 122	120 449	110 339	224 070	14 966
进口/千吨	108 918	1 244	2 628	19 794	79 536
出口/千吨	3 086	531	0	140	327
净进口/千吨	105 832	712	2 628	19 654	79 209
总需求/千吨	673 954	121 161	112 967	243 724	94 175
食物需求/千吨	337 018	99 656	71 090	10 857	91 800
人均食物需求/千克	479.3	70.9	50.6	7.7	65.3
饲料粮需求/千吨	191 754	5 525	18 503	155 896	738
种子需求/千吨	12 324	2 184	5 666	1 627	677
工业需求/千吨	109 875	7 947	13 323	67 791	868
浪费/千吨	22 983	5 849	4 385	7 552	92
自给率	84.3%	99.4%	97.7%	91.9%	15.9%
2030					
播种面积/千公顷	94 939	21 874	19 355	33 642	6 858
产量/千吨	563 021	109 314	102 729	243 298	14 972
进口/千吨	140 413	1 079	2 459	42 096	89 472
出口/千吨	3 168	613	0	97	290
净进口/千吨	137 245	466	2 459	41 999	89 181
总需求/千吨	700 267	109 781	105 188	285 296	104 153

续表

项目	粮食[1]	主要谷物			
		大米	小麦	玉米	大豆[2]
2030					
食物需求/千吨	318 224	88 844	63 072	6 629	101 613
人均食物需求/千克	491	62.3	44.2	4.7	71.3
饲料粮需求/千吨	208 466	4 010	16 929	178 769	729
种子需求/千吨	12 086	2 140	5 554	1 611	664
工业需求/千吨	139 612	9 223	15 462	91 105	1 058
浪费/千吨	21 879	5 563	4 171	7 183	89
自给率	80.4%	99.6%	97.7%	85.3%	14.4%

1）在粮食计算中，为了和国家统计局的计算保持一致，大米以稻谷计算

2）大豆进口数量中，我们考虑豆油进口，并按照1吨豆油=5吨大豆进行换算，合计到大豆进口数量中

3）粮食的人均消费量，更准确的表述为人均粮食占有量，因为它包含口粮、饲料粮和工业量等所有消费

资料来源：引自中国工程院"中国草地生态保障与食物安全战略研究"重大咨询项目的分报告六《草地资源、草业发展与中国食物安全》

但是，口粮和饲料粮的供需状况和自给率存在显著差异。如表 9-4 所示，未来 15 年我国大米能够保持较高的自给率，自给率水平将保持一99%左右。根据预测，2020 年我国大米自给率为 99.4%，在 2030 年小幅提高到99.6%。虽然小麦的自给率低于大米，但依然保持较高自给率，预计小麦自给率在 2020 年和 2030 年都将保持在 98%左右。从大米和小麦未来自给率变化来看，两种最重要的粮食作物的自给率都能达到 95%的政府预期自给率目标。

我国玉米自给率将显著下降。玉米产量在 2020 年和 2030 年将分别达到2.2 亿吨和 2.43 亿吨，虽然产量增长显著高于水稻和小麦，但玉米总需求在2020 年和 2030 年将分别达到 2.4 亿吨和 2.85 亿吨，我国玉米供需缺口在 2020年和 2030 年将分别达到 2 000 万吨和 4 200 万吨左右；玉米自给率将由 2015年的 97.9%下降到 2020 年的 91.9%，并进一步降低至 2030 年的 85.3%左右。

大豆供需缺口将进一步加大，预计在 2020 年我国大豆（进口豆油也折算为大豆，并计入大豆进口）进口量将达到 7 954 万吨，自给率降低到 15.9%；在 2030 年大豆进口预计将达到 8 900 万吨左右，自给率下降至 14.4%。

第五节　我国主要粮食作物未来发展的制约因素分析

在我国农业生产经历了 30 多年的快速增长后，面临着一系列挑战。第一，家庭联产承包制的制度创新以及化肥和农药等投入品的大量使用对农业生产增长的效应已发挥殆尽。第二，受工业化和城市化以及生态环境保护等因素的影响，我国耕地刚性下降将成为不可逆转的趋势。第三，随着经济的快速增长、城市化和工业化进程的加速、气候变化以及生态保护用水需求的增加，水资源短缺对农业形成的威胁也越来越严峻。第四，随着非农行业的发展和非农就业机会的增加，从事农业的劳动力机会成本也将不断增长，这意味着农产品生产劳动成本也将继续提高。第五，非农部门的发展对农业生产资源的竞争压力将会越来越大，部分农产品的生产也将受到国际市场的冲击。第六，农业科技发展也面临一系列新的挑战，目前农业科研和技术推广体系还不能很好地适应当前和未来市场经济发展和农民对技术的需要，这也会对我国未来农业生产的持续增长产生影响。

一、耕地变化对农业生产和结构的影响

我国耕地面积持续减少，并且耕地质量有所下降，将会制约未来农业生产。20 世纪 80 年代中后期我国耕地总面积 21.57 亿亩，至 2001 年减少到 19.06 亿亩，2008 年进一步下降到 18.26 亿亩。未来 10 年，如果经济发展和耕地保护形势不发生大的变化，我国将净减少耕地面积 1 500 万亩，占耕地总量的 0.7%。加上耕地占优补劣导致的产能损失，耕地产能可能会减少 1.4%。

耕地面积变化将导致农业生产结构发生改变，耕地面积的下降会对土地密集型的作物的产品生产产生一定负面影响。就粮食作物和油料作物而言，土地成本占总成本的比例分别达到 17.6%和 15.4%，远高于其他作物的土地成本占比。如果未来耕地面积持续减少，粮食作物和油料作物的种植面积可能会下降，进而对这些作物产量的增长产生负面影响，预计未来我国玉米和大豆等土地密集型产品的供需缺口可能进一步扩大。

二、水资源供需变化对农业生产和结构的影响

水资源短缺将成为制约我国粮食生产的最重要因素之一。我国水资源总量不足，降水时空分布不均，水土资源不匹配，水资源短缺是制约我国农业生产的重要因素。随着我国粮食生产重心从东南部发达地区向北部地区转移，水资源短缺对粮食安全的影响将愈加突出。从空间分布上看，长江以南地区水资源总量占全国的 83.2%，而耕地仅占全国的 30%，人口占全国的 54%，人均水资源占有量达 3 487 立方米，亩均水资源量达 4 317 立方米；而长江以北地区水资源总量仅占全国的 16.8%，但耕地却占全国的 70%，人均水资源占有量仅有 770 立方米，亩均水资源量只有 470 立方米。

未来我国水资源需求量将持续增长，供需失衡将会使国民经济用水挤占生态环境用水，城市与工业用水挤占农业用水，农业用水的压力必将进一步增大。从水资源对我国农业生产结构的影响来看，我国水资源空间分布极不均衡，并且与耕地资源不协调。水资源分布基本形成南多北少、东多西少的格局，作为小麦、玉米主产区的我国北方常年缺水，对农作物生长造成不利影响。如果北部地区的水资源状况继续恶化，玉米、小麦等农作物的供给将受到进一步限制。由于蔬菜、水果等作物耗水量较多，水资源短缺也会对这些产品的生产产生一定负面影响。

三、劳动力工资上涨对农业生产和结构的影响

随着我国经济的快速发展，大量农村劳动力转移到工业和服务业部门就业，农业劳动力价格也以每年 8%左右的速度增长，劳动力成本提高也会对我国农业生产及其结构产生重要影响。

因劳动力成本在粮食生产中所占的比例相对较少，而在其他经济作物和蔬菜水果生产成本中所占比例较大，所以未来劳动力成本的变化对粮食生产的影响可能相对较小，但对棉花、油料作物、水果、蔬菜等作物有较大影响。农业劳动力的大量转移和工资的上涨将对上述劳动密集型的农作物生产产生负面影响，但有利于土地密集型的粮食等农作物的生产。

劳动力成本在肉类生产总成本中所占比例在农户散养和规模化养殖中所占的比例存在较大差异。劳动力成本在散养方式下所占的成本比例为20%

左右，在规模化养殖下所占的比例不到10%，所以未来劳动力成本的提高，会促使畜牧业生产进一步由农户散养向规模化养殖方向发展。

四、农业机械化对农业生产和结构的影响

机械化对我国农业的发展会产生正面影响，但对不同产品生产的影响还取决于机械化替代农业劳动力的难易程度。对于一些机械难以替代劳动力的农产品，机械化难以抵消劳动力成本提高对这些产品生产的负面影响。机械化在粮食作物、油料作物和规模化畜禽养殖当中的应用相对容易，但在蔬菜、水果生产中的应用相对困难。因此，农业机械化程度的提高有助于增加粮食作物、油料作物的产量，以及规模化畜禽生产的发展，但对促进蔬菜和水果等作物的产量作用有限。

五、农产品比较效益变化对农业生产和结构的影响

未来我国非农部门和农业部门的比较收益的差距还可能进一步增大，将吸引更多农业劳动力转移到非农部门，这也会对我国未来的农业生产产生一定负面影响。农业内部不同产品间的收益差异也非常显著，这也可能导致农业生产资源在农业内部发生转移。一些收益率相对较高的农产品产量可能进一步增加，而收益率较低的农产品部门，产量可能会受到负面影响。最近5年的《全国农产品成本收益资料汇编》数据显示，水果、蔬菜的平均收益率相对最高，分别为81.1%和92.1%，棉花和油料作物的平均收益率居中，达到44.4%和50.7%，粮食作物的收益率相对较低，畜牧业的收益率仅仅只有13.8%。劳动力、土地等资源向高附加值产品的部门转移，不利于粮食生产和畜牧业发展。

国内农产品与国际农产品比较优势的差异也会对我国未来的农业生产产生一定影响。我国具有比较优势的作物未来有进一步发展的空间，但缺乏比较优势的农产品生产将受到制约。考虑目前我国农业生产实际，在蔬菜、水果和大米等部门，我国拥有较大的比较优势，未来一段时期内，这种比较优势可能促进我国这些产品的生产和出口。但我国在玉米、大豆等方面明显缺乏比较优势，如我国玉米和大豆的单产只有美国单产的60%左右，受比较

优势差异的影响，未来我国玉米和大豆等产品的进口可能还会进一步增加。

六、技术进步对农业生产和结构的影响

科技进步是过去同时也是未来我国粮食生产增长的主要驱动力。选育和推广优质、多抗、高产新品种是实现农业生产不断增长的重要途径。改革开放 40 年来，我国育成审定作物新品种 3 000 余个，新品种在粮食作物持续增产中的贡献接近 40%。以水稻为例，20 世纪 60 年代矮化育种的成功把水稻单产提高了 20%~30%，而 20 世纪 70 年代中期杂交水稻的研究成功使水稻单产又增长 20%左右。目前我国作物育种方法仍以以杂交创造遗传变异为核心技术的传统植物育种学方法为主，而近几十年的分子生物学的快速发展与进步以及基因组研究的成就与技术则为植物育种学的发展带来了前所未有的新契机，建立在基因组学基础上的品种的分子设计和分子育种正在成为植物新品种培育的主要技术支撑。

第六节　主要结论和政策建议

我国是世界上人口最多的发展中国家，粮食安全问题始终是治国安邦的头等大事。稻谷、小麦、玉米等重要粮食品种必须坚持基本自给，稻谷、小麦等口粮作物要争取达到 100%的自给率，玉米则要保持在 95%以上，即进口量不宜超过国内消费量的 5%。为实现这一目标，需要重点采取五个方面的措施。

一、加强耕地和水资源的保护和有效利用

未来随着我国工业化、城镇化的推进，耕地保护所面临的压力将会越来越大，必须坚决实行最严格的耕地保护制度，确保全国耕地保有量不低于18 亿亩，基本农田保有量不低于 15.6 亿亩；实行最严格的节约用地制度，改变工业化、城镇化过程中粗放浪费的利用方式，加强土地规划管理。水资源匮乏是制约我国农业可持续发展的重要因素，国务院已于2012年1月出台了《关于实行最严格水资源管理制度的意见》，明确提出到 2030 年，全国

用水总量要控制在 7 000 亿立方米以内，农田灌溉水有效利用系数提高到 0.6
以上。为达到这一目标，需要"硬件"和"软件"两手抓，硬件是指增加水
利建设投入，加强农田水利等基础设施建设，大力发展节水灌溉，提高我国
农业用水的使用效率和农田的抗灾能力；软件是指要深化基层水管体制和农
业水价的改革，健全基层水利服务机构，大力发展农民用水合作组织，积极
推进农业水价综合改革。

二、大力提升农业科技进步对粮食增产的贡献率

在耕地资源有限的背景下，提高我国粮食产量主要依靠单产的提升，
2012 年单产提升对粮食增产的贡献率已经达到 80.5%。未来我国粮食单产潜
力的挖掘仍要依靠农业科技贡献率的持续提高。首先，要加快优良品种的繁
育和推广，充分发挥新品种增产潜力。其次，应集成推广优质高产栽培及田
间管理技术。建立和完善农业生产关键技术推广补贴机制，整合农业科研、
教学、推广技术力量，集成组装适合不同优势区域、不同栽培模式、不同品
种类型的优质高产、节本增效栽培及病虫害监测防治等技术，并加快推广应
用。最后，要加强中低产田改造技术研发。有了"良种"和"良法"，能否
顺利地提升粮食单产还要看农田的基础地力。目前我国中低产田的比重较
高，通过工程与技术的结合提升高产稳产高标准农田的数量，是保障未来我
国粮食安全的第三大关键技术问题。

三、不断完善农业补贴及粮食价格政策

首先，从补贴政策来看，近年来，种粮直补、良种补贴、农资直补、
农机补贴等政策有效地保护了农民种粮积极性，促进了粮食增产。今后要
不断完善，按照"增加总量、优化存量、用好增量"的原则，着力提高政
策实施效果，实现补贴与规模经营挂钩，与优良品种推广挂钩，与商品粮
挂钩。各项粮食补贴在保留已有补贴对象和水平的前提下，把增量资金向
重点农产品（小麦、玉米、水稻）和新型经营主体（种粮大户、家庭农
场、农民合作社等）倾斜，要借用这个政策杠杆引导适度规模经营。建立
健全对粮食主产县的利益补偿机制，应根据主产县每年实际调出的粮食数

量，适度扩大转移支付规模，并不断增加对产粮大县的奖励资金。其次，从价格政策来看，现行以最低收购价和临时收储政策为代表的价格政策，虽然保证了粮价的逐年上升，避免了"谷贱伤农"，但也使粮食市场的"政策性"特征突出，而"市场性"特征弱化，不仅压缩了粮食加工业的利润空间，使其竞争力下降，也使粮食进口的压力增大。因此应尽快调整现行的价格政策，既要减少政策对市场的扭曲，又要防止价格的过度波动，如合理确定最低收购价水平和国家托市收购的数量，建立健全中央及主产区、主销区的粮食价格监测和预警系统。

四、积极推进粮食生产机械化、服务社会化和经营主体新型化

应对种粮劳动力高龄化及高成本化的制约因素，可以从三方面入手：一是积极推进粮食机械化生产技术。目前我国小麦生产基本上可以达到 100% 的机械化水平，玉米约为 70%，稻谷在 60% 左右。而玉米机收水平仅为 33%、稻谷机械化种植水平仅为 20%，成为制约粮食生产机械化发展的"短板"。应积极推进针对重点环节的关键技术和机械设备的研发和推广，并进一步完善农机具购置补贴。二是加强粮食生产社会化服务体系建设，鼓励集体经济组织、农民专业合作社、龙头企业、专业化服务队、农民经纪人等不同主体参与到社会化服务体系中去，设立社会化服务体系组织建设专项资金，采取以奖代补的方式，对其在生产性服务设施、生产作业服务、种苗培育、粮食烘干及运输、储藏等方面的投入给予支持。三是培育新型粮食生产经营主体，主要包括农民种粮合作社、种粮专业大户和家庭农场等。应加快对这三类新型生产经营主体的认定，并加大扶持力度，从农业补贴、金融支持、税收优惠、土地流转、人才培养等各方面完善政策措施，改善外部条件。未来中国粮食生产经营主体格局可能是多数家庭种粮主要是满足自给，而商品粮的提供者最主要是具有优势的新型的粮食生产经营主体。自给性粮食需要的家庭，不以粮食生产为主要收入来源，很可能成为这些家庭的生活方式。而新型粮食生产经营主体，则要站在世界粮食科技的前沿，发展现代粮食产业，确保粮食市场供应。

五、充分利用全球资源保障国内主要粮食作物供给能力

采用积极和有效的全球农业发展战略，充分利用全球农业资源，以保障我国农产品供给。全球农业资源分配极不平衡，我国需要积极参与全球和区域性农产品贸易政策和规则的设定和谈判，通过建立公平、合理、透明的国际贸易新秩序以保障全球农产品贸易的快速和稳定发展，有效降低可能的贸易风险。要采用更为积极的全球农业发展和投资战略，加强与农业资源丰富地区及国家的农业技术和生产合作，提高全球农产品供给，以保障国内短缺农产品的稳定供给。

参 考 文 献

陈瑞剑，仇焕广，栾江，等. 2015. 种业发展国际比较、趋势与启示[J]. 世界农业，
　　（5）：6-9.

陈锡文. 2011. 当前我国农业农村发展的几个重要问题[J]. 南京农业大学学报（社会科学
　　版），（1）：1-6.

陈宇，王莉，田国强. 2013. 日本农户变迁及其对粮食生产的影响[J]. 世界农业，
　　（12）：28-34.

丁守海. 2009. 国际粮价波动对我国粮价的影响分析[J]. 经济科学，（2）：60-71.

董辅礽. 1999. 中华人民共和国经济史（下卷）[M]. 北京：经济科学出版社.

杜润生. 2005. 杜润生自述：中国农村体制变革重大决策纪实[M]. 北京：人民出版社.

郭玮. 1997. 农业保护的形势与对策[J]. 经济学家，（2）：116-120.

国家粮食局. 2013. 中国粮食发展报告[M]. 北京：经济管理出版社.

国家统计局. 2016. 中国统计年鉴（2016）[M]. 北京：中国统计出版社.

海关总署. 2015. 海关统计[M]. 北京：中国海关出版社.

海关总署统计司. 2015. 中国外贸进出口年度报告 2015[M]. 北京：中国海关出版社.

韩俊，徐小青. 2009. 我国粮食生产能力与供求平衡的整体性战略框架[J]. 改革，
　　（6）：5-35.

华仁海，陈百助. 2004. 国内、国际期货市场期货价格之间的关联研究[J]. 经济学（季
　　刊），（2）：727-742.

黄季焜，杨军，仇焕广. 2012. 新时期国家粮食安全战略和政策的思考[J]. 农业经济问
　　题，（3）：4-8.

黄太洋. 2013. 我国粮食期货市场与现货市场联动机理分析——基于对大豆、玉米、小
　　麦、籼稻粮食品种的实证分析[J]. 价格理论与实践，（1）：77-78.

黄宗智，彭玉生. 2007. 三大历史性变迁的交汇与中国小规模农业的前景[J]. 中国社会科
　　学，（4）：74-88.

晖峻众三. 2011. 日本农业 150 年[M]. 胡浩，等译. 北京：中国农业大学出版社.

康静莎. 2007. 印度农业发展的金融支持[J]. 农村工作通讯，（1）：62.

李登旺，仇焕广，吕亚荣，等. 2015. 欧美农业补贴政策改革的新动态及其对我国的启示
　　[J]. 中国软科学，（8）：12-21.

李敬辉，范志勇. 2005. 利率调整和通货膨胀预期对大宗商品价格波动的影响——基于
　　中国市场粮价和通货膨胀关系的经验研究[J]. 经济研究，（6）：61-68.

李西林. 2007. 印度农业支持政策改革的经验及对中国的启示[J]. 世界农业，（10）：
　　29-32.

林毅夫. 2003. 再论制度、技术与中国农业发展[M]. 北京：北京大学出版社.

林毅夫，蔡昉，李周. 1999. 中国的奇迹：发展战略与经济改革（增订版）[M]. 上海：
　　上海三联书店.

林岳云. 2000. 美国农产品价格政策及其对我国的启示[J]. 商业经济文荟，（1）：
　　56-58，62.

刘志雄，董运来. 2012. 印度农业安全政策与挑战[J]. 亚太经济，（1）：80-83.

卢锋. 1999. 三次粮食过剩（1984-1998）——我国粮食流通政策演变过程的备择解释[C].
　　北京大学中国经济研究中心《中文讨论稿》：147-196.

卢锋，彭凯翔. 2002. 中国粮价与通货膨胀关系（1987—1999）[J]. 经济学（季刊），
　　（3）：821-836.

罗锋，牛宝俊. 2009. 国际农产品价格波动对国内农产品价格的传递效应——基于 VAR
　　模型的实证研究[J]. 国际贸易问题，（6）：16-22.

苗珊珊. 2013. 大米价格波动及其效应研究[D]. 西北农林科技大学博士学位论文.

牟爱春. 2003. 农业政策的国际比较研究[D]. 东北财经大学硕士学位论文.

农业部农产品贸易办公室，农业部农业贸易促进中心. 2016. 中国农产品贸易发展报告
　　（2016）[M]. 北京：中国农业出版社.

农业部农业贸易促进中心. 2009. 入世影响与我国农业产业发展研究[M]. 北京：中国农业出版社.

农业部农业贸易促进中心. 2016. 农业贸易研究 2014-2015[M]. 北京：中国农业出版社.

仇焕广，陈瑞剑，廖绍攀，等. 2013. 中国农业企业"走出去"的现状、问题与对策[J]. 农业经济问题，（11）：44-50，111.

仇焕广，李登旺，宋洪远. 2015. 新形势下我国农业发展战略的转变——重新审视我国传统的"粮食安全观"[J]. 经济社会体制比较，（4）：11-19.

仇焕广，徐志刚，蔡亚庆. 2013. 中国种业市场、政策与国际比较研究[M]. 北京：科学出版社.

仇焕广，徐志刚，吕开宇，等. 2015. 中国玉米产业经济研究[M]. 北京：中国农业出版社.

仇焕广，杨军，黄季焜. 2007. 建立中国—东盟自由贸易区对我国农产品贸易和区域农业发展的影响[J]. 管理世界，（9）：56-61.

仇焕广，张世煌，杨军，等. 2013. 中国玉米产业的发展趋势、面临的挑战与政策建议[J]. 中国农业科技导报，（1）：20-24.

曲亮，陈敏. 2010. 中国建立稻谷期货市场话语权研究——基于中、美、泰三国市场的实证分析[J]. 华中农业大学学报（社会科学版），（4）：37-42.

石敏俊，王妍，朱杏珍. 2009. 能源价格波动与粮食价格波动对城乡经济关系的影响——基于城乡投入产出模型[J]. 中国农村经济，（5）：4-13.

宋洪远. 1997. "米袋子"省长负责制及其对粮食生产、流通和宏观调控的影响[J]. 中国农村观察，（2）：30-34.

宋洪远. 2016. 实现粮食供求平衡，保障国家粮食安全[J]. 南京农业大学学报（社会科学版），（4）：1-11.

宋洪远，徐雪，翟雪玲，等. 2012. 扩大农业对外投资加快实施"走出去"战略[J]. 农业经济问题，（7）：11-19.

宋洪远，赵海. 2015. 中国新型农业经营主体发展研究[M]. 北京：中国金融出版社.

王秀清，钱小平. 2004. 1981～2000 年中国农产品价格上涨的波及效应[J]. 中国农村经济，（2）：12-15.

温桂芳. 1995. 农业、农价与治理通货膨胀[J]. 管理世界，（2）：41-48.

吴乐，邹文涛. 2011. 我国稻谷消费中长期趋势分析[J]. 农业技术经济，（5）：87-96.

夏天，程细玉. 2006. 国内外期货价格与国产现货价格动态关系的研究——基于 DCE 和

CBOT 大豆期货市场与国产大豆市场的实证分析[J]. 金融研究，（2）：110-117.

姚今观，等. 1995. 中国农产品流通体制与价格制度[M]. 北京：中国物价出版社.

赵留彦. 2007. 通货膨胀预期与粮食价格动态[J]. 经济科学，（6）：30-42.

朱希刚. 2004. 中国粮食供需平衡分析[J]. 农业经济问题，（12）：12-19.

Ardeni P G，Freebairn J. 2002. The macroeconomics of agriculture[J]. Handbook of Agricultural Economics，2：1455-1485.

Bai J，Wahl T I，Lohmar B T，et al. 2010. Food away from home in Beijing：effects of wealth，time and "free" meals[J]. China Economic Review，21（3）：432-441.

Betts D. 1996. Ecchange rate dynamics in a model of precing to market[J]. European Economic Review，40：1007-1021.

Campa J M，Goldberg L S. 2002. Exchange rate pass-through into import prices：a macro or micro phenomenon?[R]. National Bureau of Economic Research.

Faruqee H. 2004. Exchange rate pass-through in the Euro Area：the role of asymmetric pricing behavior[R].IMF Working Paper.

Feenstra R C. 1989. Symmetric pass-through of tariffs and exchange rates under imperfect competition：an empirical test[J]. Journal of International Economics，27（1~2）：25-45.

Hahn E. 2003. Pass-through of external shocks to Euro Area inflation[R]. European Central Bank Working Paper.

Huang J，Yang J，Rozelle S. 2010. China's agriculture：drivers of change and implications for China and the rest of world[J]. Agricultural Economics，41（s1）：47-55.

Ito T，Sasaki Y N，Sato K. 2005. Pass-through of exchange rate changes and macroeconomic shocks to domestic inflation in East Asian countries[J]. Research Institute of Economy，Trade and Industry（RIETI），Japan Discussion Paper Series.

Kim K H. 1998. US inflation and the dollar exchange rate：a vector error correction model[J]. Applied Economics，30（5）：613-619.

Lrugman P. 1986. Pricing to market when the exchange rate changes[R]. NBER Working Paper.

McCarthy J. 2000. Pass-through of exchange rates and import prices to domestic inflation in some industrialized economies[R]. Federal Reserve Bank of New York Staff Reports.

Noughton J B. 2007. The Chinese Economy：Transitions and Growth[M]. Cambridge：MIT Press.

Obstfeld M，Rogoff K. 1995. Exchange rate dynamics redux[J]. Journal of Political Economy，103（3）：624-660.

Oppers M S E. 1997. Macroeconomic Cycles in China[M]. Washington：International Monetary Fund.

Orden D，Fackler P L. 1989. Identifying monetary impacts on agricultural prices in VAR models[J]. American Journal of Agricultural Economics，71（2）：495-502.

Peng Y S. 2004. Kinship networks and entrepreneurship in China's transitional economy[J]. American Journal of Sociology，109（5）：1045-1074.

Robertson J C，Orden D. 1990. Monetary impacts on prices in the short and long run：some evidence from New Zealand[J]. American Journal of Agricultural Economics，72（1）：160-171.

Wang J R，Mendelsohn A，Dinar J. 2008. How China's farmers adapt to climate change[R]. World Bank Policy Research Working Paper.